Nino Giordano

Con *Giacomo Leopardi*
tra le Operette morali
Un viaggio fantasioso in lingua moderna

goWare

Seguici su facebook, twitter, ebook extra

INTENTO

Caro lettore,

Questo lavoro è nato tra i banchi di scuola, in risposta a una realtà verificata e verificabile sul campo: una buona parte delle nuove generazioni ha difficoltà nell'affrontare e comprendere i testi letterari del nostro passato. Se ciò dispiace per il valore di tanta nostra letteratura, è ancora più doloroso per le *Operette morali* di Giacomo Leopardi.

La loro ricercatezza di linguaggio, che ha profonde radici nella tradizione della letteratura italiana e nei modelli latini e greci, e l'argomento profondo e tutto filosofico e metafisico, secondo le stesse parole dello scrittore e poeta recanatese, le hanno tenute per cosi dire su un "piano alto", patrimonio di una ristretta cerchia di lettori.

È proprio per questo che io propongo ai miei colleghi professori e, per mezzo loro, agli studenti, un diverso modo di lettura, o meglio, una mediazione verso un'opera che, sempre a detta del suo autore, "vorrebbe essere giudicata dall'insieme e dal complesso sistematico, come accade di ogni cosa filosofica...".

Ho dunque pensato di proporre l'opera come un unico e organico racconto, all'interno del quale ho affidato a un osservatore d'eccezione, il passero solitario, la funzione di protagonista-narratore: a lui il compito di presentare e commentare i fatti e i protagonisti delle singole operette.

Così, come un "filosofo solitario", si ferma a interrogarsi sui tanti perché dell'esistenza umana; come un poeta trae vitalità dalla sua "naturale" forza immaginativa.

Isolato e pensieroso, ma con lo sguardo rivolto agli "interminati spazi", si immerge nella contemplazione della natura; ferma il suo sguardo sulla realtà, sul paesaggio, sulla luna... oppure oltrepassa i limiti imposti dalla stessa natura terrena, per librarsi nell'infinito, alla ricerca di risposte al suo desiderio di conoscenza.

Ama ascoltare dalla voce del tempo storie di uomini alla ricerca di una felicità sempre inferiore alle aspettative del cuore; vola verso ignoti cammini, osserva solitudini stellate e riflette, con amore, sulle ferite umane che bruciano e su parole inascoltate. Un itinerario tra le inquietudini, i dolori e le speranze degli uomini di ogni epoca.

Il suo viaggio in libertà segue in linea generale un itinerario morale, ricomponendo in sé l'evoluzione del pensiero di Leopardi: dalla prima visione della natura al messaggio finale della solidarietà.

Il linguaggio del passero si porge con semplicità senza perdere, nella modernizzazione, le radici di una lingua "ardita e peregrina".

Non un arretramento della cultura, ma un mezzo per appropriarsene ed entrare nel cuore dei contenuti e del raffinato stile narrativo leopardiano. Per comprendere come, con le Operette morali, Leopardi ci consegni un mondo di fantasiose invenzioni che ha per protagonisti una incredibile varietà di personaggi e ci offra, attraverso immagini di struggente malinconia e la sottile arte del riso e dell'ironia, occasioni per riflessioni di perenne valore e di universale saggezza.

Di fronte ai miti contemporanei dell'esaltazione della perfettibilità umana portata all'eccesso, lo scrittore recanatese avvertì l'esigenza di guardare con obiettività alla presenza del dolore nella condizione dell'uomo, in cammino tra sofferenze e illusioni, tra desiderio prorompente di felicità e di infinito e la sua finitezza.

Il passero, come un cantore della terra, si fa carico di questo e lo propone nel suo viaggio, testimoniando l'attualità di un libro, che nelle pagine del *Dialogo di Plotino e di Porfirio* (del 1827) anticipava il testamento spirituale de *La ginestra o il fiore del deserto* (del 1836), straordinario invito a scoprire la suprema espressione di dignità dell'uomo: il valore della solidarietà.

In appendice, il lettore potrà trovare spunti di riflessione e ulteriori possibilità di approfondimenti in chiave interdisciplinare.

Nell'articolazione del tutto e per rendere più agile la lettura, ho modernizzato i testi leopardiani, sacrificando alcune operette morali e qualche parte di altre e cercando di unire all'esigenza del rispetto dei contenuti una loro migliore comprensione. Desidero ringraziare per la collaborazione e i consigli ricevuti il prof. Fabio Bertini e il prof. Fabrizio Maestrini; il dott. Osvaldo Donati e la dott.ssa Anna Giordano. Un particolare ringraziamento a Emanuele Perugi, autore dei disegni inseriti nel testo. Sento inoltre il dovere di ricordare con affetto il prof. Alvaro Valentini, appassionato studioso di Leopardi e primo lettore di questo mio lavoro.

Nino Giordano

[...] Gli uccelli sono per loro natura le più liete creature del mondo.

[...] Essi sentono giocondità e letizia più di qualsiasi altro animale; e così, mentre gli altri animali sono comunemente seri e pensierosi, gli uccelli, per lo più, manifestano una grande letizia, sia nel movimento che nell'aspetto; [...] le loro forme ed i loro atti, in generale, sono tali, che per natura denotano un'abilità e una disposizione speciale nel provare godimento e gioia. Per prima cosa non sembra che essi siano soggetti alla noia.

Cambiano luogo in ogni istante, passano da paese in paese, dagli strati più bassi dell'atmosfera a quelli più elevati in un irrisorio spazio di tempo e con mirabile facilità; vedono e provano nella loro vita cose infinite e diversissime [...]. A queste loro qualità e aspetti esteriori corrispondono quelle interne dell'animo, in relazione a queste essi sono portati alla felicità più degli altri animali.

Hanno l'udito acutissimo e la vista così efficace e perfetta che l'animo umano a fatica può averne una equilibrata rappresentazione; per queste innate potenzialità godono tutto il giorno immensi e vari spettacoli [...] da ciò si ricava che devono possedere una grandissima capacità immaginativa [...] come l'uccello somiglia alla vita del fanciullo, così è da credere che somigli a lui nelle qualità dell'animo. Se i beni dell'età giovanile fossero comuni alle altre età [...] forse l'uomo avrebbe la possibilità di sopportare la vita in modo paziente.

Elogio degli uccelli
di Giacomo Leopardi

LA FUGA...

Tra i campi di luce lunare un'antica torre, una piazzetta... e tra le ombre delle tettoie la casa in fondo al paese, con un giardino volto alla campagna.
Fu questa la mia prima dimora.

Dalle finestre osservavo lungamente il paesaggio circostante; ne registravo affascinato i suoni, le sensazioni, le immagini: il battere dell'orologio del campanile; fanciulli a caccia di lucciole; una soave aria musicale, la Luna nel pozzo...
Questi furono i miei primi compagni. Nei nuovi cercai i loro echi familiari; nelle nuove dimore la vista della campagna, un confidente rifugio alle atmosfere familiari. Il mio nido accoglieva, tra i flebili sospiri della mia segreta inquietudine e l'ansia di evasione, un solo e intenso desiderio: cantare con occhi infantili. Ogni momento di malinconia indistinta irrobustiva in me il desiderio di volar via dal mio nido, al di là della siepe del borgo salmastro, che mi aveva visto nascere e muovere i primi passi. L'insofferenza per la buia prigionia familiare mi spinse, un giorno, ad un goffo tentativo di fuga: si rispecchiò fallimentare... negli occhi apprensivi ed increduli di mio padre; non valutato... tra le pupille di mia madre, aperte, come al solito, ad un gelido sguardo.

Secondo loro ero ancora troppo gracile per inserirmi in un ambiente diverso. Non farcela per me fu un piccolo dramma.

Poi, un giorno, deciso, spiccai il volo da quelle finestre della biblioteca su cui ero solito poggiarmi. Io, un passero solitario, mi involavo verso le mete tanto intensamente sognate: conoscere il mondo, avvicinarmi ai misteri della vita umana, contare le stelle ad una ad una...

9

Mai avrei immaginato di vivere l'esperienza straordinaria di cui sono stato protagonista privilegiato. Quel giorno, tutto ebbe inizio all'improvviso. Era come se l'amica del silenzio, la Luna, mi avesse attratto con il suo magnetismo e proiettato in un lungo viaggio. Una forza misteriosa mi spinse a librarmi in volo, a saettare ad un'altezza e ad una velocità inconsuete alla mia natura. Al di là delle onde delle colline entravo in un sogno vero d'infinito. E più mi spingevo in profondità, negli interminati spazi, più retrocedevo nel lontano passato. Nella profondissima quiete di una realtà straordinaria, osservai, meravigliato, alberi abbattuti ma carichi di fiori: resti fossili, pietre che sembravano racchiudere lontani messaggi... Tra i profumi e l'ebbrezza di sensazioni mai provate vidi un albero di sequoia, maestoso e solitario: fra le sue chiome sembrava riposare l'eterno. Lungo il tronco vi erano disegnate le diverse stagioni dell'uomo; nei rami orizzontali la presenza della sofferenza nella condizione umana; nelle scaglie legnose aperte verso l'infinito, l'Amore, pronto a consolare i cuori sensibili. In ogni foglia – lineare – riverberava una parola: immaginazione. Dal nobile albero potevo apprendere una grande vicenda.

STORIA DEL GENERE UMANO

Leggi il testo di Leopardi

[scheda in Appendice a pag. 208]

La prima età: l'infanzia del mondo

Si narra che tutti gli uomini che in principio popolarono la Terra fossero stati creati in ogni luogo e contemporaneamente, tutti bambini, e fossero stati nutriti dalle api, dalle capre e dalle colombe, nello stesso modo con il quale, come favoleggiarono i poeti, era stato allevato Giove[1]. Si narra inoltre che la Terra fosse molta più piccola di ora, con quasi tutte le regioni pianeggianti, con il cielo senza stelle e senza che il mare fosse stato ancora creato; e che il mondo mostrasse molto minore varietà e magnificenza di quanto oggi vi si possa scoprire. Nondimeno gli uomini, provando un insaziabile piacere[2] nel guardare e apprezzare il cielo e la Terra [...]; nutrendosi di lietissime speranze, e traendo da ciascuna sensazione della loro vita incredibili diletti, crescevano con molta contentezza e con la sensazione di avvertire quasi una piena felicità.

---

[1] Callimaco di Cirene (320-240 a.C.), poeta greco dell'età alessandrina, nel suo *Inno a Zeus* narra come Giove, sottratto da Rea, sua madre, al padre Saturno, che lo voleva divorare, fosse stato nutrito con il miele delle api, il latte di una capra e i cibi di una colomba.

[2] "[...] la vastità e molteplicità delle sensazioni diletta moltissimo l'anima [...] la molteplicità delle sensazioni, confonde l'anima, gl'impedisce di vedere i confini di ciascheduna, toglie l'esaurimento subitaneo del piacere, la fa errare d'un piacere in un altro senza poterne approfondire nessuno, e quindi si rassomiglia in certo modo a un piacere infinito" (*Zib.* 171-2).

Ma dopo aver così consumata con grande dolcezza la fanciullezza e la prima adolescenza, appena arrivarono all'età più matura, cominciarono ad avvertire alcuni cambiamenti nella loro condizione [...] e [agli uomini] pareva di non potersi accontentare di quello che godessero al presente, senza intravedere alcuna crescita dei loro beni, soprattutto per il fatto che l'aspetto delle cose naturali e ciascuna parte della vita giornaliera, o per assuefazione o perché quella prima vivacità era diminuita nei loro animi, non si rivelava di gran lunga così dilettevole e grata come da principio. Così se ne andavano per la Terra, visitando le più remote contrade: lo potevano fare agevolmente, poiché i luoghi erano pianeggianti, e non divisi da mari, né interrotti da altre asperità; e dopo alcuni anni, la maggior parte di loro si rese conto che la Terra, per quanto estesa, aveva precisi confini [...]; e che tutti i luoghi della Terra e tutti gli uomini, ad eccezione di piccolissime differenze, erano simili gli uni agli altri. Per tali motivi cresceva la loro insoddisfazione, tanto che, non ancora usciti dalla giovinezza, avvertirono una palese insofferenza verso la loro esistenza. E giunti a mano a mano nell'età adulta, e ancora di più nel declinare degli anni, mutato il loro atteggiamento in odio, alcuni divennero così disperati[3] del vivere che non sopportando più la vita e il suo respiro, che avevano inizialmente tanto amato, spontaneamente, chi in un modo e chi in un altro, se ne privarono.

Ma agli Dei parve cosa mostruosa che creature viventi desiderassero la morte più che la vita [...]; poiché essi credevano di aver posto nel mondo tanta bontà e vaghezza d'infinito e tali ordini e condizioni che questo luogo di dimora dovesse essere non solo tollerato, ma amato ardentemente da tutti gli animali e soprattutto dagli uomini, che essi avevano modellato con un impegno del tutto particolare affinché raggiungessero un alto grado di perfezione; [...] temevano altresì che se questi tristi esempi si fossero rinnovati e moltiplicati, in poco tempo e contro l'ordine dei fati, la stirpe umana sarebbe scomparsa, venendo a privare la creazione di quella

---

[3] È la stessa immagine del mondo come "serraglio di disperati" presente nel *Frammento sul suicidio* di Leopardi.

perfezione che risultava loro dalla presenza del genere umano [...]
Giove decise pertanto di migliorare la condizione umana, poiché
tale decisione appariva necessaria, e di indirizzarla con maggiori
aiuti alla felicità.

Gli uomini – pensava – si lamentavano principalmente che le
cose non fossero immense per grandezza, né infinite per bellezza,
perfezione e varietà, come originariamente essi avevano pensato,
ma angustissime, tutte imperfette e pressoché uniformi; [...] desiderando le dolcezze dei loro primi anni, [gli uomini] pregavano con
fervore di essere restituiti alla fanciullezza e di rimanere in quella
condizione per tutta la loro vita. Giove non poteva accontentarli,
perché ciò andava contro le leggi universali della natura, ed a quelle funzioni e quegli scopi che gli uomini dovevano, in conformità
con i decreti divini, compiere e portare a termine [...]. Gli parve
conveniente allargare i limiti del creato[4], adornarlo maggiormente
e renderlo più vario.

E presa questa decisione, ingrandì la Terra in tutte le sue parti e vi
versò il mare, affinché, interponendosi tra i luoghi abitati, diversifi
casse l'aspetto delle cose, e impedisse che i loro confini potessero essere facilmente conosciuti dagli uomini, interrompendo i cammini, e
rappresentando inoltre ai loro sguardi una viva similitudine dell'immensità. Avvenne poi che le nuove acque occuparono non solo la
terra di Atlantide, ma insieme ad essa altre innumerabili ed estesissi-
me terre, anche se di quella terra ne rimane un ricordo speciale, che
sopravvive alla moltitudine dei secoli[5]. Giove abbassò molti luoghi,
ne riempì altri facendo sorgere i monti e le colline, disseminò la notte
di stelle, rese più fine e pura l'aria e accrebbe il giorno di chiarezza e
di luce, purificò e mescolò con la più grande varietà i colori del cielo e
delle campagne, confuse le generazioni degli uomini in modo che la
vecchiaia di alcuni scorresse parallela alla giovinezza e alla puerizia di
altri. Decise di moltiplicare le apparenze di quell'infinito, che gli uo-

---

[4] Chiaro il legame con le *Metamorfosi* di Ovidio (I, 12 e segg.).

[5] Leopardi ne parla nel *Saggio sopra gli errori popolari degli antichi*, sulla scia del *Timeo*
e del *Crizia* di Platone.

mini desideravano sommamente (anche se poi non li poteva compia-
cere nella sostanza), e volle favorire e nutrire le immaginazioni, dalle
quali gli uomini – pensava – avevano derivato la grande felicità della
loro fanciullezza. Fra i molti espedienti che escogitò (come quello del
mare), egli creò l'eco, lo nascose nelle valli e nelle grotte, e mise nei
boschi un sordo e profondo strepito, con un vasto ondeggiamento
delle cime degli alberi[6].

Similmente creò il popolo dei sogni[7] e affidò loro il compito
di ingannare in mille modi le menti degli uomini in modo da far
loro apparire quella pienezza d'incomprensibile felicità, che egli
[Giove] non aveva modo di tradurre in realtà, e quelle indefinite e
indeterminate immagini, delle quali egli stesso, sebbene avesse voluto farlo e gli uomini lo desiderassero ardentemente, non poteva
produrre alcun esempio reale.

L'età dell'immaginazione

Con questi provvedimenti di Giove l'animo umano fu ricreato e
risollevato, e in ciascuno vennero reintegrati il piacere e l'amore per
la vita, così che da quel momento in poi ognuno trovò reale piacere
e stupore nella bellezza e nell'immensità delle cose terrene. E così
questa nuova condizione durò più a lungo della prima, soprattutto
per gli intervalli tra i tempi delle nascite introdotti da Giove, così
che gli animi, freddi e stanchi per l'esperienza acquisita, erano con-
fortati dalla vista del calore e delle speranze della giovinezza. Ma
con il passare del tempo, appena la novità venne a mancare del tutto, [ritornarono] [...] la noia e il disprezzo per la vita [...]. Alla fine
tutti i mortali si volsero all'empietà [...]. Ma s'ingannano completa-

---

[6] È un'immagine presente nel *Saggio sopra gli errori popolari degli antichi* e in un pensiero dello *Zibaldone:* "E piacevole qualunque suono (anche vilissimo), che largamente e
vastamente si diffonde [...] A queste considerazioni appartiene il piacere che può dare
e dà (quando non sia vinto dalla paura) il fragore del tuono [...] lo stormire del vento
[...] quando freme confusamente in una foresta [...] Perocché oltre la vastità, e l'incertezza e confusione del suono, non si vede l'oggetto che lo produce, giacché il tuono e
il vento non si vedono" (*Zib.* 1929).

[7] Riecheggia un'espressione della *Teogonia* di Esiodo (v. 212: "e generò la stirpe dei sogni").

mente coloro che stimano essere nata per prima l'infelicità umana dall'ingiustizia e dai misfatti commessi contro gli Dei; ma, al contrario, la malvagità degli uomini ebbe inizio dalle loro infelicità[8].

E poiché gli Dei punirono con il diluvio di Deucalione la superbia dei mortali e vendicarono le loro offese, i due soli scampati al diluvio universale[9], appartenenti al genere umano, Deucalione e Pirra[10], [...] [furono] ammoniti da Giove a porre un rimedio alla solitudine della Terra, ma siccome erano sconfortati e sdegnosi della vita, essi giudicarono insostenibile il compito di procreare. Così essi, tolte alcune pietre dalla montagna e gettatele dietro le loro spalle, in accordo alle indicazioni degli Dei, rigenerarono la specie umana.

Ma Giove, a causa delle passate esperienze, era divenuto più accorto della particolare natura degli uomini: comprese che non poteva bastare loro, come per gli altri animali, vivere ed essere liberi da ogni dolore e molestia del corpo; ma anzi, desiderando sempre e in ogni condizione l'impossibile, tanto più sono tormentati da questo desiderio, quanto meno sono afflitti dagli altri mali. Decise così di avvalersi di due nuovi mezzi per conservare questo misero genere: l'uno mescolare la vita di veri mali; l'altro coinvolgerla in mille occupazioni e fati, con lo scopo d'intrattenere gli uomini e di distrarli il più possibile dal conversare con il proprio animo, o almeno di lasciarli con il desiderio di quella sconosciuta e vana felicità.

Quindi per prima cosa diffuse tra loro una moltitudine di differenti malattie e un infinito numero di altre sventure [...][11].

---

8 "Per gli antichi felicità e bontà stimavano per lo più o sempre congiunte, e per lo contrario infelicità e malvagità" (*Zib.* 4119).

9 P. Ovidio Nasone (43 a.C.-18 d.C.), nel suo poema *Metamorfosi*(I,318-80), racconta che gli unici scampati al diluvio universale furono Deucalione e sua moglie Pirra. Al fine di rigenerare la stirpe umana, la dea Temi li esortò a gettare dietro di sé le ossa, cioè le pietre, della "gran madre": la Terra. Da queste pietre nasceranno creature viventi.

10 Nell'interpretazione del Leopardi, i due appaiono tristi e incerti ("due tristi superstiti") nell'eseguire il compito loro affidato.

11 "[...] io son persuaso, e si potrebbe mostrare, che il male v'è di gran lunga più che il bene" (*Zib.* 4258) e "[i mali] [...] danno risalto ai beni, e perché più si gusta la sanità dopo la malattia, e la calma, dopo la tempesta [...] senza essi mali, i beni non sarebbero neppur beni" (*Zib.* 2601-02).

In seguito creò le tempeste dei venti e delle piogge, si armò del tuono e del fulmine, consegnò a Nettuno il tridente, spinse le comete nelle loro traiettorie e ordinò le eclissi. Con queste cose e con altri segnali ed effetti terribili, stabilì di spaventare di volta in volta i mortali: sapendo che il timore e i pericoli presenti riconcilierebbero alla vita, almeno per qualche ora, non tanto gli infelici, quanto quelli che l'avessero in maggiore disprezzo e fossero più inclini a fuggirla.

E per escludere l'oziosità del passato, indusse nel genere umano il bisogno e il desiderio di nuovi cibi[12] e nuove bevande, che gli uomini avrebbero dovuto procurarsi con molta e pesante fatica, mentre fino al diluvio gli uomini, dissetandosi della sola acqua, si erano nutriti di erbe e frutta che la terra e gli alberi donavano loro liberamente [...]. Assegnò ai diversi luoghi altrettanti climi, e allo stesso modo fece con le parti dell'anno, il quale fino a quel tempo era sempre stato su tutta la Terra benigno e piacevole [...].

Impose a Mercurio che fondasse le prime città[13] e distinguesse il genere umano in popoli, nazioni e lingue, ponendo competizione e discordia tra loro; e che mostrasse agli uomini il canto e le altre arti, che, per la loro stessa natura e per la loro origine, furono chiamate, e ancora si chiamano, divine. Egli stesso dette leggi, stati e ordini civili alle nuove genti; e in ultimo, volendo con un incomparabile dono beneficarle, inviò tra loro alcune entità ideali di sembianze eccelse e sovrumane[14], alle quali concesse in grandissima parte il go-

---

[12] I nuovi cibi segnano anche la fine dell'età dell'oro, ancora presente, per Leopardi, tra gli abitanti della California. "I Californi, popoli di vita forse unici [...] sono selvaggi e non sono barbari, cioè non fanno nulla contro natura né verso se stessi, né verso i lor simili, né verso chicchessia" (*Zib.* 3801); "sono a cento doppi nel fisico più sani, forti, allegri d'aspetto, e certo nel morale e nell'interno felici" (*Zib.* 3660).

[13] È uno dei tanti compiti che Giove affidò a Mercurio, dio delle attività commerciali. Nel *Protagora*, Platone scrive che Zeus "inviò Ermes perché portasse agli uomini il pudore e la giustizia, affinché servissero da ordinamento delle città e da vincoli costituenti unità di amicizia".

[14] "[...] la virtù, la generosità, la sensibilità [...] la giustizia, la magnanimità [...] umanamente parlando sono enti immaginari. E tuttavia l'uomo sensibile se ne trovasse frequentemente nel mondo, sarebbe meno infelice e se il mondo andasse più dietro a questi enti immaginari (astraendo ancora da una vita futura), sarebbe molto meno infelice" (*Zib.* 272).

verno e il dominio delle genti: e furono chiamate Giustizia, Virtù, Gloria, Amor di patria e con altri simili nomi. Tra queste una fu chiamata Amore, che in quel tempo [...] venne in Terra per prima: prima dell'uso dei vestiti, non era amore, ma impeto di cupidigia, non dissimile negli uomini di allora da quello che fu caratteristico di ogni tempo negli animali privi di ragione e spingeva i sessi diversi l'uno verso l'altro, nella stessa maniera in cui ognuno è attratto verso i cibi e gli oggetti simili, che non si amano realmente ma solo si desiderano intensamente.

Lo stato antico

Fu cosa degna di ammirazione quanti frutti partorissero questi divini provvedimenti alla vita mortale e quanto la nuova condizione degli uomini, nonostante le fatiche, gli spaventi e i dolori, cose ignorate in passato dall'uomo, superasse in comodità e dolcezza quella che esisteva prima del diluvio. E questo effetto nacque in gran parte da quelle meravigliose illusioni[15], le quali furono reputate dagli uomini ora divinità tutelari, ora vere e proprie divinità, e seguite e venerate con passione inestimabile e con grandi ed intense sofferenze per secoli e secoli.

Dal canto loro i poeti e altri nobili artisti infiammarono, con infinito sforzo, gli uomini all'amore verso tali divinità, tanto che un grandissimo numero di mortali non esitò a donare e sacrificare il sangue e la vita all'uno o all'altro di quegli idoli [...]. Persino in durata queste buone disposizioni superarono di gran lunga le precedenti; poiché, quantunque dopo molti secoli esse fossero venute in chiara decadenza, nondimeno, a dispetto dell'inizio del loro declino e poi della loro violenta decadenza[16], ebbero tanta forza che, fino ad una età non molto lontana da quella presente, la vita umana,

---

[15] "Le illusioni per quanto siano illanguidite e smascherate dalla ragione, tuttavia restano ancora nel mondo, e compongono la massima parte della nostra vita. E non basta conoscer tutto per perderle, ancorché sapute vane. E perdute una volta, né si perdono in modo che non resti una radice vigorosissima, e continuando a vivere, tornano a rifiorire in dispetto di tutta l'esperienza, e certezza acquistata" (*Zib.* 213-14).

[16] Essa derivò ancora una volta dall'evoluzione della civiltà.

che era già stata quasi felice, soprattutto un tempo, si mantenne per loro utilità mediocremente agevole e tollerabile.

Le ragioni del cambiamento furono queste: le molte invenzioni tecniche che consentirono agli uomini di provvedere facilmente e in tempi brevi ai propri bisogni; l'eccessiva crescita nella disparità di condizioni e di funzioni, che Giove stabilì tra gli uomini, quando fondò e ordinò le prime repubbliche; l'oziosità e la vanità che per queste ragioni, di nuovo, dopo un antichissimo esilio, occuparono la vita; il fatto che non solo nella sostanza delle cose, ma anche nella considerazione degli uomini, era venuto a mancare nella stessa vita il dono della varietà, come capita sempre per lunga consuetudine; e finalmente le altre cose più gravi[17], le quali non occorre ora distinguere, essendo già state descritte ed esposte da molti. È certo che gli uomini di nuovo sperimentarono quella noia per i loro affari, dai quali erano stati afflitti prima del diluvio, e si rinnovò quell'amaro desiderio di felicità, ignota ed estranea alla natura dell'universo.

Ma il totale rovesciamento della loro sorte e la fine di quello stato che oggi siamo soliti chiamare antico, venne principalmente da un motivo diverso dai precedenti e fu questo. Tra quelle illusioni, tanto apprezzate dagli antichi, ce n'era una che era chiamata, nelle loro lingue, la Sapienza[18]; la quale onorata universalmente come tutte le sue compagne, e seguita in particolare da molti, aveva contribuito allo stesso modo delle altre alla prosperità dei secoli precedenti. Questa più e più volte, anzi quotidianamente, aveva

---

[17] Secondo i poeti antichi, tra cui Ovidio, gli uomini, nell'età del bronzo, commisero molti crimini.

[18] Leopardi distingue una filosofia moderna da quella antica, una sapienza moderna dall'antica. "Paragonando la filosofia antica colla moderna, si trova che questa è tanto superiore a quella, principalmente perché i filosofi antichi volevano tutti insegnare e fabbricare: laddove la filosofia moderna non fa ordinariamente altro che disingannare e atterrare [...] I filosofi antichi seguivano la speculazione, l'immaginazione e il raziocinio. I moderni l'osservazione e l'esperienza [...] Ogni passo della sapienza moderna svelle un errore; non pianta niuna verità [...] Dunque se l'uomo non avesse errato, sarebbe già sapientissimo [...] chi non ragiona [...] è sapientissimo [...] sapientissimi furono gli uomini prima della nascita della sapienza, e del raziocinio sulle cose: e sapientissimo è il fanciullo, e il selvaggio della California, che non conosce il pensare" (*Zib.* 2709-12).

promesso e giurato ai suoi seguaci di voler loro mostrare la Verità, da lei considerata una grandissima divinità tutelare e sua signora, che non era mai venuta sulla Terra, ma stava a sedere nel cielo con gli Dei; essa prometteva che con la sua autorità e grazia intendeva trarla da questo luogo e portarla per qualche arco di tempo a peregrinare tra gli uomini. Per il legame e la familiarità con la Verità il genere umano avrebbe dovuto raggiungere un tale traguardo che, per l'altezza delle conoscenze, l'eccellenza delle istituzioni e dei costumi, e la felicità, sarebbe stato paragonabile quasi a quello divino. Ma un'ombra pura ed una sembianza vuota come avrebbe potuto mantenere le proprie promesse, non che mandare sulla Terra la Verità? Cosicché gli uomini, dopo aver lungamente creduto e confidato, accortisi della vanità di quelle promesse, e nello stesso tempo desiderosi di cose nuove, a causa soprattutto dell'ozio in cui vivevano; e stimolati in parte dall'ambizione di uguagliarsi agli Dei, in parte dal desiderio di quella beatitudine che per le parole dell'entità ideale credevano, conversando con la Verità, di poter ottenere; si volsero con insistenti e presuntuose voci domandando a Giove che per qualche tempo concedesse alla Terra quella nobilissima divinità, rimproverandogli di togliere per invidia alle sue creature l'utilità infinita che riporterebbero da quella sua presenza; e contemporaneamente si rammaricavano con lui della sorte umana, rinnovando quelle antiche e odiose lamentele sulla piccolezza e sulla povertà delle loro cose. E quelle bellissime illusioni, principio di tanti beni nelle età passate, erano ora considerate molto poco dalla maggior parte delle persone; non perché fossero conosciute per quello che erano veramente, ma perché la comune bassezza delle idee e la fiacchezza dei costumi facevano sì che quasi nessuno più ormai le seguisse. Per questo gli uomini, imprecando in modo scellerato il dono maggiore che gli eterni avessero fatto e potuto fare, gridavano che la Terra era fatta degna solo di divinità minori; e che le maggiori, alle quali la stirpe umana si inchinerebbe più adeguatamente, non erano considerate degne della Terra, né a loro era lecito porre piede in questa remota parte dell'universo.

Già da gran tempo molte ragioni avevano allontanata nuovamente la volontà di Giove dagli uomini; e, tra le altre cose, gli incomparabili vizi e misfatti, che per numero e atrocità avevano fatto dimenticare di gran lunga le malvagità vendicate dal diluvio. Lo indignava maggiormente, dopo tante esperienze passate, l'inquieta, insaziabile, immoderata natura degli uomini; alla cui tranquillità, lasciando da parte la felicità, egli era sicuro che nessun provvedimento avrebbe contribuito, nessun stato sarebbe stato conveniente, nessun luogo sarebbe stato sufficiente; perché poi anche quando avesse voluto aumentare di mille volte gli spazi e i diletti della Terra e tutte le cose in generale agli uomini, incapaci e nello stesso tempo desiderosi dell'infinito, entrambe le cose sarebbero apparse dopo poco tempo limitate, non gradevoli e di poco pregio.

Ma infine quelle stolte e superbe domande suscitarono talmente l'ira del dio, che egli decise, rimossa ogni pietà, di punire per sempre la specie umana, condannandola per tutto il tempo futuro a una miseria più dura di quelle passate. Per questo motivo non solo decise di mandare la Verità[19] tra gli uomini, come essi chiedevano, per un breve periodo, ma di farla rimanere in eterno fra loro e, escludendo quaggiù quelle vaghe illusioni che egli vi aveva collocato, renderla perpetua moderatrice e signora della gente umana. Gli altri Dei si meravigliarono di questa decisione, perché a loro sembrava che essa finisse per risolversi in un eccessivo innalzamento della condizione umana e fosse di pregiudizio alla loro superiorità.

Giove rimosse i loro dubbi mostrando che non tutte le divinità tutelari, anche quelle grandi, hanno una proprietà benefica e che la natura della Verità era tale che non dovesse produrre gli stessi effetti sugli uomini così come fa sugli Dei. "Perché laddove essa dimostrasse agli immortali la loro beatitudine, scoprirebbe interamente agli uomini e metterebbe dinanzi ai loro occhi il continuo avanzare

---

[19] La Verità vanifica le illusioni e rivela la vanità della vita. "[...] A noi ti vieta / Il vero appena è giunto, / O caro immaginar; da te s'apparta / Nostra mente in eterno; allo stupendo / Poter tuo primo ne sottraggon gli anni; / E il conforto perì de' nostri affanni" (*Ad Angelo Mai*, vv. 100-105).

della infelicità; rappresentandola non tanto come un'opera solamente della fortuna, ma come tale che, per nessun motivo e nessun rimedio, essi la possano sfuggire, né tanto meno mai interrompere per tutta la loro vita. E dato che la maggior parte dei mali ha questa natura, che i mali sono creduti tali da chi li sostiene, ed essi sono più o meno gravi in base a come sono giudicati; si può giudicare quanto sia dannosissima per gli uomini la presenza di questa divinità.

Agli uomini nessuna cosa apparirà essere più vera che la falsità di tutti i beni mortali; e nessuna cosa sembrerà solida se non la vanità di tutte le cose, eccetto le proprie sofferenze. Per queste ragioni saranno altresì privati della speranza, grazie alla quale, più che con ogni altro diletto o conforto, essi hanno sopportato la vita dal principio fino ad oggi [...] E nello stesso tempo si troveranno ad essere privati della naturale virtù immaginativa[20], che sola in parte poteva soddisfarli di questa felicità non possibile e non intesa, né da me, né da loro stessi che la desiderano. E tutte quelle somiglianze dell'infinito[21] che io avevo poste con cura nel mondo, per ingannarli e nutrirli, conforme alla loro inclinazione, di pensieri vasti ed infiniti, riusciranno insufficienti a questo effetto per la sapienza e le abitudini mentali che essi apprenderanno dalla Verità [...].

In disprezzo di così tanta e disperata infelicità i mortali non ardiranno di abbandonare spontaneamente la vita, perché il dominio di questa divinità tutelare li farà non meno vili che miseri e, in aggiunta alle amarezze della vita, essa li priverà del coraggio di rifiutarla". Da queste parole di Giove gli Dei riconobbero che la sorte dell'uomo fosse anche troppo più violenta e terribile di quanto fosse conveniente alla divina pietà. Ma Giove continuò, dicendo: "Gli

---

[20] "[...] come tutto il bello di questo mondo consista nell'immaginazione che si può paragonare alle parole e alla costruzione libera varia ardita e figurata" (*Zib.* 111); "Indipendentemente dal desiderio del piacere, esiste nell'uomo una facoltà immaginativa, la quale può concepire le cose che non sono, e in un modo in cui le cose reali non sono" (*Zib.* 167).

[21] "L'infinito è un parto della nostra immaginazione, della nostra piccolezza [...] Noi abbiamo veduto delle cose inconcepibilmente maggiori di noi [...] Ciò non vuol dire che esse siano grandi, ma che noi siamo minimi a rispetto loro" (*Zib.* 4177).

uomini avranno tuttavia qualche modesto conforto da quel fantasma che essi chiamano Amore[22]. Sono disposto, dopo aver rimosso tutti gli altri idoli, a lasciarlo nell'ambito umano. E alla Verità non sarà concesso né di sterminarlo mai dalla Terra, né vincerlo, se non raramente, sebbene essa sia potentissima e lo combatta continuamente. Sicché la vita degli uomini, occupata in parti uguali nel culto di quell'illusione e di questa divinità, sarà divisa in due parti; e l'una e l'altra avranno uguale dominio nelle cose e negli animi dei mortali. Tutti gli altri desideri, ad eccezione di pochi e di poco conto, avranno meno importanza nella maggioranza degli uomini".

Nelle età avanzate la mancanza delle consolazioni dell'Amore sarà compensata dal beneficio della loro naturale disposizione ad essere quasi contenti della vita stessa, come accade alle altre specie di animali, e di curarla diligentemente per sua stessa ragione, non per qualche piacere o conforto che possano trarne.

Così Giove rimosse dalla Terra queste beate entità o fantasmi ideali, ad eccezione soltanto dell'Amore, il meno nobile di tutti, e mandò la Verità fra gli uomini, dandole una perenne dimora e signoria su di loro. Ciò portò a tutti quegli effetti luttuosi che egli aveva previsto. Ma accadde una cosa sorprendente: che mentre quella divinità tutelare, prima della sua discesa, quando non aveva alcun potere né forza di convinzione sugli uomini, era stata onorata con un grandissimo numero di templi e di sacrifici; ora, venuta sulla Terra con l'autorità di un principe, e iniziando a farsi conoscere di persona [...], rattristò subito le menti degli uomini e li colpì con così tale orrore che essi, pur sforzandosi di ubbidirle, rifiutarono di adorarla. E mentre quelle altre entità ideali in qualunque animo avessero esercitato il loro potere solevano essere onorate e amate, questo nume, la Verità, suscitò più violente maledizioni e più profondo odio da parte di coloro sui quali dominò maggiormente. Ma non potendo perciò né sottrarsi, né evitare la sua tirannia, i mortali vivevano in quella suprema miseria che essi sopportano fino ad oggi e sopporteranno sempre.

---

[22] Si tratta ancora di una delle tante illusioni, ma è quella che più riesce ad elevare e riempire l'animo umano.

L'età dell'Amore

Se non che la pietà, la quale non è mai spenta negli animi dei celesti, non molto tempo fa, spinse Giove ad avere compassione per così tanta infelicità; e soprattutto per quella di alcuni uomini singolari per fine intelligenza e nobiltà di costumi ed integrità di vita, i quali egli vedeva, più di qualunque altra cosa, in generale oppressi e afflitti dalla presenza e dal duro dominio di quella divinità tutelare. Nei tempi antichi era costume degli Dei, quando Giustizia, Virtù ed altre entità ideali governavano le cose umane, visitare qualche volta le proprie creature, scendendo ora l'uno ora l'altro in terra, e qui manifestando la loro presenza in modi diversi: una presenza che era sempre stata vista con benevolenza da tutti i mortali o da qualcuno in particolare. Ma quando la vita umana venne di nuovo a corrompersi, e a degenerare in tante forme di sceleratezza, gli Dei sdegnarono per lunghissimo tempo il rapporto con gli uomini. Ora Giove, avendo compassione per la nostra profonda infelicità, chiese agli immortali se qualcuno di loro fosse disposto a visitare, come avevano fatto nei tempi antichi, e consolare, ancora una volta, di tale misera condizione la loro progenie, e particolarmente quelle creature che dimostrassero, individualmente, di non meritare quella sciagura universale.

Mentre tutti gli altri rimasero silenziosi, Amore, il figliuolo di Venere Celeste[23], uguale nel nome all'ideale così chiamato, ma molto differente in natura, in virtù e nelle opere, si offrì (e la sua pietà è unica tra gli Dei) di eseguire lui il compito proposto da Giove e di scendere dal cielo, da dove egli non si era mai allontanato.

[23] Molte riflessioni sull'amore riconducono a Platone, che nel suo *Simposio* distingue una Venere terrestre da una Venere celeste. Anche per il Leopardi, l'amore è una forza divina: "Sogno e palese error. Ma di natura, / Infra i leggiadri errori, / Divina sei; perché sì viva e forte" (*Il pensiero dominante* v. 111-113). Ma non è, e in questo si differenzia da Platone, la via per la Verità, anche se è tanto forte da confondersi talvolta con essa. "Che incontro al ver tenacemente dura, / E spesso al ver s'adegua, / Né si dilegua pria, che in grembo a morte" (*Il pensiero dominante* v. 114-116). L'amore, all'interno di questo racconto, è visto prima come sensualità, poi come entità ideale, infine, come in quest'ultimo passaggio, quale vera e propria religione: il sentimento dell'amore (vedi *Zib.* 3910-13).

Infatti il concilio degli immortali lo ebbe così indicibilmente caro che non avrebbe sopportato che lui si allontanasse, anche se per un breve periodo, dalla loro compagnia, sebbene spesso molti antichi uomini, raggirati dalle trasformazioni e dai vari inganni dell'idolo chiamato con lo stesso nome, avessero avuto indubitabili segni della presenza di questa massima divinità. Ma Amore iniziò a visitare i mortali non prima che questi fossero sottoposti al regno della Verità.

Dopo questo tempo non è solito scendere se non raramente e si ferma poco; non solo a causa della generale bassezza umana, ma anche per il fatto che gli Dei mal sopportano la sua lontananza. Quando viene sulla Terra, sceglie i cuori più teneri e gentili delle persone più generose e magnanime, e qui si ferma per breve tempo; diffondendo una soavità così rara e mirabile, e riempiendoli di affetti così nobili e di tanta virtù e forza, che essi allora provano, cosa del tutto nuova per il genere umano, vera felicità, piuttosto che apparenza di beatitudine. Molto raramente congiunge due cuori insieme, unendo l'uno e l'altro allo stesso tempo, e ispirando loro vicendevole passione e desiderio; pur essendone egli pregato con grandissima insistenza da tutti coloro nei quali dimora. Giove lascia che l'Amore esaudisca pochi individui, perché la felicità che nasce da questo beneficio è di poco inferiore alla felicità divina. In ogni caso, l'essere pieni della sua potenza divina vince per sé qualunque condizione più fortunata sia stata conosciuta da alcun uomo nei tempi più antichi.

Dovunque egli si ferma, le stupende entità ideali che erano state già separate dal rapporto con l'essere umano si aggirano attorno a lui, rimanendo invisibili a tutti gli altri. Con il permesso di Giove, il dio le riporta sulla Terra per questo scopo, e ciò non può essere vietato dalla Verità, sebbene essa sia la più grande nemica di quegli idoli e sia profondamente offesa dal loro ritorno: e d'altra parte non è nella natura di tali divinità opporsi agli Dei. E siccome i Fati dotarono l'Amore di una eterna fanciullezza, esso, in maniera conforme a questa sua natura, adempie in qualche maniera al primo desiderio degli uomini: quello di essere restituiti alla condizione della puerizia[24]. Perché, in quegli animi che elegge come sua sede, suscita e rinverdice le infinite speranze e le belle e care immaginazioni dei loro anni teneri. Molti mortali, inesperti ed incapaci dei suoi diletti, lo scherniscono e lo deridono ogni giorno, sia lontano che presente, con sfrenatissima audacia, ma esso non ascolta i biasimi di costoro e se anche li udisse non ne deriverebbe alcuna sofferenza, tanto per natura è magnanimo e gentile. Oltre a ciò, contenti della vendetta che si prendono nei confronti di tutta la stirpe umana e della miseria insanabile che la castiga, gli immortali non si preoccupano delle singole offese, né d'altro in particolare sono puniti i fraudolenti e gli ingiusti e gli spregiatori degli Dei, se non con l'essere totalmente esclusi anche per proprio conto dalla grazia divina.

■ L'uomo tra l'Amore e la Verità...

I nodosi anelli dell'albero registravano le "cicliche" inquietudini dell'animo umano, eternamente oscillante tra l'insoddisfazione e l'anelito ad una felicità irraggiungibile.

Quando gli uomini si affacciarono per la prima volta sul palcoscenico della vita erano tutti bambini. Nutriti da api, capre e colombe vivevano una vitalità pura, non avevano ancora coscienza dei limiti della loro esistenza.

Divenuti adulti, cominciarono a disprezzare i doni ricevuti: si lamentavano della piccolezza del mondo; desideravano la grandiosità. Con meraviglia degli Dei avvertivano la noia e la disperazione: alcuni di loro, per scelta personale e in un breve arco di tempo, si privarono della vita.

Giove tentò di porvi rimedio con ingegnosi stratagemmi: allargare i confini del creato, moltiplicare le apparenze dell'infinito, favorire l'immaginazione, creare "il popolo dei sogni"...

---

[24] "Dalla mia teoria del piacere seguita che l'uomo, desiderando sempre un piacere infinito e che lo soddisfi intieramente, desideri sempre e speri una cosa ch'egli non può concepire [...] E perciò e non per altro, la speranza è meglio del piacere, contenendo quell'indefinito, che la realtà non può contenere. E ciò può vedersi massimamente nell'amore" (*Zib.* 1017).

Comprensibile lo scopo di quel "bonaccione": bisognava suscitare nell'uomo la voglia di vivere per un tempo più lungo.
Ma il rimedio non servì.
Con il tempo, gli uomini ritornarono a planare nel tedio e nell'empietà.
La progressiva conoscenza del creato e dei suoi limiti li portò all'infelicità.
Dall'infelicità germogliò il frutto della malvagità.
Questa volta la soluzione di Giove fu drastica: sterminare la razza umana con il diluvio universale, farla rinascere con la coscienza del dolore.
All'uomo che rivendicava una molteplice varietà di cose, il re degli Dei concesse un'illimitata varietà di malattie ed infinite sventure.
La nuova umanità ricostituita svogliatamente dagli unici superstiti del diluvio, Deucalione e Pirra, ebbe in concessione mali reali: fatiche, fame, tempeste; nuovi appetiti: l'interesse, l'avidità, il sesso... ma anche il conforto dei fantasmi delle virtù: la Giustizia, la Gloria, la Virtù, l'Amor patrio, l'Amore, la Sapienza...
Beni immaginari sostituirono quelli reali: e per un certo periodo la vita fu più tollerabile...
Poi con il tempo ancora una volta insoddisfatti, gli uomini chiesero con insistenza ed ottennero quello che la Sapienza aveva più volte promesso: la Verità.
Come un tragico specchio, essa tolse agli uomini ogni illusione e rivelò loro la Vanità di tutte le cose...
Sembrava tutto compromesso per l'uomo, ma la pietà ritornò tra gli Dei.
L'Amore celeste, accogliendo l'invito di Giove, si offrì di aiutare gli uomini e di operare in mezzo a loro con l'animo di un fanciullo.
Ogni volta che scende sulla Terra sceglie i cuori gentili ed è capace di riportarli nei brevi momenti della sua azione, alla condizione di felicità della fanciullezza, "alle belle e care immaginazioni degli anni teneri"; di far rinascere in loro lo slancio immaginario della prima età.
La Verità sottrae ogni dimensione "mitica" e consolatoria alla realtà cruda della vita e della morte, ma l'Amore può rivelarsi più forte della Verità.

Ricollegavo la condizione umana, chiusa nella sua finitezza, alla siepe del borgo da cui mi ero allontanato, ma ne intuivo una possibilità di evasione: la chiave era tutta nella facoltà d'immaginare. Immaginare per tacere la Verità?

L'immaginazione – pensavo – è la prima sorgente di felicità; è una condizione privilegiata della fanciullezza ed è legata a quel desiderio d'infinito insito nella natura umana: quanto più rimarrà nell'uomo, tanto più egli troverà momenti di felicità. Tra gli uomini lo avvertono gli animi sensibili; per noi uccelli tale sensibilità è una qualità naturale.

La esprimiamo – ce lo ricorda l'amico Amelio, autore di un gradito Elogio degli Uccelli – attraverso la voce gentile e il canto modulato.

Mi addormentai, pensando a quando gli elementi della natura partecipavano alla vita degli uomini e i popoli non erano ancora contaminati dagli affanni dell'uomo civilizzato. Quell'affascinante racconto mi aveva riportato con la mente all'alba della Terra...

Al ritorno della magia dell'alba, mi librai in volo e ripresi il viaggio, non prima di aver riguardato a lungo quel maestoso albero. Straordinari scenari mi accompagnarono nell'immensità iperurania, in un volo che sembrava guidato da una forza misteriosa.

Sulla mia rètina scorrevano, magicamente, le vestigia dei tempi passati...

Mentre viaggiavo in un'indefinita dimensione spaziale, vidi un individuo sospeso su una nuvola.

Che anche gli uomini avessero scoperto il piacere di volare, comodamente trasportati?

O forse quell'uomo aveva deciso di ritirarsi in un così strano eremo perché stufo di stare in mezzo ai propri simili?

La curiosità di dare risposta ai miei interrogativi mi spinse a raggiungerlo.

Quell'uomo si presentò come un abitante dell'Ipernéfelo, "La sede degli Dei", come mi disse, con un certo orgoglio, e cominciò a raccontarmi un'insolita ed emblematica vicenda: *La scommessa di Prometeo*. ■

LA SCOMMESSA DI PROMETEO

Leggi il testo di Leopardi

[scheda in Appendice a pag. 212]

Nell'anno ottocento trentatremila duecento settantacinque del regno di Giove, il collegio delle Muse fece stampare e affiggere nei luoghi pubblici della città e dei sobborghi dell'Ipernéfelo[25] numerosi manifesti nei quali invitava tutti gli Dei, grandi e piccoli, e gli altri abitanti della città, che in tempi recenti o nel passato avessero realizzata qualche invenzione degna di lode, a proporla nella forma di un disegno o di uno scritto ad alcuni giudici delegati dallo stesso collegio. E le Muse, giustificandosi che per la loro ben nota povertà non potevano dimostrare quella liberalità che avrebbero voluto, promettevano, come premio a chi avesse presentata la più bella o la più utile invenzione, una corona di alloro, con lo speciale privilegio di poterla portare in testa sia di giorno che di notte, in privato e in pubblico, in città e fuori; e il vincitore avrebbe potuto essere dipinto, scolpito, inciso, modellato in statue di metallo fuso, rappresentato in qualunque modo e materia, col disegno di quella corona attorno al capo.

Molti Dei concorsero a questo premio, giusto per passatempo (cosa necessaria agli abitanti di Ipernéfelo non meno che a quelli di altre città), senza dimostrare alcun interesse per quella corona

---

[25] *Ipernéfelo* è il sottotitolo *dell'Icaromenippo*, un'opera di Luciano di Samosata (Siria, 120 ca.; m. dopo il 180), e significa "sopra le nuvole".

che aveva lo stesso pregio di un berretto di stoppa; e in quanto alla gloria, se gli uomini, da quando sono diventati filosofi, la disprezzano, si può immaginare quanta stima ne abbiano gli Dei, tanto più sapienti degli uomini[26], anzi i soli sapienti secondo Pitagora e Platone. Pertanto, con un esempio unico e fino ad allora inaudito, in casi analoghi, di ricompense proposte ai più meritevoli, fu assegnato questo premio, senza intervento di sollecitazioni, né di favori né di promesse segrete né di intrighi. Tre furono i preferiti[27]: Bacco per l'invenzione del vino; Minerva per quella dell'olio, necessario a quelle unzioni che gli Dei usano fare quotidianamente dopo il bagno; e Vulcano per aver ideato una pentola di rame, economica e in grado di cuocere qualsiasi cosa a fuoco moderato e in tempi brevi. Così, se il premio fosse stato diviso in tre parti ciascuno dei prescelti avrebbe avuto un ramoscello di alloro, ma tutti e tre rifiutarono di ritirarlo, rinunciando sia ad una parte che a tutto il premio. Vulcano si scusò dicendo che, stando il più del tempo al fuoco della fucina con grande fatica e sudore, gli sarebbe stato particolarmente fastidioso quell'ingombro sulla fronte, senza considerare che avrebbe rischiato di essere abbrustolito o bruciato, se per avventura qualche scintilla, appigliandosi a quei rami secchi, vi appiccasse il fuoco. Minerva disse che dovendo sostenere sul capo un elmo bastante, come scrive Omero, a coprire tutti insieme gli eserciti di cento città, non le conveniva aumentare questo peso in alcun modo[28]. Bacco non volle scambiare la sua mitra[29], e la sua corona di pampini, con quella di lauro: benché l'avrebbe accettata volentieri se gli fosse stato lecito metterla come insegna fuori della sua

---

[26] Secondo Pitagora, gli Dei sono saggi; gli uomini si possono considerare dei filosofi (vedi Cicerone, *Tusculanae* V, 3, 8). E Platone fa dire a Socrate che solo gli Dei possono essere sapienti; l'uomo è un semplice "amante della sapienza" (vedi *Fedro*, 64).

[27] A Bacco, dio greco, si deve la scoperta del vino; a Minerva, antica divinità italica, dea della sapienza e dell'ingegno, quella dell'olio; a Vulcano quella del fuoco e dell'arte metallurgica.

[28] "E sulla testa lei [Minerva] pose il suo elmo che è largo abbastanza da coprire i soldati di cento città" (*Iliade*, V, 743-44).

[29] La mitra era un copricapo di origine orientale, tipico dell'abbigliamento di Bacco: aveva forma allungata ed era talvolta fregiato d'oro e di gemme.

taverna; ma le Muse non permisero di dargliela per questo scopo: fu così che la corona d'alloro venne lasciata nel loro comune tesoro.

Nessuno dei concorrenti al premio fu invidioso dei tre Dei, che l'avevano conseguito e rifiutato, né si lamentò dei giudici, né biasimò la decisione; ad eccezione di uno, Prometeo, che aveva partecipato al concorso, inviandovi il modello di terra che aveva fatto ed utilizzato per formare i primi uomini, aggiungendovi una descrizione delle qualità e funzioni del genere umano, che lui aveva inventato[30]. Suscita meraviglia il rincrescimento manifestato da Prometeo in una circostanza che tutti gli altri, vinti e vincitori, consideravano non più che un gioco: per questo, indagandone la ragione, si è appreso che lui desiderava ardentemente non già l'onore, ma il privilegio che gli sarebbe derivato dalla vittoria. Alcuni pensano che intendesse servirsi del lauro per ripararsi il capo contro le tempeste, secondo quanto si racconta a proposito di Tiberio che, appena sentiva tuonare, si poneva la corona ritenendo che l'alloro non fosse soggetto ai fulmini[31].

Ma nella città d'Ipernéfelo non cade fulmine e non tuona. Altri con più probabilità affermano che Prometeo, andando avanti negli anni, avesse cominciato a perdere i capelli, e sopportando di malavoglia tale sventura, come accade a molti, e dato che non aveva letto le lodi della calvizie[32] scritte da Sinesio, o, e la cosa è più credibile, non essendone persuaso, voleva nascondere sotto il diadema, come avrebbe fatto Giulio Cesare il dittatore, la nudità del capo[33].

Ma per tornare alla nostra storia, un giorno Prometeo, mentre

---

[30] Leopardi ripropone il mito greco raccontato da Ovidio: Prometeo avrebbe creato l'uomo dall'argilla (*Met.* I, 82). Aristofane (450-385 circa a.c.), nella sua commedia *Le nuvole*, chiama gli uomini "creature di fango".

[31] Leopardi si ricollega probabilmente a Plinio (XVI, 30 e II, 55) e a Svetonio (*Vita di Tiberio*, cap. 69). Nel suo *Saggio sopra gli errori popolari degli antichi* Leopardi aveva scritto che Tiberio si poneva la sua corona d'alloro non appena cominciava a sentire il tuono.

[32] Sinesio di Cirene era un vescovo di Tolemaide, vissuto nel V sec. a.C. Leopardi lo cita nel *Saggio sopra gli errori popolari degli antichi* come autore di originali soggetti, tra cui un *Elogio della calvizie*.

[33] È un particolare tratto dalla *Vita di Cesare* di Svetonio (cap. 45).

discuteva con Momo, cominciò a lamentarsi animatamente che le invenzioni del vino, dell'olio e delle pentole fossero state preferite a quella del genere umano, che considerava la migliore fra le opere apparse nel mondo. E visto che gli sembrava di non aver convinto Momo[34], che adduceva non so quali ragioni contrarie, gli propose di discendere insieme sulla Terra.

Stabilirono di raggiungere il primo luogo, scelto a caso tra uno dei cinque continenti, che scoprissero abitato dagli uomini. Lo decisero dopo aver insieme concordata questa scommessa: riuscire a trovare o no, in tutti i cinque continenti o nella maggior parte di essi, chiare testimonianze che l'uomo sia la creatura più perfetta dell'universo.

Momo accettò e così entrambi, concordato il prezzo della scommessa, incominciarono, senza indugio, a scendere verso la Terra, dirigendosi prima di tutto verso il nuovo mondo: quello che stimolava maggiormente la curiosità per il nome stesso e per il fatto che nessuno degl'immortali vi aveva posto piede fino ad allora.

Arrestarono il volo nel paese di Popaian[35], dal lato settentrionale, poco lontano dal fiume Cauca, in un luogo dove apparivano molte tracce di abitazione umana: segni di coltivazione per la campagna; parecchi sentieri, ancorché interrotti in molti luoghi e nella maggior parte ingombri; alberi tagliati e distesi, e particolarmente alcune che parevano sepolture, e qualche ossa d'uomini qua e là. Ma non per questo i due celesti, ascoltando e guardando tutto intorno, riuscirono a sentire una sola voce né scoprire un'ombra di una presenza umana. Andarono, ora camminando ora volando per molte miglia; oltrepassando monti e fiumi; e trovando dappertutto gli stessi segni e la medesima solitudine. "Per quale ragione sono ora deserti questi paesi – diceva Momo a Prometeo – mentre essi mostrano con evidenza di essere stati abitati?"

---

[34] Figlio della notte e fratello del sonno (Esiodo, *Teogonia*, 214). In Luciano (vedi *Iuppiter tragoedus*), Momo satireggia i tanti progetti dei filosofi. Infatti, è il dio del biasimo.

[35] Popayan è una città situata nella parte sud-occidentale della Colombia, presso il fiume Cauca.

Prometeo ricordava le inondazioni del mare, i terremoti, i temporali, le piogge abbondantissime, che sapeva essere abituali nelle regioni calde; e, in verità, in quello stesso momento udivano in tutte le boscaglie vicine cadere costantemente acqua dai rami degli alberi appena essi erano agitati dal vento. Se non che Momo non sapeva comprendere come quei luoghi potessero essere sottoposti alle inondazioni del mare, così lontano, da non essere visibile da alcun lato; e ancora meno riusciva a capire per quale fatalità i terremoti, i temporali e le piogge avessero cancellato tutti gli uomini del paese, risparmiando i giaguari, le scimmie, i mammiferi proboscidati, gli opossum, le aquile, i pappagalli e cento altre qualità di molti animali terrestri e volatili, che erano visibili in quell'area. Infine, scendendo in una valle immensa, scoprirono un piccolo mucchio di case o più esattamente capanne di legno, coperte di foglie di palma, e circondate ognuna da un recinto nella forma di uno steccato: davanti ad una di esse molte persone, parte in piedi, parte sedute stavano attorno ad un vaso di terracotta posto sopra un gran fuoco. I due esseri celesti, assunte le sembianze umane, si avvicinarono al gruppo. Prometeo, salutati tutti con cortesia, rivolgendosi a quello che appariva il capo gli domandò: cosa si fa?

Selvaggio: Si mangia, come vedi.

Prometeo: Quali buoni cibi avete?

Selvaggio: È solo un po' di carne.

Prometeo: Carne domestica o selvatica?

Selvaggio: È carne domestica, anzi per essere più preciso è quella del mio figliuolo.

Prometeo: Forse tu hai per figliuolo un vitello, come l'ebbe Pasifae[36]?

Selvaggio: Non un vitello ma un uomo, come ebbero tutti gli altri.

Prometeo: Dici sul serio? mangi tu la tua stessa carne?

---

[36] Pasifae, moglie di Minosse, si fece costruire una vacca di legno e si unì ad un toro. Nacque un essere mostruoso dal corpo umano e dalla testa taurina: il Minotauro. È la trama della tragedia *I cretesi* di Euripide. Qui con fine umorismo il Minotauro è diventato un più modesto vitello.

Selvaggio: La mia propria no, ma ben quella di costui: per questo solo uso io l'ho messo al mondo e preso cura di nutrirlo.

Prometeo: Allo scopo di mangiartelo?

Selvaggio: Ti meravigli? E la madre ancora, dato che ormai non dovrebbe esser più buona a mettere al mondo altri figliuoli, penso di mangiarmela presto.

Momo: Come si mangia la gallina, dopo aver mangiate le uova.

Selvaggio: E così mangerò nello stesso modo le altre donne che possiedo, non appena esse siano diventate sterili. Tu forse credi che terrei in vita questi miei schiavi se non fosse per avere di quando in quando i loro figliuoli per mangiarli? Se sarò ancora in vita, quando essi saranno vecchi, io mangerò anche loro a uno a uno[37].

Prometeo: Dimmi: questi schiavi sono della tua stessa tribù, o di qualche altra?

Selvaggio: Sono di un'altra.

Prometeo: Molto lontana da qui?

Selvaggio: Lontanissima, tanto che tra le nostre e le loro case scorreva un piccolo ruscello.

E indicando un piccolo colle, aggiunse: "ecco là il luogo dove era la loro città, ma i nostri l'hanno distrutta"[38]. A questo punto

---

[37] Era un'usanza degli Indiani del Sud-America. A questo proposito, Leopardi (nella nota n. 17 al testo) cita la *Chronica del Perù* (Anversa, 1554) di Pedro de Cieza, come riportato nella prima nota del VI libro della *Storia d'America* (London, 1777) di W. Robertson.

[38] "Quanto sia maggiore la facoltà di odiare che ha l'uomo verso tutti, e posta la società stretta, verso i suoi simili; maggiore, dico, di quella che ha verun'altra specie di animali, basti osservare le orribili e smisuratissime crudeltà che l'uomo col fatto si è mostrato e mostrasi infinite volte capace di esercitare verso i suoi simili a se nemici, sieno d'altra nazione, e questa nemica o amica, ed in tal caso esercitate dalle nazioni intere per costume o straordinariamente, ovver dagl'individui in particolare; sieno della stessa nazione e società qualunque [...] Chi non sa che cosa possa nell'uomo lo spirito di vendetta? il quale rende eterna l'ira e l'odio verso i suoi simili cagionato da una piccolissima offesa, vera o falsa, giusta o ingiusta eco e dalle altre cagioni che adirano gli uomini verso gli uomini [...] Questo spirito di vendetta ec. le crudeltà sopraddette ec. sono così naturali all'uomo posto in società stretta, la quale sviluppi il suo odio innato verso i simili [...] Non si manchi di vedere intorno a questo proposito, e intorno ad altri orribilissimi costumi, propri solo dell'uomo verso i suoi simili, e dell'uomo anche

---

parve a Prometeo di sentirsi osservato da non so quanti di loro, con uno sguardo fin troppo amorevole, come quando il gatto guarda il topo, sicché, per non essere mangiato da quelle creature[39], si levò subito in volo e con lui Momo: e fu tanto il timore che ne ebbero, che entrambi nel partire sporcarono i cibi dei barbari con quella sorta d'immondizia che le arpie evacuarono per invidia sulle mense troiane[40]. Ma quelli, più famelici e meno schivi dei compagni di Enea, continuarono a mangiare; e Prometeo, che non era rimasto per nulla soddisfatto del nuovo mondo, si diresse verso il più vecchio, l'Asia: i due, percorsa in un istante la distanza che intercorre tra le nuove e le antiche Indie, scesero presso Agra[41] in un campo dove c'era un'immensa moltitudine di gente, raccolta attorno ad una fossa piena di legna: lungo il suo bordo, da un lato, si vedevano alcune persone con torce accese, pronte a dar fuoco a quelle cataste di legna; e dall'altro lato, sopra un tavolato, c'era una giovane donna, coperta di vesti sontuosissime, e di ogni qualità di ornamenti barbarici, che danzando e parlando ad alta voce sembrava molto allegra. Prometeo vedendo questo, immaginava tra sé che fosse una nuova Lucrezia o una nuova Virginia, o qualche emulatrice delle figliuole di Eretteo, delle Ifigenie, dei Codri, dei Menecei, dei Curzi e dei Deci, che prestando fede a qualche oracolo, s'immolasse volontariamente per la sua patria[42].

mezzo naturale e quasi primitivo, la *Parte primera de la Chronica del Perù* di Pedro de Cieça de Leon (soldato spagnuolo che fu alla conquista e scoprimenti di quei paesi, ove visse più di diciassett'anni)" (*Zib.* 3794-95).

[39] "L'antropofagia era e fu per lunghissimi secoli propria di forse tutti i popoli barbari e selvaggi d'America, sì meridionale che settentrionale (escludo il paese comandato dagl'Incas, i quali tolsero questa barbarie e l'impero messicano e tutti i paesi un poco colti ec.) e lo è ancora di molti, e lo fu ed è di moltissimi altri popoli selvaggi affatto separati tra loro e dagli americani" (*Zib.* 3797, nota).

[40] Le arpie erano mostri dal corpo di donna nella parte superiore, di uccello nell'inferiore.

[41] Agra è una città situata nell'Indostan, non lontana da Delhi. Leopardi indica la sua fonte in Daniello Bartoli, *Missione al Mogor* (pp. 56-63), pubblicato nel 1653.

[42] Lucrezia (Sestio, figlio del re Tarquinia il superbo, s'invaghì di lei e le usò violenza; Lucrezia per sottrarsi a tale disonore, si uccise); Virginia (suo padre Lucio Virginio, centurione romano, la trafisse con un coltello per sottrarla alle voglie di Appio Claudio): a questa giovane Leopardi dedica le stanze finali della canzone *Nelle nozze della sorella*

Comprendendo poi che la ragione del sacrificio della donna era la morte del marito, pensò che lei, poco dissimile da Alceste[43], volesse riscattare, con il suo sacrificio, la vita del marito. Ma poi comprese che stava preparandosi per essere bruciata viva, poiché questa era l'usanza delle vedove della sua setta religiosa, e che lei aveva avuto sempre in odio il marito, e che era ubriaca, e che il morto, invece di risuscitare, doveva essere arso in quel medesimo fuoco[44]. Prometeo, volta la schiena a quello spettacolo, prese la via dell'Europa. Nel corso del viaggio ebbe col suo compagno questo colloquio.

Momo: Prometeo, avresti mai pensato, mentre rubavi con tuo gran pericolo il fuoco dal cielo, per portarlo agli uomini, che questi se ne sarebbero serviti per cuocersi a vicenda nelle pentole o per darsi fuoco spontaneamente?

Prometeo: No, certamente. Ma considera, caro Momo, che quelli che abbiamo visto finora sono barbari, e noi non possiamo trarre giudizi sulla natura umana dai barbari, ma dalle popolazioni civili verso le quali ora stiamo volando. Sono fermamente convinto che tra loro osserveremo ed ascolteremo cose e parole che ti sembreranno degne non solo di stima, ma anche di stupore.

Momo: Io non riesco a capire come mai, se l'uomo è la creatura più perfetta dell'universo, sia necessario che gli uomini diventino civili perché non si diano fuoco, e non mangino i propri figliuoli. Anche gli altri animali sono tutti barbari, e ciò nonostante, nessuno si brucia di propria volontà, fuorché la fenice che non si sa dove si trovi; sono molto rari quelli che mangiano qualche loro simile; molto più raramente si cibano dei loro figliuoli, per qualche caso

---

Paolina; Ifigenia e Codro, le figlie di Eretteo (re di Atene) sono esempi di persone che sacrificarono la loro vita per la patria. Meneceo era un tebano che offrì la vita per la sua città; Curzio per placare gli Dei si gettò in un burrone; i Deci si sacrificarono agli Dei degli inferi, affrontando la morte in battaglia per la difesa di Roma.

[43] Alceste, sposa di Admeto, re di Tessaglia, amò tanto il marito che, affinché lui potesse continuare a vivere, si offrì di morire al posto suo.

[44] Anche queste usanze vengono riportate da Daniello Bartoli nella sua *Missione al Mogor*.

insolito, non per averli generati a questo scopo. Renditi conto che una sola delle cinque parti del mondo, neppure tutta per intero, non paragonabile per estensione a nessuna delle altre quattro, unitamente ad alcune piccole zone di un'altra parte del mondo, è dotata della civiltà che tu lodi. Tu stesso non vorrai affermare che lo sviluppo della civiltà sia ormai giunto a completa maturazione, tanto da poter dedurre che oggi gli uomini di Parigi o di Filadelfia abbiano in generale quella perfezione che può essere appropriata alla loro specie. Ora, quanto tempo hanno dovuto faticare questi popoli per conseguire l'attuale grado di civiltà, comunque non ancora perfetta? Tanti anni quanti si possono contare dall'origine dell'uomo sino ai tempi recenti. E quasi tutte le invenzioni che erano tanto più necessarie o vantaggiose al raggiungimento della civiltà hanno avuto origine non dalla ragione umana, ma da casi fortuiti[45], così che la civiltà umana è opera della sorte più che della natura. E dove questi casi non sono accaduti, vediamo che i popoli sono ancora barbari, nonostante abbiano la stessa età dei popoli civili. Vengo al dunque: se l'uomo barbaro mostra di essere inferiore per molti aspetti a qualunque altro animale; se la civiltà, che è l'opposto della barbarie, è ancora oggi la prerogativa di una piccola parte del genere umano; se, oltre a ciò, questa piccola parte è potuta pervenire all'attuale grado di civiltà, solo dopo una quantità innumerabile di secoli, e, in larghissima misura, più per caso che per qualunque altra causa[46]; e, finalmente, se l'attuale condizione civile è ancora lontana

[45] "Voglio inferire che quelle principali scoperte che o subito o col perfezionamento, accrescimento, applicazione ch'hanno poi subìto, decisero e decidono, cagionarono e cagionano in gran parte i progressi dello spirito umano, originariamente non sono effetti della scienza né del discorso, ma del puro caso, essendo state fatte ne' tempi d'ignoranza, e non sapendosene far di gran lunga delle simili colla maggior possibile scienza" (*Zib.* 2605-6).

[46] "[...] questo genere di pretesa perfezione a cui siamo giunti o vicini, è una delle diecimila diversissime condizioni a cui potevamo ridurci, e che avremmo poi chiamate perfezioni. Consideriamo le storie, e le fonti del nostro stato presente, e vediamo quale infinita combinazione di cause e circostanze differentissime ci abbia voluto a divenir quali siamo. La mancanza delle quali cause o combinazioni ec. in altre parti del globo, fa che gli uomini o restino senza civiltà, e poco lontani dallo stato primitivo, o siano civili (cioè perfetti) in diversissimo modo, come i Chinesi" (*Zib.* 1570).

dalla piena perfezione, forse il giudizio sul genere umano andrebbe riformulato in questo modo: il genere umano è veramente il più grande tra i generi, ma lo è nell'imperfezione[47] piuttosto che nella perfezione, sebbene gli uomini sia nelle discussioni che nei giudizi confondano continuamente l'una con l'altra, perché traggono conclusioni da certi presupposti che essi soli hanno concepito e che considerano verità palpabili e scontate. Certamente gli altri generi di creature furono fin da principio perfetti, ciascuno in relazione alla propria natura. E quand'anche non fosse evidente che l'uomo barbaro, rispetto agli altri animali, è meno buono di tutti, io non riesco a convincermi come l'essere umano, che risulta essere naturalmente imperfetto nel suo genere, si possa ritenere più perfetto di tutte le altre creature. Aggiungi che la civiltà umana, che è così difficile da conseguire, e forse impossibile da portare a perfezione, non è ancora così stabile da non poter recedere come, in effetti, è avvenuto più volte, e in vari popoli, che l'avevano acquisita in buona misura. Insomma concludo che se tuo fratello Epimeteo avesse recato ai giudici il modello che deve aver adoperato quando formò il primo asino o la prima rana, forse ne avrebbe riportato il premio che tu non hai conseguito[48]. Ad ogni modo io ti concederò

[47] "[...] Lasciamo stare che la perfezione è sempre relativa a quella tale specie in che ella si considera. Ma paragonando pur l'uomo colle altre specie di questo mondo, se la sua perfezione è quella che altri dice, come non si dovrà sostenere che l'uomo è per natura la più imperfetta di tutte le cose? Perocché tutte le altre cose hanno da natura la perfezione che loro si conviene, e però sono tutte naturalmente così perfette, come debbono essere, che è quanto dire perfettissime. Solo l'uomo, secondo il presupposto che abbiamo fatto, è per natura così lontano dallo stato che gli conviene, che più, quasi, non potrebbe essere e quindi laddove tutte l'altre cose sono in natura perfettissime, l'uomo è in natura imperfettissimo..." (*Zib.* 2898-99). Ne deriva che: "Persone imperfette, difettose, mostruose di corpo [...] sommando [...] e raccogliendo tutti questi individui insieme, si vedrà a colpo d'occhio e senza molta riflessione che il loro numero nel solo genere umano, anzi nella sola parte civile di esso, avanza di gran lunga non solamente quello che trovasi in qualsivoglia altro intero genere d'animali [...] ma tutto insieme il numero degl'individui difettosi e mostruosi che noi veggiamo in tutte le specie di animali che ci si offrono giornalmente alla vista" (*Zib.* 3059).

[48] In base al racconto di Esiodo, il titano Giapeto ebbe tre figli da Climene, oltre ad Atlante e Menezio, "Prometeo ricco di risorse e dai pensieri inventivi e il maldestro Epimeteo". Quest'ultimo, per volere di Giove (che così volle vendicarsi del furto del

volentieri che l'uomo sia perfetto, a condizione che tu ti decida ad affermare che la sua perfezione rassomigli a quella che Plotino attribuiva al mondo: il mondo, diceva Plotino, è ottimo e perfetto in assoluto, ma perché il mondo sia perfetto conviene che abbia in sé, tra le altre cose, anche tutti i mali possibili; perché, infatti, in esso si trova tanto male, quanto vi può essere contenuto[49]. E a questo riguardo io concederei volentieri a Leibniz che il mondo presente sia il migliore di tutti i mondi possibili[50]. Non vi è dubbio che Prometeo tenesse pronta una risposta chiara, precisa e logica a tutte queste affermazioni, ma è altrettanto certo che non la diede, perché in quel preciso momento si trovarono sopra la città di Londra, dove scesi e vista una grande moltitudine di gente correre verso la porta di una casa privata, mescolatisi alla folla, entrarono nella casa e trovarono sopra un letto un uomo morto, disteso supino, con una ferita sul petto: aveva sulla destra una pistola; accanto giacevano, anch'essi morti, due fanciullini[51]. Nella stanza vi erano parecchie persone della casa e alcuni giudici, che le interrogavano, mentre un funzionario scriveva.

Prometeo: Chi sono questi sciagurati?

Servo: Il mio padrone ed i suoi figli.

Prometeo: Chi li ha uccisi?

Servo: Il padrone, tutti e tre.

---

fuoco operato da Prometeo) sposò la mentitrice Pandora, introducendola nel mondo: fu lei ad aprire il vaso da cui uscirono fatica, dolore, malattie e vecchiaia. Secondo il mito, Erimeteo avrebbe creato gli animali.

[49] Plotino, filosofo neoplatonico del II sec. d.C., nella sua opera *Enneadi* (in particolare nel II e III libro) ritiene che il male sia connaturato al mondo.

[50] G.W. Leibniz (1646-1716) nella sua opera *Teodicea* sostiene che il nostro è il migliore dei mondi possibili, in quanto guidato da un'armonia prestabilita da Dio. Leopardi è critico nei confronti di questa visione del mondo; è invece d'accordo con le posizioni già espresse da Voltaire nel *Candide*.

[51] Nel manoscritto originale Leopardi scrive: "Questo fatto è vero". Molto probabilmente, egli (vedi il commento di I. Della Giovanna e di altri studiosi) si rifà al suicidio di Richard Smith come è riferito da Tobias Smollett nel IX libro della sua *History of England* (1757), poi ancora nel vol. 15 dell'*Encyclopédie Française* di Diderot e D'Alembert, sotto la parola "Suicide", e nel *Dictionnaire philosophique* (1764) di Voltaire sotto la voce "De Caton, du Suicide".

Prometeo: Intendi dire se stesso ed i suoi figli?

Servo: Sì.

Prometeo: Oh che storia è mai questa! Quale grandissima sventura gli poteva mai essere accaduta?

Servo: Nessuna, che io sappia.

Prometeo: Ma forse era povero, o disprezzato da tutti, o sfortunato in amore o in disaccordo con la corte?

Servo: No, era ricchissimo, e credo che tutti lo stimassero; non si curava dell'amore ed era molto stimato a corte.

Prometeo: Dunque come si è lasciato vincere da questa disperazione[52]?

Servo: Per noia della vita, secondo quanto ha lasciato scritto.

Prometeo: E queste guardie, cosa stanno facendo?

Servo: Si stanno informando se il mio padrone era impazzito o no, perché, se non lo era, i suoi averi, secondo la legge, devono essere confiscati. E non potrà che essere così.

Prometeo: Ma, dimmi, non aveva nessun amico o parente, al quale potesse affidare questi fanciullini, invece di ammazzarli?

[52] "Non si è mai letto di nessun antico che si sia ucciso per noia della vita, laddove si legge di molti moderni [...] Né perché questo accade oggidì massimamente in Inghilterra, si creda che questo fosse comune in quel paese anche anticamente, senza che ne rimanga memoria. Dai poemi di Ossian si vede quanto gli antichi abitatori di quel paese fossero lontani dal concepire la nullità e noia necessaria della vita assolutamente; e molto più dal disperarsi e uccidersi per questo. Gli antichi Celti e gli altri antichi si uccidevano per disperazioni nate da passioni e sventure, non mai considerate come inevitabili e necessarie assolutamente all'uomo, ma come proprie dell'individuo, perciò disgraziato e infelice, e disperantesi. La disperazione e scoraggiamento della vita in genere, l'odio della vita come vita umana (non come individualmente e accidentalmente infelice), la miseria destinata e inevitabile alla nostra specie, la nullità e noia inerente ed essenziale alla nostra vita, in somma l'idea che la vita nostra per se stessa non sia un bene, ma un peso e un male, non è mai entrata in intelletto antico, né in intelletto umano avanti questi ultimi secoli. Anzi gli antichi si uccidevano o disperavano appunto per l'opinione e la persuasione di non potere, a causa di sventure individuali, conseguire e godere quei beni ch'essi stimavano ch'esistessero" (*Zib.* 485). "Il suicidio [è] disordine contrario a tutta la natura intera, alle leggi fondamentali dell'esistenza [...] Ora in niuna specie d'animali, neanche la più socievole, si potrà trovare che abbiano mai né mai avessero luogo non pur costumi, ma fatti particolari, non pur così snaturati come quelli degl'individui e popoli umani in qualunque società, ma molto meno" (*Zib.* 3882-84).

Servo: Sì, ne aveva; e tra gli altri, uno che gli era molto intimo, a cui ha affidato il cane.

Momo stava per congratularsi con Prometeo per i buoni effetti della civilizzazione e per la contentezza che sembrava trasparire dalla vita umana, e voleva ricordargli che nessun altro animale, all'infuori dell'uomo, si suicida, né uccide per disperazione i figliuoli: ma Prometeo lo prevenne e, senza curarsi di vedere le due parti rimanenti del mondo, gli pagò la scommessa.

■ L'uomo civilizzato

A conclusione del racconto quel personaggio così singolare si allontanò su quella stravagante "casa pensile", dopo avermi consegnato inquietanti squarci di verità sul "modello" umano.

Aveva ragione Momo. La "perfetta" creatura di Prometeo aveva utilizzato in altro modo il dono del fuoco...

Era servito al selvaggio d'America per abbrustolire i propri figli pronto a porre sul piatto anche le mogli, quando non gli fossero più servite; era stato utilizzato per sacrificare una vedova nelle Indie, immolata sul rogo accanto al cadavere del marito; aveva incendiato il cuore del ricco londinese che aveva ucciso, senza alcun motivo, i propri figli e poi se stesso.

A giudicare dalla rinuncia alla vita di quel signore la civiltà, pensai, procura un effetto sconvolgente: accresce la noia della vita fino alle estreme conseguenze.

Che l'infelicità dell'uomo sia nata con il suo allontanamento dallo stato naturale?

Sarebbe allora meglio ritornare allo stato primitivo?

Le ricerche di Prometeo mi avevano svelato una cruda realtà.

Anche le pur selvagge popolazioni del Nuovo Mondo non mostravano di essere mai state buone e incorrotte. Una volta costituite in società, erano venute in contrasto con le popolazioni vicine.

Se la natura con cataclismi e inondazioni aveva spento la presenza umana, anche lì l'uomo aveva spento altri uomini.

E così selvaggi e civili, abitanti dell'Asia, dell'America e dell'Europa, tutti si erano uniti in un nuovo crudele linguaggio: l'intolleranza e la violenza contro se stessi e i propri simili.

Prometeo aveva perduto la scommessa.

Con lui la perde quotidianamente anche l'uomo: distruttore di affetti, chiuso nella sua solitudine...

Un essere che neppure il progresso della civiltà è riuscito a migliorare.

Questi pensieri mi accompagnarono per giorni e giorni mentre in volo tra cuori di selve partecipavo all'avventura delle rotte migratorie.

Era l'alba... e avevo da poco attraversato l'alta valle di un fiume, quando vidi all'orizzonte, tra paludi e acquitrini fitti di papiri, un paese dalla ricca e varia vegetazione.

Mentre ero in volo a bassa quota verso oriente sorgive di voci umane mi avevano portato in modo sempre più chiaro parole che avevano la cadenza di un antico cantico: "Tra cielo e terra, o mezzo nell'uno e mezzo nell'altra, vive un certo gallo selvatico; il quale sta sulla terra coi piedi, e tocca colla cresta e col becco il cielo. Questo gallo gigante ha uso di ragione, o è stato ammaestrato non si sa da chi a pronunciare parole al pari degli uomini".

Appartenevano certamente ad una lingua ieratica[53] che mescolava vari influssi semitici.

Mi sorpresi anch'io della mia capacità di comprenderle.

Un altro pennuto, con uso di ragione?

Con la stessa rapidità con cui si formano gli arcobaleni percepii di non essere più solo.

In mezzo alle piante di salvia si stagliava, imponente, una figura che per qualche istante mi sembrò familiare.

Le sue sproporzionate dimensioni mi lasciarono sbigottito.

Si trattava di un gigantesco gallo, dalle lunghe penne colorate, che toccava il cielo con la cresta e il becco.

La sua voce era imperiosa; le sue parole solenni... ■

---

[53] È il lessico ricordato in *Zib.* 1282 (*Johannis Buxturfii, Lex. Chaldaicum, Talmudicum et Rabbinicum...* Basileae 1640), concernente le lingue con cui si immagina scritto il Cantico: caldea, rabbinica, talmudica. Oltre a questo Leopardi cita nell'operetta la cabalistica e la targumica, cioè dei Targum, parafrasi e commenti in caldaico della Torà.

CANTICO DEL GALLO SILVESTRE

Leggi il testo di Leopardi

[scheda in Appendice a pag. 213]

Su mortali, svegliatevi! Il giorno rinasce: la verità torna sulla Terra e si dileguano le vane immagini dei sogni. Alzatevi; riprendete di nuovo il peso della vita; ritornate dal mondo falso a quello reale[54].

È questo il tempo nel quale ciascuno raccoglie e passa in rassegna con l'animo tutti i pensieri della vita presente; ripercorre i progetti, gli interessi, le occupazioni; richiama alla memoria i piaceri e le preoccupazioni che gli potranno capitare nell'arco del nuovo giorno. Ciascuno in questi momenti è desideroso più che mai di ritrovare, pur solo nella propria mente, aspettative gioiose e dolci pensieri[55]. Ma pochi vedono appagato questo desiderio; a tutti il momento del risveglio è dannoso. Il misero si è appena svegliato che subito ritorna nelle mani della sua infelicità. Dolcissima cosa è quando a conciliare il sonno contribuì la gioia o la speranza[56].

[54] "[...] la vita che ritorna" – dice il Leopardi – con la sua fatica, il *ponos* nella lingua greca.

[55] "Nella mia vita infelicissima l'ora meno triste è quella del levarmi. Le speranze e le illusioni ripigliano per pochi momenti un certo corpo, ed io chiamo quell'ora la gioventù della giornata per questa similitudine che ha colla gioventù della vita. E anche riguardo alla stessa giornata, si suol sempre sperare di passarla meglio della precedente. E la sera che ti trovi fallito di questa speranza e disingannato, si può chiamare la vecchiezza della giornata" (*Zib.* 152).

[56] "[...] tutto il piacere umano consiste nella speranza e nell'aspettativa del meglio" (*Zib.* 2527).

L'una e l'altra fino al momento del risveglio del giorno seguente si mantengono complete ed integre, ma al momento del risveglio vengono meno o diminuiscono.

Se il sonno dei mortali fosse perenne e fosse una stessa cosa con la vita; se sotto il sole, mentre tutti gli esseri viventi languono per terra in profondissima quiete, non ci fosse alcuna attività; non si sentisse lungo i prati il muggito dei buoi, né per le foreste lo strepito degli animali feroci, né per l'aria il canto degli uccelli, né per la campagna il sussurro delle api o delle farfalle[57]; se non sorgesse voce, né alcun moto, se non delle acque, del vento e delle tempeste; certamente l'universo sarebbe inutile; ma ci sarebbe forse in esso una minore misura di felicità o una più larga quantità di miseria di quanto se ne trova oggi? Io domando a te, o Sole, tu che fai crescere il giorno e presiedi al risveglio, nel corso dei secoli che tu hai finora misurato e consumato sorgendo e tramontando, hai visto qualche volta un solo degli esseri viventi felice? Delle innumerabili opere dei mortali, che tu hai visto finora, tu pensi che almeno una ottenesse il suo intento: la soddisfazione, durevole o passeggera, di quella creatura che la produsse? Anzi vedi nel presente, o hai mai visto la felicità dentro i confini del mondo? In quale campo abita, in quale bosco, in quale montagna, in quale valle, in quale paese abitato o deserto, in quale pianeta dei tanti che i tuoi raggi illuminano e scaldano? Forse si nasconde dalla tua vista, e siede nella parte più profonda delle caverne, o nelle viscere della Terra o al fondo del mare? Quale animale, quale pianta o quale altra cosa che tu rendi viva, quale creatura provvista o priva di forza, vegetativa o animale ne partecipa? E tu stesso, tu che come un gigante instancabile[58], giorno e notte, senza sonno e respiro, corri velocemente lo smisurato cammino che ti è prescritto, sei tu beato o infelice?

---

[57] Si avverte la stessa profondità dello scenario dell'idillio *L'infinito* con quei "sovrumani silenzi [...] e profondissima quiete".

[58] In una nota Giacomo Leopardi ricorda il Salmo XVIII, vv. 6-7: *Exultavit ut gigas ad currendam viam / A summo caelo egressio eius / Nec est qui se abscondat a calore eius* ("Esultò come un gigante nel percorrere la via; dall'alto del cielo è la sua uscita; né vi è qualcuno che si nasconda dal suo calore").

Mortali, svegliatevi. Non siete ancora liberi dalla vita. Verrà un tempo nel quale nessuna forza esterna e nessun interno moto vi riscuoterà dalla quiete del sonno, ma allora per sempre e senza esserne appagati riposerete. Per il momento non vi è concessa la morte: solo occasionalmente vi è consentita una somiglianza di quella per un piccolo spazio di tempo, dal momento che la vita non si potrebbe mantenere, se essa non fosse continuamente interrotta. Una troppo lunga mancanza di questo breve e passeggero sonno sarebbe un male di per sé mortale e motivo di sonno eterno. Tale cosa è la vita, che, per sopportarla, è necessario, riposandosi ogni tanto, riprendere un po' le forze e ristorarsi con un gusto e quasi una particella di morte[59]. Sembra che l'essenza delle cose abbia come suo proprio ed unico obiettivo il morire. Poiché non poteva morire quello che ancora non esisteva, per questo sono scaturite dal nulla tutte le cose esistenti. È certo che la causa finale dell'esistenza non è la felicità, perché nessuna cosa è felice[60]. È vero che le creature animate si propongono questo fine in ciascuna delle loro opere, ma non l'ottengono da nessuna di esse e durante tutta la loro vita ingegnandosi, sforzandosi e soffrendo sempre patiscono e si affaticano per arrivare a questo solo scopo della natura, che è la morte.

In ogni modo le prime ore del giorno sono normalmente le più tollerabili per il vivente. Nel risveglio pochi trovano le loro menti occupate da piacevoli e gioiosi pensieri, ma quasi tutti in quel momento se li producono e formano perché a quell'ora gli animi, sen-

---

[59] "Gran magistero della natura fu quello d'interrompere per modo di dire la vita col sonno. Questa interruzione è quasi una rinnovazione" (*Zib.* 193); "[...] il sonno non è il fine della vita, ma certo un interrompimento, e quasi un'immagine di esso fine" (*Zib.* 290).

[60] "Il fine naturale dell'uomo e di ogni vivente, in ogni momento della sua esistenza sentita, non è né può essere altro che la felicità, e quindi il piacere suo proprio; e questo è anche il fine unico del vivente in quanto a tutta la somma della sua vita, azione, pensiero. Ma il fine della sua esistenza, o vogliamo dire il fine della natura nel dargliela e nel modificargliela, come anche nel modificare l'esistenza degli altri enti, e in somma il fine dell'esistenza generale [...] non è certamente in niun modo la felicità, né il piacere dei viventi [...] Contraddizione evidente e innegabile nell'ordine delle cose e nel modo della esistenza, contraddizione spaventevole" (*Zib.* 4128-29).

za una specifica e particolare ragione, sono tutti inclini alla giocondità o disposti, più che in altri momenti, a tollerare con pazienza i mali della vita. Per cui se qualcuno, quando fu colto dal sonno, era preso dalla disperazione, svegliandosi, accoglie la speranza nell'anima quantunque essa in nessun modo gli si addica. Molte disgrazie e sofferenze personali, molti motivi di timore e di angoscia appaiono in quel momento assai minori rispetto a quanto lo erano la sera precedente. Spesso ancora le angosce del giorno passato sono sdegnate e quasi un poco derise come effetto di illusioni e di vane immaginazioni. La sera è paragonabile alla vecchiaia, al contrario l'inizio della giornata somiglia alla giovinezza: questo è per lo più un momento di consolazione e di fiducia, mentre la sera è infelice, porta allo sconforto ed è incline a cattive aspettative. Ma come la gioventù nell'arco della vita, così quella che i mortali provano ogni giorno è brevissima e fuggitiva; e molto presto anche il giorno si riduce per gli uomini in età avanzata.

Il fiore degli anni, sebbene sia la migliore parte della vita, è pure una cosa misera. Infatti, anche questo povero bene viene a mancare in così breve tempo che il vivente si avvede che il proprio corpo inizia il declino quando appena ne ha sperimentata la perfezione; e non ha ancora potuto sentire e conoscere pienamente le proprie forze, che già gli vengono a mancare. In qualunque genere di creature mortali la massima parte della vita è un appassire. La natura è intenta e indirizzata alla morte in ogni sua opera: per questo, non per altra ragione, la vecchiaia prevale in modo così manifesto e per così lungo tempo nella vita e nel mondo. Ogni parte dell'universo si affretta costantemente verso la morte, con straordinaria velocità e risolutezza. Soltanto lo stesso universo appare immune dallo svigorire ed invecchiare, perché se nell'autunno e nell'inverno si dimostra quasi malato e vecchio, nondimeno ringiovanisce sempre nella nuova stagione. Ma come i mortali, nonostante riacquistino una parte della giovinezza nella prima parte del giorno, tuttavia invecchiano tutto il giorno e infine si estinguono, così l'universo, benché in ogni primavera ringiovanisca, tuttavia invecchia continuamente.

Verrà un tempo in cui l'universo e la stessa natura saranno spenti[61]. E nello stesso modo in cui oggi non resta traccia né alcuna fama di grandissimi regni e di imperi umani e delle loro meravigliose vicende, ugualmente non rimarrà segno del mondo intero e delle infinite vicende e calamità di tutte le cose create, ma un silenzio nudo e una quiete altissima riempiranno l'immenso spazio. Così questo mirabile e spaventoso mistero dell'esistenza dell'universo, prima di essere chiarito e compreso, si dissolverà e si perderà[62].

■ Il risveglio alla vita quotidiana

Rapida l'esistenza... anche il fiore degli anni è breve e fuggevole... Anche l'Universo, nella sua apparente fissità, invecchia...

Ogni nota della giornata è per questo singolare signore del mattino una corsa verso la sera della vita, ne ripropone quotidianamente le tappe...

Dopo il sonno ristoratore, il risveglio è come l'alba della vita: un destarsi alle speranze dell'adolescenza.

Il mattino poi è come la giovinezza: sembra ripercorrerne le attese, le illusioni.

Immagini, ricordi fragili come quel fiore degli anni: dolce bene che perde presto il suo calore; poi... la sera della vita, la vecchiaia: porterà con sé domande sempre aperte.

E così giorno dopo giorno la luce che sorge rinnova i consueti itinerari, si china sui volti, sulle storie di ognuno, ne abbandona altri... Tutta la vita è un appassire: ogni creatura vivente sfiorirà intorno al cerchio che si chiude... il sonno quotidiano diventerà l'ultimo silenzio.

Poi un lontanissimo giorno sarà così anche per l'universo: muto con i suoi segreti...

Avvertii in quell'assurdo contrappunto di solenni parole un desi-

---

[61] Sono espressioni che riecheggiano sul piano tematico l'idillio *La sera del dì di festa* ("Or dov'è il suono / Di que' popoli antichi? or dov'è il grido / De' nostri avi famosi [...]?") e su quello stilistico l'idillio *L'infinito* ("sovrumani / silenzi"; "infinito silenzio").

[62] "Questa è conclusione poetica, non filosofica. Parlando filosoficamente, l'esistenza, che mai non è cominciata, non avrà mai fine" (nota n. 56 di Leopardi, inserita nella 2a edizione delle *Operette*).

derio di annullamento, di abbandono ai limiti dell'inconoscibile. Attraverso quel buio spazio dell'immensa quiete potrà forse l'uomo trovare una risposta al mistero della vita? placare quella sete di felicità a cui aspira quotidianamente? Era questo il senso più profondo del canto? Difficile per me, che accetto naturalmente la vita, comprendere come un appartenente alla mia stessa specie possa esprimersi così. Più probabilmente egli vuole parlare a nome dell'uomo, dar voce al suo grido di rivolta: lui desideroso di luce, destinato al buio della sera della vita; istintivamente legato alla vita, sconfitto dal destino mortale. Era autunno e in mia compagnia milioni di uccelli migravano verso l'Africa

Come tanti, anch'io sentii venir meno preziose energie.

Quasi disidratato mi fermai a riposare in un luogo suggestivo tra mosse immagini di vasche e di argini di fatiche umane, dominate da mulini a vento assolati di sale.

Fu una sosta di pochi giorni, poi l'irresistibile richiamo alla ricerca mi portò ad abbandonare quegli incantevoli arcobaleni d'acqua salina.

E così mentre il cielo e le acque si risvegliarono in me, una corrente calda, salita dal deserto, mi aiutò a compiere molte miglia a volo planato.

Sotto di me straordinarie tavolozze di paesaggio mi tennero compagnia... finché mi inoltrai nella parte interiore dell'Africa, fino ad un punto situato sotto la linea equinoziale che sembrava vergine di ogni presenza umana.

La zona era impervia, brunastra e punteggiata da chiazze di spineti.

Ad un tratto, come ad un navigante dinanzi al quale si staglia improvviso il profilo di un promontorio, notai una forma umana che incombeva sulle stesse asperità del paesaggio: aveva le fattezze di una donna e il suo busto sembrava scaturire direttamente da rocce primordiali erose dal vento.

Senza timore volteggiai attorno a quella sagoma smisurata.

Bastò qualche istante perché capissi che era la Natura stessa.

Aveva un aspetto solenne e imperscrutabile. C'era un solitario viaggiatore che aveva l'aria smarrita, ma non sembrava per nulla impaurito. Compresi dalle sue prime parole che era un povero islandese.

DIALOGO DELLA NATURA E DI UN ISLANDESE

Leggi il testo di Leopardi

[scheda in Appendice a pag. 215]

Natura: Chi sei? Cosa cerchi in questi luoghi dove la tua specie era sconosciuta?

Islandese: Sono un povero islandese che sto fuggendo la Natura. L'ho fuggita quasi tutto il tempo della mia vita per cento parti della Terra e adesso la fuggo in questa.

Natura: Così lo scoiattolo fugge dal serpente a sonagli, finché non gli cade da solo in gola. Io sono quella dalla quale tu stai fuggendo.

Islandese: La Natura?

Natura: Non altri.

Islandese: Sono profondamente dispiaciuto e sono fermamente sicuro che questa sia la peggiore disavventura che mi potesse accadere.

Natura: Dovevi certo immaginare che io frequentavo specialmente questi luoghi, dove, come tu sai, la mia potenza è più evidente che altrove. Ma cosa ti spingeva a fuggirmi?

Islandese: Tu devi sapere che fin dagli anni giovanili, pur avendo fatto poche esperienze, fui persuaso e convinto della vanità della vita[63] e della stoltezza degli uomini, i quali combattendo gli uni contro gli altri per acquisire piaceri, che non dilettano, e beni che

---

[63] "Oh infinita vanità del vero!" (*Zib.* 69). È la stessa considerazione di Teofrasto (filosofo e scienziato greco tanto caro a Leopardi), che rivolto ai suoi scolari osservava: "[...] la vanità della vita è maggiore dell'utilità" (*Zib.* 316).

non giovano, sopportando e procurandosi reciprocamente infiniti affanni e infinite sofferenze, che tormentano e di conseguenza nocciono, tanto più si allontanano dalla felicità quanto più la cercano[64]. Per queste considerazioni, messo da parte ogni altro desiderio, decisi di vivere una vita oscura e tranquilla, senza dare fastidio a nessuno, senza provvedere in alcun modo a migliorare la mia condizione sociale, senza entrare in contesa con alcuno per qualche bene del mondo. Perduta la speranza di poter conseguire i piaceri, considerandoli cose negate alla nostra razza, non mi proposi altro scopo che quello di tenermi lontano dai patimenti. Con questo io non intendo dire che pensassi di astenermi dalle occupazioni e dalla fatica fisica, perché, come tu sai bene, vi è differenza tra fatica e disagio e tra una vita tranquilla e una oziosa[65]. E non appena io cominciai a mettere in atto questa risoluzione, conobbi per esperienza come è vano pensare che, se si vuole vivere a contatto con gli uomini, si possa evitare che, pur non offendendo alcuno, gli altri non ti offendano e che tu, pur cedendo sempre spontaneamente e accontentandoti del minimo, possa ottenere che ti sia lasciato un posto qualsiasi e che questo minimo non ti sia conteso. Ma io facilmente mi liberai dall'ostilità degli uomini separandomi dalla loro società e ritirandomi in solitudine, cosa che nella mia isola nativa si può realizzare senza difficoltà[66]. Fatta questa scelta e vivendo senza

---

[64] "Gli uomini sarebbono felici se non avessero cercato e non cercassero di esserlo" (*Zib.* 4042).

[65] "[...] un uom d'affari (senz'ombra di filosofia) ha l'animo più tranquillo nella continua lotta e nell'affanno delle cure e delle faccende; e un uom di mondo nel vortice e nel mar tempestoso della società; di quello che l'abbia un filosofo nella solitudine, nella vita uniforme, e nell'ozio estrinseco" (*Zib.* 4260).

[66] "Non solo nella vecchiezza, ma nelle sventure, ogni volta che l'uomo si trova senza speranza, o almeno disgraziato nelle cose che dipendono dagli uomini, comincia a contentarsi di se stesso, e la sua felicità, e soddisfazione, o almeno consolazione a dipender da lui. Questo ci accade anche in mezzo alla società, o agli affari del mondo" (*Zib.* 634). "La solitudine è lo stato naturale di gran parte, o piuttosto del più degli animali, e probabilmente dell'uomo ancora. Quindi non è maraviglia se nello stato naturale, egli ritrovava la sua maggior felicità nella solitudine [...] Ma anche per altra cagione la solitudine è oggi un conforto all'uomo nello stato sociale al quale è ridotto" (*Zib.* 679). Da questi pensieri nasceva quel mondo riservato del poeta: "[...] quanto

quasi provare alcuna sensazione di piacere io non potevo vivere
però senza soffrire patimenti, perché la lunghezza dell'inverno,
l'intensità del freddo e l'estremo calore dell'estate, che sono tipici
di quel luogo, mi tormentavano continuamente; e il fuoco, vicino
al quale ero costretto a passare gran parte del tempo, inaridiva la
mia carne e torturava gli occhi con il fumo, così che né dentro casa
né a cielo aperto potevo salvarmi da un continuo disagio. Non potevo neanche mantenere quella tranquillità della vita, alla quale
erano rivolti principalmente i miei pensieri, perché le spaventose
tempeste in terra e in mare, i frastuoni e le minacce del monte
Ecla[67], il timore di incendi, molto frequenti in abitazioni fatte di
legno, come le nostre, non cessavano mai di turbarmi. In una vita
sempre uguale a se stessa, spogliata di tutti i desideri e delle speranze e di quasi ogni altra preoccupazione se non quella d'essere quie-
ta, tutti i disagi come questi assumono una non trascurabile importanza e sono molto più pesanti di quanto essi appaiono di solito
quando la maggior parte dell'animo umano è occupata dai pensieri
della vita civile e dalle avversità derivate dagli uomini[68]. Perciò,
quando avvertii che più che mi ritraevo e quasi mi rinchiudevo in
me stesso, così da impedire che il mio essere desse noia o danno alcuno ad alcuna cosa del mondo, tanto meno mi succedeva che le
altre cose non mi inquietassero e mi tribolassero, io cominciai allora a cambiare luoghi e climi, per vedere se vi era una parte della
Terra dove potessi non offendendo non essere offeso e non goden-

---

era prima inclinato a comunicare altrui ogni mia sensazione non ordinaria (interiore
o esteriore), così fuggo ed odio non solo il discorso, ma spesso anche la presenza altrui
nel tempo di queste sensazioni. Non per altro se non per l'abito che ho contratto di
dimorar quasi sempre meco stesso [...] e di viver tra gli uomini come isolatamente e in
solitudine" (*Zib.* 2472).

67 Maggiore vulcano dell'Islanda, di cui parla tra gli altri lo scrittore inglese R. Burton
(1576-1639) nella sua *Anatomia della malinconia* (1621): un trattato che ebbe un
notevole successo oltre che per l'argomento, anche per le numerose citazioni e gli in-
teressanti aneddoti.

68 "[...] è certo che l'uomo occupato o divertito comunque, è manco infelice del disoccu-
pato, e di quello che vive una vita uniforme senza distrazione alcuna [...] Occupata o
divertita, ella [la vita] si sente e si conosce meno" (*Zib.* 4043).

do non patire. Fui spinto a questa risoluzione dal pensiero che forse tu avessi destinato il genere umano ad un solo clima della Terra (come tu hai fatto con ciascuna delle altre specie di animali e di piante) e a certi specifici luoghi fuori dei quali gli uomini non potessero prosperare né vivere senza difficoltà e miseria: difficoltà e miseria che dovevano essere imputate non alla Natura, ma agli uomini, nel momento in cui avessero disprezzato e oltrepassato quei confini prescritti alle abitazioni umane in conformità alle tue leggi[69]. Io ho viaggiato per quasi tutto il mondo ed esplorato quasi ogni paese, sempre attuando il mio proposito di causare alle altre creature il minor fastidio possibile e di ricercare una vita tranquilla. Ma io sono stato arso dal caldo nei tropici, rattrappito dal freddo vicino ai poli, afflitto dall'instabilità dell'aria nei climi temperati, tormentato in ogni luogo dalle perturbazioni degli elementi naturali. Io ho visto molti luoghi dove non passa un giorno senza un temporale: equivale a dire che ogni giorno tu attacchi e porti una battaglia in piena regola contro quegli abitanti che non ti hanno rivolto alcuna offesa[70]. In altre regioni la serenità ordinaria del cielo è compensata

---

[69] "[...] che la natura medesima abbia destinato la specie umana a tutti i climi e paesi, e tutti i climi e paesi alla specie umana, questo è ciò che né si può provare, e secondo l'analogia, che sarà sempre un fortissimo, e forse il più forte argomento di cognizione concesso all'uomo, si dimostra per falsissimo. Niuna pianta, niun vegetale, niun minerale, niuno animale conosciuto si trova in tutti i paesi e i climi, né in tutti potrebbe vivere e nascere, non che prosperare [...] Altre specie di vegetabili e di animali [...] si trovano e stanno bene in più paesi e più diversi, altre in meno, niuna in tutti, e niuna in tanti e così vari di qualità e di clima, in quanti e quanto vari è diffusa la specie umana [...] Molte specie che per natura non erano destinate se non a un solo paese, o a una sola qualità di paesi, o a paesi poco differenti, sono state dagli uomini trasportate e stabilite in più paesi, in paesi differentissimi [...] Ciò è contro natura, come è lo stabilimento della specie umana medesima in quei luoghi che a lei non convengono [...] così si pretende che la natura non abbia limitato la specie umana a niun paese, a niuna qualità di paesi; e a differenza di tutte le altre specie terrestri, a ciascuna delle quali la natura ha destinato sol piccolissima parte del globo, si vuol ch'ella abbia destinato alla specie umana tutta quanta la terra [...] Io dico dunque per fermo, che la specie umana per sua natura, secondo le intenzioni della natura, volendo poter conservare il suo ben essere, non doveva propagarsi più che tanto, e non era destinata senon a certi paesi e certe qualità di paesi, de' limiti de' quali non doveva naturalmente uscire, e non uscì che contro natura" (*Zib.* 3650-55).

[70] "La natura per necessità della legge di distruzione e riproduzione, e per conservare lo stato attuale dell'universo, è essenzialmente, regolarmente e perpetuamente persecutrice e ne-

dalla frequenza dei terremoti, dalla moltitudine e furia dei vulcani, dal ribollimento sotterraneo di tutto il paese. Venti e turbini furiosi imperversano nelle regioni e nelle stagioni libere da altri furori dell'aria. In alcuni momenti ho sentito crollare il tetto sopra la mia testa a causa di un grande carico di neve; altre volte, a causa della pioggia torrenziale, la stessa terra fendendosi si è aperta sotto i miei piedi. Alcune volte ho avuto bisogno di fuggire di gran corsa dai fiumi che mi inseguivano come se fossi colpevole di qualche ingiuria nei loro confronti. Molte bestie selvatiche, che non ho mai provocato con la più piccola offesa, cercarono di divorarmi; molti serpenti hanno cercato di avvelenarmi; in vari luoghi è mancato poco che gli insetti volanti non mi consumassero fino alle ossa. Non voglio parlare degli infiniti pericoli giornalieri, che minacciano sempre l'uomo, tanto che un antico filosofo non trova altro più valido rimedio contro il timore che partire dalla considerazione che ogni cosa è da temere[71]. Neppure i mali del corpo mi hanno risparmiato nonostante io fossi, come sono ancora, non solo moderato, ma anche capace di trattenermi dai piaceri del corpo. Grande è la mia meraviglia quando considero come tu abbia infuso in noi una così salda ed insaziabile avidità per il piacere tanto che, senza di questo e priva di ciò che essa desidera naturalmente, la nostra vita è cosa imperfetta[72]; e d'altra parte che tu abbia stabilito che l'uso di que-

---

mica mortale di tutti gl'individui d'ogni genere e specie, ch'ella dà in luce; e comincia a perseguitarli dal punto medesimo in cui gli ha prodotti" (*Zib.* 4485-86). Leopardi, come l'epicureo Lucrezio nel suo *De rerum natura*, denota passione e competenza di naturalista, nonché felicità di ispirazione, nel tratteggiare i fenomeni naturali in potenti scorci poetici di una visività quasi tattile. In questo passo adombra sinteticamente il senso persistente e fastidioso dell'umidità appiccicosa, che non dà tregua, propria dei climi equatoriali e monsonici, in cui la terra stessa geme e si sfalda sotto le piogge. Così come concentra in un'immagine suggestiva e inquietante (la Natura "punisce" le stagioni e le regioni terrestri troppo belle e placide), osservazioni pregnanti, e del tutto attuali sul piano scientifico, circa la fenomenologia di uragani e trombe d'aria che battono soprattutto le zone tropicali.

[71] Nelle sue note autografe Leopardi ricorda le *Naturales quaestiones* (VI, 2) di Seneca: "si vultis nihil timere, cogitate omnia esse timenda" ("se non volete temere niente, pensate che tutto si debba temere").

[72] "Non è forse cosa che tanto consumi ed abbrevi o renda nel futuro infelice la vita, quanto i piaceri. E da altra parte la vita non è fatta che per il piacere, poiché non è

sto piacere sia, tra tutte le cose umane, la più nociva alle forze e alla salute del corpo, la più dannosa in quanto agli effetti su ciascuna persona, e la più contraria alla durata della stessa vita. Ma comunque, sebbene mi sia quasi sempre e completamente astenuto da ogni diletto, io non ho potuto evitare di soffrire molte e diverse malattie: alcune delle quali mi hanno messo in pericolo di morte; altre di perdere l'uso di qualche membro o di condurre una vita più misera del passato; e tutte mi hanno oppresso il corpo e l'animo per più giorni o mesi con mille stenti e mille dolori. E benché nel tempo delle infermità ciascuno di noi sperimenti nuovi o insoliti mali e una infelicità maggiore del solito (come se ordinariamente la vita umana non fosse abbastanza misera), tu non hai certamente compensato l'uomo dandogli alcuni tempi di sovrabbondante ed insolita salute, che gli sia causa di qualche piacere straordinario per qualità e grandezza. Nei paesi che sono generalmente coperti di neve io ho corso il pericolo di diventare cieco, come normalmente accade al popolo dei Lapponi[73]. Il sole e l'aria, che sono vitali e necessari alla nostra vita e per questo connaturati ad essa, ci danneggiano continuamente: l'aria con la sua umidità, il suo rigore, e con altri modi; il sole con il suo calore e la stessa luce, tanto che l'uomo non può mai essere esposto ad entrambi senza qualche maggiore o minore disagio o danno. Infine, io non mi ricordo di aver passato un solo giorno della vita senza qualche pena, mentre non posso elencare quei giorni che ho consumato senza neppure una sensazione di piacere. Mi accorgo che tanto ci è destinato e necessario il patire, quanto il non godere; tanto impossibile il vivere quieto in qualsiasi modo, quanto il vivere inquieto senza miseria. E sono costretto a concludere che tu sei una manifesta nemica degli uomini, degli altri animali e di tutte le tue creature. Ora c'insidi, ora ci minacci, ora ci

---

fatta se non per la felicità, la quale consiste nel piacere, e senza di esso è imperfetta la vita, perché manca del suo fine, ed è una continua pena, perch'ella è naturalmente e necessariamente un continuo e non mai interrotto desiderio e bisogno di felicità cioè di piacere. Chi mi sa spiegare questa contraddizione in natura?" (*Zib.* 4087).

[73] È una descrizione ispirata dalla *Storia naturale* (VI, p. 10) di Buffon (1707-1788), naturalista francese.

assalti, ora ci pungi, ora ci percuoti, ora ci laceri, e sempre o ci offendi o ci perseguiti, e, per costume e per ruolo, sei carnefice della tua propria famiglia, dei tuoi figlioli, e, per dir così, del tuo sangue e delle tue viscere.

Pertanto rimango privo di ogni speranza, avendo compreso che gli uomini finiscono con il perseguitare chiunque li fugga o si nasconda con la ferma risoluzione di fuggirli o di nascondersi da loro, ma che tu, per nessuna ragione, non tralasci mai d'incalzarci, fino a quando ci sopraffai. Io già mi vedo vicino all'amaro e lugubre tempo della vecchiaia, un vero e manifesto male, anzi accumulo dei mali e delle più gravi miserie, un male che non è dovuto al caso ma destinato da te per legge a tutti i generi delle creature viventi, previsto da ciascuno già nella fanciullezza, e continuamente preparato, dal venticinquesimo anno in poi, con un tristissimo ed incolpevole processo di decadimento. Così che appena un terzo della vita dell'uomo è destinato allo sviluppo, soltanto pochi istanti alla maturità e perfezione, e tutto il rimanente al declino, con tutti i disagi conseguenti.

Natura: Tu forse immaginavi che il mondo fosse stato fatto per le vostre esigenze? Ora sappi che nelle creazioni, nelle leggi, nelle mie operazioni, ad eccezione di pochissime, il mio proposito non era e non è la felicità o l'infelicità degli uomini. Quando io vi offendo in qualunque modo e con qualsiasi mezzo, io non me ne accorgo, se non molto raramente; come io ordinariamente non so se vi diletto o vi benefico; non ho fatto, come credete voi, quelle tali cose, o non faccio quelle tali azioni, per dilettarvi o giovarvi. E infine, se anche mi avvenisse di estinguere tutta la vostra specie, io non me ne accorgerei.

Islandese: Supponiamo che uno, di sua iniziativa, mi invitasse con insistenza in un possedimento di campagna e che per compiacerlo vi andassi. E che qui io fossi alloggiato in una desolante e cadente stanza, umida, fetida ed esposta al vento e alla pioggia, dove io fossi in costante pericolo di essere schiacciato dal crollo dei muri. E che questo tale non solo non si prendesse cura di intrattenermi con qualche passatempo o concedermi qualche comodità, ma al contrario appena mi facesse fornire il necessario per nutrirmi e mi lasciasse trattare con modi volgari, schernire, minacciare e bastonare dai suoi figlioli e dal resto della sua servitù. E se quando io mi lamentassi con lui di questi spiacevoli comportamenti, mi rispondesse: "Forse ho costruito questa abitazione per te o mantengo questi figli e questa mia gente per assisterti? Ho ben altre cose da pensare che ai tuoi divertimenti e a trattarti bene".

A questo io replicherei: "Vedi, amico, siccome tu non hai costruito questa villa per me, così potevi non invitarmi. Ma poiché tu hai voluto che io ci abiti, non è compito tuo di fare in modo che io, per quanto è in tuo potere, ci viva perlomeno senza travaglio e senza pericolo?".

Questo è quello che dico ora. Io so bene che tu non hai creato il mondo a servizio degli uomini. Crederei piuttosto che l'avessi fatto e creato per l'espresso proposito di tormentarli. Ora domando: t'ho forse pregato di pormi in questo universo? o mi vi sono introdotto violentemente, o contro il tuo desiderio? Ma se tu, per tua volontà, e a mia insaputa, mi hai collocato qui con le tue proprie mani, in maniera da non potermi rifiutare né oppormi, non è compito tuo, se non tenermi lieto e contento in questo tuo regno, almeno vietare che io non vi sia tormentato e torturato e che l'abitarvi non mi sia di danno? E quello che io dico di me, lo dico di tutto il genere umano, di tutti gli altri animali e di tutte le creature viventi.

Natura: Evidentemente tu non hai considerato che in questo universo la vita è un perpetuo ciclo di produzione e distruzione, collegate ambedue così che ciascuna continuamente serve all'altra e alla conservazione del mondo, il quale, una volta che cessasse l'una o l'altra di esse, si dissolverebbe ugualmente[74]. Pertanto se vi fosse qualcosa capace di liberarsi dalla sofferenza ciò risulterebbe dannoso per l'universo.

---

[74] "[...] il fine della natura universale è la vita dell'universo, la quale consiste ugualmente in produzione, conservazione e distruzione dei suoi componenti" (*Zib.* 4130).

Islandese: Questo è appunto lo stesso ragionamento che fanno tutti i filosofi. Ma poiché quello che è distrutto, patisce; e quello che distrugge non gode e anch'esso a poco a poco è distrutto, dimmi quello che nessun filosofo mi sa dire: chi trova piacere o chi trae giovamento da questa vita estremamente infelice dell'universo, che è conservata attraverso la sofferenza[75] e la morte di tutte le cose che lo compongono? [...]

■ L'uomo alla ricerca della felicità

Le vicende dell'Islandese mi riportavano alla memoria quel piccolo borgo dal quale mi ero allontanato: le sponde di quell'isola le associavo alla siepe; il suo distacco al mio desiderio di evadere dall'ambiente natio.

Ma soprattutto mi sentivo vicino allo stato d'animo di quel viaggiatore solitario, soltanto desideroso di una vita "oscura e tranquilla". La sua non era certamente una scelta irragionevole.

Gli erano bastate poche esperienze di vita per capire la vanità di tutte le cose e la convinzione che, solo evitando i piaceri, è possibile tenere lontani anche i dolori.

La conflittualità umana e il disagio esistenziale e climatico, sofferto nella sua terra d'origine, lo avevano portato a ricercare un luogo "senza patimenti".

Pensava ad un clima destinato dalla natura alla specie umana. Lo aveva ricercato vanamente. Poi l'incontro non voluto con la stessa Natura.

Egli bramava una solitudine serena, senza dover patire continuamente le difficili condizioni ambientali si era ritrovato dinanzi proprio a colei che era la fonte delle sue disillusioni e dei suoi disagi.

Eppure era stato coraggioso al punto di chiedere a Lei, alla stessa Natura, le ragioni della manifesta presenza del male nella vita umana. Vanamente...

Comprendevo profondamente le riflessioni morali di quel saggio migratore.

---

[75] "Gli enti sensibili sono per natura enti *souffrants*" (*Zib.* 4133); "Non si comprende come dal male di tutti gl'individui senza eccezione, possa risultare il bene dell'universalità; come dalla riunione e dal complesso di molti mali e non d'altro, possa risultare un bene" (*Zib.* 4175).

Il fine dell'essere umano, egli osservava, è la felicità; invece l'uomo è infelice.

La vita umana è paradossale: dovrebbe essere sinonimo di felicità; produce un effetto contrario.

La vita stessa avrebbe dovuto stabilire negli uomini un equilibrio indolore tra i loro desideri e le loro possibilità, ma la Natura a questo non ha saputo o voluto provvedere.

La Natura – avvertivo dal dialogo – non ha un fine da raggiungere, forse non è eterna e proprio sul piano morale si esime da ogni responsabilità.

La sua è una forza meccanicistica che non conosce interruzioni: un processo di distruzione e costruzione necessario alla conservazione dei generi e delle specie.

All'abitante d'Islanda, che gli effetti di tale processo aveva individuato per chiederne la ragione e il senso, la Natura aveva replicato con una logica disumanizzante e incontrovertibile.

Quel viaggiatore del deserto era stato ridotto al ruolo di presenza superflua: il suo sdegno non poteva più giungere ad alcun destinatario.

Ed anche l'ultima, accorata richiesta dell'Islandese "a che giova tutto questo?" non aveva trovato risposta.

Anzi quella domanda era stata interrotta bruscamente dall'arrivo di due leoni affamati e stremati: ebbi l'impressione che non avessero neppure la forza di mangiare quell'Islandese.

Una tempesta di sabbia mi impedì di vedere la conclusione della vicenda.

Più tardi seppi da un'allodola in migrazione, anche lei curiosamente nata in Islanda, che il suo conterraneo si era salvato per un pelo dai due macilenti leoni ma non da una spaventosa onda di vento che, dopo averlo steso a terra, gli aveva rovesciato addosso un monte sabbioso che, al momento, aveva l'apparenza di un enorme mausoleo. Di lì a poco – stando sempre al racconto di quell'allodola – sarebbe divenuto una bella mummia.

Come già la Sfinge, che eludeva l'univocità e la sensatezza richiestale dai visitatori che la interrogavano, quella singolare donna era rimasta di pietra, impenetrabile agli affondi dialettici dell'uomo, e ne aveva decretato una fine beffarda ed ingloriosa.

In tutti e due i casi quel degno rappresentante dell'umanità era stato destinato alla distruzione: finire nella pancia dei leoni ed essere almeno di momentaneo sollievo alla loro condizione di poveri animali affamati, come pare assai probabile, consolidare a futura memoria l'essere (suo malgrado), una creatura inutile a sé e alle altre specie, diventando una mummia incarcerata per sempre nell'immobilità inconsistente e aleatoria delle dune di sabbia, tutte uguali e diverse: un'altra piccola e transitoria duna tra le innumerevoli all'interno dell'immensa Africa.

Nell'allontanarmi da quel luogo osservai ancora una volta lo sguardo di quell'antica forma, carnefice e nemica dei suoi figli: mi ricordava stranamente mia madre; ancora una volta avvertivo una sottile analogia tra la mia vita e quella dell'Islandese.

Le nostre strade, pensavo, si erano incrociate nel deserto africano, in una comune rotta verso la conoscenza.

Nei giorni successivi raggiunsi un'isola dalla splendida vegetazione.

Un luogo incantevole, ricamato da torrenti e cascate che, disposte a corona, precipitavano sui frangenti.

In riva al mare le rocce scendevano a picco; le pareti erano coperte da un fittissimo manto di alberi. Vi rimasi per molto tempo, trovando un comodo rifugio presso una riva, sulla quale giacevano nomi e date di antichi avventurieri.

Storie di uomini, ricordi di emozioni, di sogni...

Un giorno mi allontanai molte miglia da quella straordinaria e non più misteriosa isola.

Non sapevo cosa sarebbe stato di me e se avrei potuto sopravvivere a quel volo, spaventoso e imprevedibile, senza un punto d'appoggio sul quale fare una sosta ristoratrice.

Fu a notte tarda che notai un'imbarcazione che avanzava, seguendo la mia direzione.

In quello spazio illuminato dalla luce della luna, nessuno notò la mia piccola sagoma insinuarsi tra le vele e le scotte di una caravella.

Neppure occhi attenti avrebbero potuto distinguermi mentre seguivo il dialogo di due uomini sul ponte, presso l'albero prodiero. Ascoltai con attenzione. Compresi che si chiamavano *Cristoforo Colombo* e *Pietro Gutierrez*. ■

Dialogo di Cristoforo Colombo
e di Pietro Gutierrez

Leggi il testo di Leopardi

[scheda in Appendice a pag. 215]

Colombo: Che magnifica notte[76], amico.

Gutierrez: Magnifica, ma credo con franchezza che, se la si osservasse dalla terraferma, apparirebbe ancora più bella.

Colombo: Comprendo troppo bene: anche tu sei stanco di questa navigazione.

Gutierrez: Non sono stanco della navigazione in quanto tale, ma essa mi appare più lunga di quanto io avessi previsto e questo mi infastidisce un po'. Con questo non devi pensare che io abbia motivo di lamentarmi di te, come fanno gli altri. Anzi stai pur certo che qualunque decisione tu prenda, io ti asseconderò, come in precedenti occasioni, esercitando tutta la mia autorità. Ma, così tanto per parlare, vorrei che tu mi dichiarassi in maniera precisa, con estrema sincerità, se sei così certo, come all'inizio del viaggio, di poter trovare terra in questa parte del mondo, o se, dopo tanto tempo e tante esperienze sfavorevoli, cominci ad avere qualche dubbio.

---

[76] Si avverte la stessa atmosfera lirica dell'idillio *La sera del dì di festa*, con note poetiche che esprimono emozione e stupore: "Le parole 'notte', 'notturno', le descrizioni della notte sono poeticissime, perché la notte confondendo gli oggetti, l'animo non ne concepisce che un'immagine vaga, indistinta, incompleta, sì di essa, che quanto ella contiene" (*Zib.* 1798).

Colombo: Parlando con sincerità, e come si può fare con persona amica e riservata, ti confesso di nutrire qualche incertezza, tanto più che durante il viaggio parecchi segnali che mi avevano suscitato una grande speranza, mi sono apparsi inconsistenti, come quando, poco dopo la partenza da Gomera[77], pensavo che gli uccelli provenienti da ponente, in volo sopra di noi, indicassero la vicinanza di una terra. Similmente ho osservato, con il passare dei giorni, che l'esito sperato non è stato pari ad una sola delle ipotesi e delle previsioni fatte da me, prima che ci ponessimo in mare, in relazione alle varie cose che, ritenevo, ci sarebbero capitate nel corso del viaggio. Perciò mi viene da pensare che come queste supposizioni mi hanno ingannato, nonostante mi sembrassero quasi sicure, così potrebbe rivelarsi vana la principale ipotesi: quella di riuscire a trovare terra al di là dell'Oceano. È vero che questa ipotesi ha basi tali che se si rivelasse falsa da una parte mi sembrerebbe che non si possa credere ad alcun giudizio umano, all'infuori di quello che si basi su cose che si vedano direttamente e si tocchino; d'altra parte però ritengo che spesso, anzi il più delle volte, la pratica si differenzia dalla riflessione teorica[78]. E così dico fra me: quali elementi hai tu per conoscere se ciascuna parte del mondo assomigli alle altre in modo che, essendo l'emisfero orientale occupato in parte dalla terra e in parte dalle acque, ne consegua che anche l'occidente debba essere diviso tra acqua e terra? che non sia occupato da un unico e immenso mare? o se invece della terra, o anche di terra e d'acqua, non comprenda qualche altro elemento? Ammesso che abbia terre e mari come l'altro, non potrebbe rivelarsi disabitato? anzi non abitabile[79]? Supponiamo che sia abitato come il nostro, quale cer-

---

[77] Gomera è una delle isole Canarie, da cui Colombo salpò il 6 settembre 1492.

[78] "La scienza non supplisce mai all'esperienza, cosa generalissima ed evidentissima. Il medico colla sola teorica non sa curare gli ammalati" (*Zib.* 1586).

[79] "Indipendentemente dal desiderio del piacere, esiste nell'uomo una facoltà immaginativa, la quale può concepire le cose che non sono, e in un modo in cui le cose reali non sono. Considerando la tendenza innata dell'uomo al piacere, è naturale che la facoltà immaginativa faccia una delle sue principali occupazioni della immaginazione del piacere. E stante la detta proprietà di questa forza immaginativa, ella può figurarsi dei piaceri che non esistano e figurarseli infiniti" (*Zib.* 167).

tezza hai tu che siano creature razionali come in questo nostro? E quando pure ve ne siano, da cosa trai la certezza che siano uomini e non qualche altro genere di animali intelligenti? E se uomini, che non siano molto diversi da quelli che tu conosci? Non potrebbero per caso essere fisicamente molto più grandi, più robusti, più agili, dotati di maggiore intelligenza e sensibilità, ed anche più civilizzati e ricchi di cultura e di abilità artistiche? Vado pensando queste cose fra me stesso. E in verità si vede che la natura è tanto potente e sono così vari e numerosi i suoi effetti, che non solo non si può valutare con certezza quello che essa abbia prodotto e produca in parti lontanissime e del tutto sconosciute, ma possiamo anche temere che uno sbagli traendo conclusioni da questo mondo e associandole a quelle lontanissime, e non sarebbe sbagliato immaginare che tutte, o una parte, delle cose del mondo sconosciuto siano meravigliose e straordinarie rispetto a noi e alla nostra esperienza. Ecco che noi vediamo con i nostri occhi che in questi mari l'ago declina di un grado dalla stella polare in direzione di ponente, una cosa del tutto straordinaria e sinora mai sentita da tutti i naviganti: di questo fenomeno, per quanto abbia cercato a lungo d'immaginarne la ragione, non so trovarne una che mi soddisfi. Non dico per tutto questo che si debba prestare orecchio alle favole degli antichi intorno alle meraviglie del mondo sconosciuto e di questo Oceano, come per esempio alla favola dei paesi descritti da Annone, che la notte erano pieni di fiamme, e dei torrenti di fuoco che da quel luogo si versavano nel mare[80]. Anzi vediamo quanto siano inconsistenti fino a questo momento tutti i timori di eventi prodigiosi e di spaventose novità, avvertiti dal nostro equipaggio in questo viaggio, come quando vide quella quantità di alghe[81], che sembrava costituissero quasi un prato del mare e c'impedivano di procedere: tutto l'equi-

---

[80] È una notizia che Leopardi ricava da una relazione svolta da Annone, un navigatore cartaginese del V sec., che guidò una flotta di settanta navi nell'esplorazione delle coste occidentali africane. Questo lavoro, scritto in fenicio, ci è giunto attraverso una traduzione greca ed è noto come il *Periplo di Annone*.

[81] È il mar dei Sargassi (dal portoghese *sargaco*, "erba marina"), un vasto bacino dell'Oceano Atlantico tra l'arcipelago delle Azzorre e quello delle Antille.

paggio pensò di essere ai confini del mare navigabile. Voglio però solamente concludere, rispondendo alla tua richiesta, che, quantunque la mia supposizione sia fondata su argomenti estremamente probabili, non solo a mio giudizio, ma anche di molti geografi, astronomi e navigatori eccellenti, con i quali ne ho discusso, come sai, in Spagna, in Italia e nel Portogallo, nondimeno essa potrebbe rivelarsi errata, perché, torno a dire, vediamo che molte conclusioni, ricavate da ottimi discorsi, non reggono all'esperienza: e questo capita più che mai, quando queste riguardano cose sulle quali si hanno pochissime conoscenze.

Gutierrez: In modo che tu, in sostanza, hai posto la tua vita e quella dei tuoi compagni sulle fondamenta di una pura ipotesi.

Colombo: È così. Non lo posso negare. Ma, lasciando da parte che gli uomini ogni giorno affrontano i pericoli della vita con presupposti di gran lunga più fragili e per cose di piccolissimo conto o anche senza pensarci, considera un po' quanto ti dico. Se al presente tu, io ed i nostri compagni non fossimo su queste navi in mezzo al mare, in questa sconosciuta solitudine, in una incerta e rischiosa condizione, in quale altra condizione di vita ci troveremmo? in cosa saremmo occupati? in che modo trascorreremmo questi giorni? forse più lietamente? o non saremmo anzi in qualche maggiore dolore o fastidio, ovvero pieni di noia? Che vuole dire una condizione libera da incertezza e pericolo[82]? Se lieta e felice, quella è da preferire a qualunque altra; se noiosa e infelice, è da posporre a qualsiasi altra cosa. Io non voglio ricordare la gloria e l'utilità che riporteremo, se l'impresa sarà corrispondente alla speranza. Quand'anche questa navigazione non ci porti altri vantaggi, a me pare che essa ci offra uno straordinario giovamento in quanto che per un certo tempo essa ci tiene liberi dalla noia, ci fa cara la vita, ci fa pregevo-

---

[82] "Amando il vivente quasi sopra ogni cosa la vita, non è maraviglia che odi quasi sopra ogni cosa la noia, il quale è contrario della *vita vitale* (come dice Cicerone in *Laelius sive de amicitia*). Del resto l'odio della noia è uno dei tanti effetti dell'amor della vita (passione elementare ed essenziale, nel vivente)" (*Zib.* 2433-34). È meglio quindi che l'uomo sia attivo perché "Occupata o divertita, ella [la vita] si sente e si conosce meno, e passa, in apparenza più presto" (*Zib.* 4043).

li molte cose che altrimenti non prenderemmo in considerazione. Gli antichi, come avrai letto o udito, scrivono che gli amanti infelici, gettandosi dalla rupe di Santa Maura, chiamata allora Leucade[83], giù nella marina e scampandone, restavano, per grazia di Apollo, liberi dalla passione amorosa. Io non so se si debba credere che ottenessero questo effetto, ma so bene che, scampati da questo pericolo, anche senza la protezione di Apollo, per un po' di tempo avranno amato la vita, che prima odiavano, o l'avranno considerata più cara e preziosa di prima. Ciascuna navigazione è quasi, a mio giudizio, un salto dalla rupe di Leucade, determinando gli stessi vantaggi, ma più duraturi di quelli prodotti dal salto: rispetto al quale, essa è notevolmente superiore[84]. Si crede comunemente che gli uomini di mare e di guerra, essendo esposti costantemente al pericolo della morte, abbiano meno stima della vita rispetto a quanto ne hanno gli altri della loro. Io penso, per la stessa ragione, che poche persone abbiano tanto amore per la vita, quanto l'hanno i naviganti e i soldati. Quanti beni che, quando si hanno, non si curano, anzi quante cose che non hanno neppure il nome di beni, sembrano carissime e preziosissime ai naviganti, solo perché essi ne sono privi! Chi pose mai tra i beni umani il possedere un fazzoletto di terra che ti sostenga? Nessuno, ad eccezione dei naviganti e particolarmente noi, che per la grande incertezza del successo di questo viaggio, non abbiamo altro maggiore desiderio che quello di vedere un cantuccio di terra. Questo è il primo pensiero che precede il nostro risveglio,

---

[83] Leucade o Santa Maura (chiamata così dai veneziani, che ne entrarono in possesso nel 1686) è un'isola greca che si trova nel mar Ionio, di fronte alla costa dell'Acarnania. La leggenda della rupe di Leucade è tratta da Ovidio, *Heroides*, XV, 165-71. Leopardi desiderava realizzare un'operetta morale dal titolo *Salto di Leucade* incentrata su questo tema: "L'uomo riscopre la vita, solo dopo aver rischiato di perderla". Abbandonò poi il progetto, ma inserì questa riflessione nel dialogo.

[84] "Io ero oltremodo annoiato della vita, sull'orlo della vasca del mio giardino, e guardando l'acqua e curvandomici sopra con un certo fremito, pensava: s'io mi gittassi qui dentro, immediatamente venuto a galla, mi arrampicherei sopra quest'orlo, e sforzatomi di uscir fuori dopo aver temuto assai di perdere questa vita, ritornato illeso, proverei qualche istante di contento per essermi salvato, e di affetto a questa vita che ora tanto disprezzo, e che allora mi parrebbe più pregevole. La tradizione intorno al salto di Leucade poteva avere per fondamento un'osservazione simile a questa" (*Zib.* 82).

con questo ci addormentiamo. E seppure una volta ci apparirà da lontano la cima di un monte o di una foresta, o cosa simile, non saremo più capaci di trattenere la nostra gioia e, raggiunta la terra, il solo pensiero di trovarci sulla terraferma e di poter andare camminando qua e là, a nostro piacimento, ci darà la sensazione per più giorni di essere beati.

Gutierrez: Tutto questo è verissimo, tanto che se quella tua ipotesi risulterà così vera come è la giustificazione d'averla seguita, non mancheremo di godere, un giorno o l'altro, questa beatitudine.

Colombo: In quanto a me, sebbene non ho più il coraggio di prometterla con sicurezza, spererei comunque di essere sul punto di goderla presto. Da alcuni giorni in qua, lo scandaglio, come sai, tocca il fondo e mi pare un buon segno la qualità di quella materia che gli viene dietro. Verso sera le nuvole intorno al sole si mostrano d'altra forma e di altro colore rispetto a quelle dei giorni passati. L'aria, come puoi avvertire, è più dolce e più tiepida di prima. Il vento non soffia più, come in precedenza, così impetuoso, né così dritto e costante, ma piuttosto incerto e vario, e come se fosse interrotto da qualche intoppo[85]. Aggiungi ancora quella canna che galleggiava sul mare, e mostra di essere tagliata da poco; e quel ramicello di albero con quelle bacche rosse e fresche. Anche gli stormi degli uccelli che passano, sebbene mi abbiano ingannato un'altra volta, nondimeno ora sono tanti e così elevati nel numero; ed inoltre aumentano talmente di giorno in giorno che penso si possa costruire qualche solida convinzione, dal momento che soprattutto vi si vedono frammischiati alcuni uccelli che, dalla forma, non mi sembrano marini. Insomma tutti questi segni messi insieme, an-

---

[85] "[...] l'attività massimamente è il maggior mezzo di felicità possibile. Oltre l'attività, altri mezzi meno universali o durevoli o valevoli, ma pur mezzi, sono [...] per esempio lo stupore [...] derivato da impressioni straordinarie, dalla maraviglia di qualunque sorta, da avvenimenti, da cose vedute, udite insomma da sensazioni straordinarie di qualsivoglia genere, dalla immaginazione, dall'estasi che deriva dalla fantasia, da un sentimento indefinito, dalla bella natura" (*Zib.* 649-50). In quest'ultima parte ci sono scenari che ricordano alcuni passaggi della *Storia d'America* (London, 1777) di William Robertson. Nonostante questi richiami, Leopardi ha saputo ricreare una suggestiva atmosfera poetica che rappresenta la nota dominante del dialogo.

che a voler essere molto diffidente, mi fanno avvertire una grande e dolce aspettativa.

Gutierrez: Voglia Dio, questa volta, che tale aspettativa si avveri.

■ Il viaggio, evasione dalla noia

"Ciascuna navigazione è quasi un salto dalla rupe di Leucade". Avevano abbandonata la rupe delle quotidiane certezze, per salpare verso una vita senza certezze.

Avevano affrontato quell'impresa rischiosa con un entusiasmo tutto infantile, sospesi al tenue filo di ignote speranze: approdare alle terre sognate, ai progetti alla gioia dell'attesa

E così come gli amanti infelici, quei solitari naviganti avevano recuperato un istintivo legame con la vita: la vita nella sua dinamicità, nei suoi giovanili riflessi d'acqua.

In quell'immensità sembrava specchiarsi la dimensione della vita umana aperta alla speranza, all'immaginazione, alla libertà.

Il mare dell'interiorità umana che si interroga, si rode, ricerca.

Se nell'uomo smarrito nella finitezza della sua condizione l'esistenza quotidiana può riservare vuote solitudini, meglio la vita come sfida, come rifiuto di certezze prive di vitalità, meglio sottomettersi alla fecondità dell'errore, confrontarsi con i dubbi, le ipotesi audaci, i sogni portati da quel mare.

Spesso quando svolazzavo tra le stanze della mia prima dimora e mi posavo sull'armatura del "guerriero" Maurizio[86], sognavo di rianimare quei freddi e vuoti confini di un essere chiuso, come in gabbia, nel suo piccolo spazio.

Immaginavo un mondo aperto alla libertà: magico come quello specchio di fuga.

In quel volo verso l'ignoto alcuni sogni veri si stavano staccando con forza dai dubbi della ragione: lo scandaglio, la qualità del terriccio, il ramicello con quelle coccole rosse e fresche.

Intense emozioni: compagne dell'entusiasmo giovanile...

---

[86] C'è un'allusione all'Europa prima del 1492, quella appunto dei cavalieri e delle armature, quella cantata dal Tasso, protagonista del dialogo seguente. All'interno del percorso interiore che caratterizza la maturazione.

Quelle gradevoli presenze indicavano che il momento dell'approdo era vicino.

Lasciati gli equipaggi di quelle caravelle alle primizie dei colori e dei suoni di terre sconosciute, coraggioso pioniere feci prua verso l'alto e volai per molte miglia alla ricerca, come Colombo, di nuove voci del mare.

Seguitai a volare per giorni e giorni come un intrepido migratore, riuscendo a dormire talvolta sospeso a mezz'aria e imparando a sfruttare i venti d'alta quota.

Il lungo viaggio si concluse su una ignota città, che sembrava emergere da un sogno: un imponente castello con le sue massicce torri, un grande fiume...

L'odore dolce del cielo mi invitò a fermarmi e a volare tra i suoi chiostri, i suoi eleganti e sobri palazzi.

Sbirciai curioso i vicoli, le vie piane, le botteghe artigiane... poi mi fermai perché vidi un luogo di sofferenza.

Cominciai a svolazzare tra immense aule, dove alcuni ammalati, vestiti di un bianco camice, giacevano su letti coperti di baldacchini.

Mi colpì lo sguardo assorto e smarrito di uno di essi; aveva da poco scritto su un foglio di appunti il suo nome: Torquato Tasso.

Quasi subito, improvvisamente, cominciò a parlare con un'entità invisibile: in quella triste atmosfera concepiva un colloquio immaginario con la propria coscienza... ■

DIALOGO DI TORQUATO TASSO
E DEL SUO GENIO FAMILIARE

Leggi il testo di Leopardi

[scheda in Appendice a pag. 218]

Genio: Come stai, Torquato?

Tasso: Lo sai bene come si può stare in una prigione e nei guai fino al collo.

Genio: Via, dopo cena non è il momento di lamentarsi. Fatti coraggio e prova a ridere insieme a me.

Tasso: Ci sono poco adatto. Ma la tua presenza e le tue parole mi consolano sempre. Siediti accanto a me.

Genio: Cosa? Tu desideri che io mi sieda? Non è così facile per uno spirito. Ma eccomi, fai conto che io sia seduto.

Tasso: Oh, se potessi rivedere la mia Eleonora[87]. Ogni volta che lei mi torna in mente, provo un brivido di gioia, che si diffonde dalla testa fino all'estrema punta dei piedi, e non rimane in me un nervo o una vena che non sia scossa. A volte, appena penso a lei mi ritornano in mente certe immagini e certe emozioni, grazie alle quali mi sembra di essere ancora lo stesso Torquato che fui prima di aver conosciuto sciagure e uomini e che ora piango tante volte come morto. Ma direi che la familiarità con i propri simili e lo spe-

---

[87] Tasso si innamorò di Eleonora d'Este, la sorella del duca di Ferrara Alfonso II, ma fu un amore non corrisposto.

rimentare continuamente il dolore tendono a far sprofondare ed addormentare quel primo uomo[88] presente in ciascuno di noi e che si risveglia di tanto in tanto per breve tempo, tanto più raramente quanto più s'invecchia; sempre più poi si ritrae nella nostra interiorità e ricade in un sonno più profondo finché, sebbene la nostra vita continui ancora, esso muore. Infine, mi meraviglio come il pensiero di una donna abbia tanta forza da rinnovarmi, per così dire, l'anima e farmi dimenticare i miei tanti guai. E se non fosse che non ho più speranza di vederla nuovamente, crederei di non avere ancora perduto la capacità di essere felice.

Genio: Quale tra queste due cose stimi essere la cosa più dolce: vedere la donna,amata o pensare a lei?

Tasso: Non so. È certo che quando mi era vicina, lei mi sembrava una donna[89]; da lontano lei mi appariva, e mi appare, come una dea.

Genio: Queste dee sono così benevole, che, quando qualcuno vi si avvicina, velocemente nascondono la loro divinità, si staccano i loro raggi d'intorno e se li mettono nelle tasche, per non abbagliare i mortali che si accostano.

Tasso: Tu, purtroppo, dici il vero. Ma non ti pare che questa sia una grande colpa delle donne, che nei fatti ci paiono così diverse da quelle che noi le immaginavamo?

Genio: Io non vedo che colpa esse abbiano per il fatto di essere fatte di carne e di sangue piuttosto che di ambrosia e di nettare. Quale cosa vi è nel mondo che possiede un'ombra o una millesima parte della perfezione che voi pensate debba trovarsi nelle donne? E mi pare strano poi che, benché voi non vi sorprendiate che gli uomini siano uomini, cioè creature poco lodevoli e poco amabili, voi

---

[88] "Gli anni della fanciullezza sono nella memoria di ciascheduno, quasi i tempi favolosi della sua vita, come, nella memoria delle nazioni, i tempi favolosi sono quelli della fanciullezza delle medesime" (Pensiero CII).

[89] "[...] l'uomo si rappresenta la donna in genere, e in ispecie quella ch'egli ama, come cosa divina, come un ente di stirpe divina, come un ente di stirpe diversa dalla sua [...] Perocché la natura gliela propone come desiderabilissima e amabilissima, le circostanze gliela rendono desideratissima [...] e esse altresì gli nascondono quale ella sia veramente" (*Zib.* 3308).

non sappiate poi comprendere, come accada, che le donne all'atto pratico non siano angeli.

Tasso: Con tutto ciò muoio dalla voglia di rivederla e di riparlarle.

Genio: Via, questa notte la porterò davanti a te in sogno, bella come la gioventù[90], e sarà così gentile che tu prenderai coraggio e le parlerai molto più francamente e liberamente di quanto non ti sia mai accaduto; anzi, alla fine, le stringerai la mano[91] e lei, guardandoti, ti trasmetterà nell'animo una dolcezza tale che tu ne sarai sopraffatto e per l'avvenire, ogni volta che ripenserai al sogno, ti sentirai balzare il cuore per la tenerezza.

Tasso: Grande conforto: un sogno in cambio del vero!

Genio: Cos'è il vero?

Tasso: Pilato[92] non ne ebbe una maggiore conoscenza.

Genio: Va bene, risponderò per te. Devi sapere che la sola differenza esistente tra la realtà e il sogno è che il sogno può a volte essere più bello e più dolce di quanto potrebbe mai essere il vero.

Tasso: Tanto vale allora pensare che una emozione sognata valga quanto una vera?

Genio: Lo credo anch'io. Anzi ho notizia di un uomo che, quando la donna amata gli viene incontro in un dolce sogno[93], evita di vederla e frequentarla per tutto il giorno seguente, sapendo che lei

---

[90] Ricorda "la bella età" della canzone *Alla Primavera*. E a proposito del rapporto gioventù-bellezza: "[...] la forma giovanile a cui essa bellezza appartiene, è per rispetto alla natura dell'uomo, e non per rispetto al bello, più perfetta della senile. E quindi, a parlare esattamente, nasce che la bellezza giovanile dell'uomo, non sia bellezza maggiore del senile, ma appartenente ad una forma che è la più perfetta di cui l'uomo sia capace, cioè alla giovanile" (*Zib*. 2971).

[91] Richiama un passo del dialogo *Il Messaggiero* di T. Tasso: "[...] prendi la mia destra, ch'io la ti porgo a baciare, e la ti do per pegno di fede. Qui tacque lo spirito, e sentii che co'l fine de le parole mi porse la mano, e io la presi".

[92] Nel *Vangelo* di S. Giovanni, 18, 37: *Dicit ei Pilatus: "Quid est veritas?"* ("Pilato chiede, rivolto a Gesù: 'Che cosa è la verità?'").

[93] In una lettera a Jacopssen, Leopardi scrive: "Molte volte io ho evitato per qualche giorno di rincontrare l'oggetto che mi aveva affascinato in un sogno delizioso. Io sapevo che questo fascino sarebbe stato distrutto avvicinandomi alla realtà" (Recanati, 13 giugno 1823).

non reggerebbe al confronto dell'immagine che il sonno gli ha lasciata impressa e che la realtà, cancellandogli dalla mente il falso, lo priverebbe della sensazione straordinaria che ne ricava. Perciò non sono da condannare gli antichi che erano molto più solleciti, accorti e attivi di voi moderni in relazione a ogni sorta di piacere possibile alla natura umana, se ebbero per tradizione di procurarsi in vari modi la dolcezza e la felicità dei sogni; nemmeno Pitagora è da riprendere per aver vietato di mangiare fave, cosa ritenuta contraria alla tranquillità degli stessi sogni e capace di agitarli. Dovremmo inoltre scusare quei superstiziosi che prima di andare a letto erano soliti pregare e portare offerte rituali a Mercurio, guida dei sogni, affinché ne portasse di lieti. Era per questa ragione che essi usavano tenere l'immagine intagliata di Mercurio ai piedi dei loro letti. Così, non trovando mai la felicità nella veglia, cercavano di essere felici dormendo[94]. Credo che in parte e in qualche modo lo ottenessero e che Mercurio esaudisse i loro desideri meglio degli altri Dei.

Tasso: Pertanto, poiché gli uomini nascono e vivono per il solo piacere o del corpo o dell'anima, se d'altra parte il piacere si trova solamente o massimamente nei sogni, ci converrà cominciare a vivere per sognare: la qual cosa, in verità, io non riesco ad accettare.

Genio: Tu hai già deciso ed hai accettato questo per la semplice ragione che tu vivi e accetti di vivere. Che cos'è il piacere?

Tasso: Non ho tanta esperienza da conoscere che cosa sia.

Genio: Nessuno lo conosce attraverso l'esperienza, ma solo attraverso un ragionamento: perché il piacere è un soggetto teorico e non reale; un desiderio, non un fatto; un sentimento che l'uomo concepisce col pensiero, ma non prova; o, per essere più esatti, un fenomeno immaginato, non una sensazione fisica. Non vi accorgete che nel tempo stesso in cui voi provate piacere, anche se questo è stato infinitamente desiderato e procurato con difficoltà e indicibili fastidi, dal momento che voi non potete essere contenti in ciascu-

---

[94] "In ciascun punto della vita, anche nell'atto del maggior piacere, anche nei sogni, l'uomo o il vivente è in istato di desiderio" (*Zib.* 2861).

no di quei momenti, voi state sempre aspettando un maggiore e più vero godimento, che possa contenere la somma totale di tutto quel particolare piacere[95]; e nel frattempo andate quasi proiettandovi continuamente ai futuri momenti dello stesso piacere? E questo finisce sempre prima che giunga l'istante che vi soddisfi; e non vi lascia altro bene che la cieca speranza di godere meglio e più realmente in altra occasione, e il conforto di immaginare e raccontare a se stessi di aver goduto, mettendovi a raccontarlo anche agli altri, non per pura ambizione ma per aiutarvi a persuadere gli altri, allo scopo di convincere anche voi stessi. Perciò chiunque consente di vivere non lo fa in sostanza per altro scopo e con altre utilità se non per sognare, cioè per credere di poter godere in futuro o di aver goduto; cose entrambe false e immaginarie.

Tasso: Non possono mai gli uomini credere di godere nel momento presente?

Genio: Sempre che fossero convinti di poterlo fare, in effetti godrebbero. Ma tu dimmi se in alcun istante della tua vita ti ricordi di aver detto in piena sincerità e convinzione: "io godo". In realtà tu hai detto sempre e dici sinceramente: "io godrò" e parecchie volte ma con minore sincerità: "ho goduto". In questo modo il piacere è sempre passato o futuro, mai presente[96].

Tasso: Tanto vale dire che non esiste.

---

[95] "Così tutto il piacere consiste nella speranza e nell'aspettativa del meglio, e posseduto non è piacere, e quello stato che non si può migliorare, benché ottimo e desideratissimo per sé, è sempre infelicissimo, come fu sempre presso a poco quello d'Augusto divenuto padrone di tutto il mondo, e malcontento com'egli s'espresse" (*Zib.* 2527). Sulla scia di questa considerazione: "[...] nessun uomo ha concepito né formato mai questo desiderio (quello di provare sempre il piacere) nemmeno nel punto più felice della sua vita, e nemmeno durante quel suo punto: egli è certissimo che non ha mai concepito né mai concepirà questo desiderio per un solo istante neppur l'uomo, qualunque sia, che fra tutti gli uomini ha provato o è per provare il massimo possibile piacere. E ciò perché nemmeno in quel punto niuno mai si trovò pienamente soddisfatto, né lasciò né sospese punto il desiderio" (*Zib.* 2884).

[96] "Il piacere umano [...] si può dire ch'è sempre futuro, non è se non futuro, consiste solamente nel futuro [...] Io provo un piacere: come? ciascun individuale istante dell'atto del piacere, è relativo agl'istanti successivi; e non è piacevole se non relativamente agli istanti che seguono, vale a dire al futuro" (*Zib.* 532-33).

Genio: Così sembra.

Tasso: Anche nei sogni.

Genio: Propriamente parlando.

Tasso: Tuttavia l'obiettivo e l'intento della nostra vita, non dico essenziale, ma unico, è il piacere stesso, e per piacere io intendo la felicità, che in effetti deve essere piacere, da qualunque cosa derivi.

Genio: È cosa evidentissima.

Tasso: Perciò la nostra vita, mancando di una sua finalità, è continuamente imperfetta; e così la vita è per sua propria natura in conflitto con se stessa[97].

Genio: Forse.

Tasso: Io non ci vedo alcun "forse" in questo. Ma dunque perché viviamo? Voglio dire, perché sopportiamo di vivere?

Genio: Che cosa ne so io? Lo saprete meglio voi, che siete uomini.

Tasso: Io ti giuro che non lo so.

Genio: Domandalo ad uno fra i più saggi, e forse troverai qualcuno che ti risolva questo dubbio.

Tasso: Farò così. Ma certamente questa vita che io conduco è perennemente in conflitto con se stessa; perché se anche metto da parte le mie sofferenze, la noia da sola mi uccide.

Genio: Che cosa è la noia[98]?

Tasso: Su ciò ho l'esperienza giusta per soddisfare la tua domanda. Io penso che la noia sia come l'aria, che riempie tutti gli spazi posti tra le cose materiali e tutti i vuoti contenuti in ciascuna di queste; e dove un corpo si allontana, senza essere sostituito da un

---

[97] "[...] la vita è naturalmente uno stato violento, poiché naturalmente priva del suo sommo e naturale bisogno, desiderio, fine e perfezione che è la felicità. E non cessando mai questa violenza, non v'è un solo momento di vita sentita che sia senza positiva infelicità e positiva pena e dispiacere" (*Zib.* 4074-75).

[98] "La noia corre sempre e immediatamente a riempire tutti i vuoti che lasciano negli animi de' viventi il piacere e il dispiacere; il vuoto, cioè lo stato d'indifferenza e senza passione, non si dà in esso animo, come non si dava in natura secondo gli antichi. La noia è come l'aria quaggiù, la quale riempie tutti gl'intervalli degli altri oggetti" (*Zib.* 3714).

altro, l'aria immediatamente occupa quello spazio vuoto. Allo stesso modo, nella vita umana tutti gli intervalli tra il piacere e il dolore sono occupati dalla noia. E perciò, come nel mondo materiale, secondo l'opinione dei Peripatetici, non esistono spazi vuoti[99], così nella nostra vita non vi è spazio vuoto, se non quando, per una qualsiasi causa, la mente tralascia di svolgere la sua funzione. Per tutto il resto del tempo, il nostro animo, sia considerato in se stesso, sia come separato dal corpo, contiene qualche passione, poiché per lui l'essere libero da ogni piacere e da ogni dispiacere, ha come conseguenza la piena presenza della noia, la quale è anche una passione, non altrimenti che il dolore e il diletto.

Genio: Tutti i vostri piaceri sono fatti di una materia simile alle ragnatele, estremamente tenue, sottile e trasparente; perciò come l'aria penetra in questi, così la noia penetra da ogni parte in quelli e li riempie. In verità, io credo che per noia noi dobbiamo intendere il puro desiderio della felicità[100], che non è soddisfatto dal piacere e non offeso apertamente dal dispiacere. Questo desiderio, come dicevamo poco prima, non è mai soddisfatto; e il piacere propriamente non si trova. Sicché noi possiamo dire che la vita umana è composta ed intessuta parte di dolore e parte di noia, e non può fuggire dall'una di queste passioni se non cadendo nell'altra. Questo non è il tuo personale destino, ma è il destino di tutti gli uomini.

Tasso: Che tipo di rimedio potrebbe giovare contro la noia?

Genio: Il sonno, l'oppio e il dolore. E l'ultimo è il più potente di tutti, perché mentre soffre l'uomo non si annoia in nessun modo.

Tasso: Piuttosto che indirizzarmi ad una simile medicina, preferisco annoiarmi per tutta la vita. Eppure, sebbene la varietà delle

---

[99] Per i Peripatetici non esisteva il vuoto assoluto. Erano seguaci di Aristotele e apprendevano gli insegnamenti del maestro mentre questi camminava: per questo il termine "peripatetici" (da *peripatèo*, "camminare avanti e indietro").

[100] "Sono molte volte che la noia è un non so che di più vivo, che ha più sembianza perciò di passione, e quindi avviene che non sia sempre in tali casi chiamata noia, benché filosoficamente parlando, ella lo sia, consistendo [...] nel desiderio di felicità lasciato puro [...] Ed è tale perch'ella nasce e consiste in un desiderio più vivo, e al tempo stesso ugualmente vano" (*Zib.* 3879-80).

azioni, delle occupazioni e dei sentimenti non ci liberi dalla noia, perché non ci arreca vero diletto, ciò nonostante ci allevia e ci alleggerisce. Mentre invece in questa prigionia, separato dal rapporto con gli altri, non essendomi concessa neanche la possibilità di scrivere, sono ridotto per passatempo a contare i rintocchi dell'orologio[101], i travicelli del soffitto, le fessure e i tarli del palco, ad osservare la pavimentazione, a trastullarmi con le farfalle e i moscerini che volteggiano attorno alla stanza, a trascorrere quasi tutte le ore nello stesso modo: io non ho cosa che mi diminuisca parzialmente il peso della noia.

Genio: Dimmi: quanto tempo è passato da quando tu sei ridotto a questa forma di vita?

Tasso: Più settimane, come tu sai.

Genio: Dal primo giorno ad oggi hai tu trovato alcuna differenza nel fastidio che essa ti reca?

Tasso: Io certamente la provavo molto di più all'inizio, perché lentamente la mia mente, non occupata e distratta da qualcos'altro, mi si viene abituando a conversare con se stessa molto di più e con un maggiore divertimento rispetto al passato e acquistando un'abitudine e una capacità di parlare, anzi di cicalare, tanto che parecchie volte mi sembra di avere in testa un gruppo di persone che stiano ragionando e ogni minimo argomento che mi venga in mente mi basta per svilupparne tra me e me una grande orazione.

Genio: Vedrai tanto confermare e crescere questa abitudine giorno per giorno, che quando poi ti sia concessa la possibilità di frequentare gli altri uomini, ti sentirai realmente più ozioso con loro che nella tua solitudine. Non pensare che questa assuefazione capiti solo a quelle persone, già abituate come te a meditare, ma investe, presto o tardi, chiunque. In aggiunta a ciò, l'essere separato dagli uomini e, per così dire, dalla stessa vita porta con sé questo vantaggio:

---

[101] Nei momenti della sua frenesia Tasso sentiva "tintinni ne gli orecchi e ne la testa alcuna volta sì forti che gli pareva di averci un oriuolo da corda" (*Epistolario*, II, 167). È una notizia riportata da I. Della Giovanna, *Le prose morali di G. Leopardi*, Sansoni, Firenze, 1957.

che l'uomo, anche sazio, consapevole e disamorato delle cose umane per l'esperienza, abituandosi poco a poco a guardarle da lontano, da dove sembrano più belle e più degne che da vicino, dimentica la loro vanità e la loro povertà; torna a formarsi e crearsi quasi il mondo a suo modo: egli apprezza, ama e desidera la vita, e se non è privato della possibilità o della fiducia di ritornare nella società, egli continua a nutrirsi delle speranze della stessa vita e continua a dilettarsi, come usava fare nei primi anni di vita. In questo modo la solitudine[102] fa quasi la funzione della giovinezza; o certamente ringiovanisce lo stesso animo, consolida e dà nuovo vigore all'immaginazione e rinnova nell'uomo esperto i benefici di quella prima inesperienza di cui tu hai nostalgia. Adesso ti lascio, perché vedo che ti stai addormentando e vado a preparare quel bel sogno che ti ho promesso. In questo modo, tra sogni e fantasie, tu andrai a consumare la tua vita con non altra utilità eccetto quella di consumarla, perché questo è l'unico frutto che se ne può avere in questo mondo ed è l'unico che vi dovete proporre ogni mattina, quando vi svegliate. Molto spesso vi conviene strascinare la vita con i denti: beato quel giorno in cui voi potete portare la vita in mano o sulla schiena. Ma, infine, il tuo tempo non passa più lentamente in questo carcere di quanto avviene nelle stanze e nei giardini del tuo oppressore[103]. Addio.

---

[102] "La solitudine è lo stato naturale di gran parte, o piuttosto del più degli animali, e probabilmente dell'uomo ancora. Quindi non è maraviglia se nello stato naturale, egli ritrovava la sua maggior felicità nella solitudine, e neanche se ora ci trova un conforto, giacché il maggior bene degli uomini deriva dall'ubbidire alla natura, e secondare quanto oggi si possa, il nostro primo destino. Ma anche per altra cagione la solitudine è oggi un conforto all'uomo nello stato sociale al quale è ridotto. Non mai per la cognizione del vero in guanto vero [...] Ma anzi per lo contrario questa consolazione della solitudine deriva dall'uomo oggidì e derivava primitivamente dalle illusioni" (*Zib.* 679-80). È un pensiero che riflette ampie osservazioni sul rapporto uomo-società: "[...] se l'uomo avesse continuato a vivere isolato, non avrebbe mai perdute le sue illusioni giovanili, e tutti gli uomini le avrebbero e le conserverebbero per tutta la vita loro. Dunque esse sarebbero realtà. Dunque l'uomo sarebbe felice. Dunque la causa originaria e continua della infelicità umana è la società. L'uomo, secondo la natura sarebbe vissuto isolato e fuor della società. Dunque se l'uomo vivesse secondo natura, sarebbe felice" (*Zib.* 2684-5).

[103] Alfonso II d'Este, duca di Ferrara, aveva deciso di rinchiudere il Tasso (in quanto ritenuto folle) nell'ospedale di S. Anna.

Tasso: Addio. Ma ascolta. Parlare con te mi è di grande conforto. Non che ciò interrompa la mia tristezza: questa per la maggior parte del tempo è come una notte oscura, senza luna né stelle, mentre io sono con te assomiglia alla luce incerta dei crepuscoli, piacevole piuttosto che oppressiva. Affinché da ora innanzi io ti possa chiamare o trovare quando mi è necessario, dimmi dove sei solito abitare.

Genio: Ancora non l'hai capito? In qualche generoso liquore[104].

■ Il sogno... più gradevole della realtà

Infatti, cos'è la realtà?

Leopardi sapeva e io, messaggero alato, ho voluto osservare direttamente il fenomeno della dissociazione psichica[105] di Torquato, per dare testimonianza che talvolta "la vita è sogno" e che la poesia può essere definita come "sogno fatto in presenza della ragione". Così, se il poeta perde la ragione, resta solo col suo sogno.

Una fantasia, nata nella solitudine di quella chiusa prigionia, aveva assunto i tenui contorni di una presenza reale: uno spirito amico, il Genio, aveva tenuto compagnia all'uomo da cui era stato generato. La condizione di quel sognatore mi ricordava tanto l'esperienza del viaggiatore islandese, quando avvertiva il disagio di sentirsi

---

[104] Il Tasso nel suo dialogo *Il Messaggiero* scrive: "mi giova non dimeno di credere che la mia follia sia cagionata o dall'ubbriachezza o d'amore: perché so ben io (ed in ciò non m'inganno) che soverchiamente bevo".

[105] Goethe nel *Faust* scrive come nel suo tetro studiolo il solitario Faust, che è alla ricerca del potere sul fluire del tempo e della vita, stia inizialmente disputando con gli spiriti e solo dopo tale prova sia pronto all'incontro con Mefistofele, latore del diabolico patto. Analogamente il nostro poeta, sotto forma di passero e in rappresentanza dell'umanità di ieri e di oggi, esperimenta prima il superamento del confine tra spirito e materia: un uomo di genio, Tasso, genera il suo alter ego spirituale senza trovare soluzione all'infelicità dell'esistere; poi esplora, attraverso gli artifici di un "apprendista stregone" (il "ribaldo" Malambruno), l'ulteriore possibilità di varcare i limiti della natura che a qualche uomo di grande e oscuro potere – mago, alchimista, criminale – tradizionalmente è sempre stata riconosciuta: evocare le forze dell'abisso e contrattare con esse. Non tragga in inganno il tono brioso, rossiniano, della successiva operetta: il suo senso ultimo è per l'esistenza umana una condanna più irrevocabile di quella toccata a Faust. È la condanna a veder progressivamente sbarrarsi ogni via di fuga dal labirinto della propria condizione "naturale" e ad averne precoce consapevolezza e fra i giovani animosi che pur sempre continueranno a prendere il volo, come gli uccelli, chi potrà mai violare la gabbia che tutto serra?

nell'universo come un ospite accolto in "una cella tutta lacera e rovinosa"; le sbarre di ferro mi riportavano alle finestre dalle quali mi affacciavo a contemplare il paesaggio circostante o a ricercare talvolta l'affascinante oggetto di un sogno delizioso.

Lì, nell'incanto di quel malinconico soliloquio, il reale si confondeva con il sogno; il sognato con il vero; le note melodiose con altre dissonanti sull'esistenza umana: la vita è uno stato violento, nel quale si intrecciano piaceri e dolori, attesa e noia; il piacere è un desiderio, un sentimento che l'uomo concepisce con il pensiero.

Per quel prigioniero che aveva provato la sventura e sofferto la disperazione della noia, invisibile come l'aria, ma che come l'aria penetra in tutti gli spazi vuoti della vita e li riempie, quell'immaginario incontro rappresentava l'unico, fuggevole piacere e, ormai, il suo solo confidente "reale" e sincero.

Aveva ritrovato la vitalità di chi, persa la speranza nella vita, recuperava il ricordo della propria amata, attraverso di lei ristabiliva un contatto con quel primo uomo che è dentro ciascun essere umano: il sapore d'infanzia che può vincere la tristezza della condizione esistenziale.

La vita è un sogno; il sogno è vita.

Non appena interruppe quel colloquio d'amore, senza amore, Torquato si distese sul letto alla ricerca di un riposo ristoratore. Ma prima di lasciarlo alle sue giornate e ai sospirosi sogni della sua Eleonora sentii forte il desiderio di salutarlo con un sottile "tsiehk" d'affetto e di comprensione.

Tra un volo battuto e uno ondulato, tra assolate pareti rocciose e aperte campagne ogni giornata era per me una scoperta della vita umana e dei suoi tanti perché, delle sue inquietudini e delle sue speranze...

In un piovoso giorno primaverile vidi una strana scena: un uomo, pieno di anelli e di collane, che, mentre stringeva con una mano un bastone, gettava tizzoni accesi contro la pioggia.

Compresi dai suoi gesti che era un mago, ma dai poteri un po' appannati (la pioggia continuava a cadere) e tanto disperato da invocare la presenza di un diavolo.

Improvvisamente apparve in mezzo ad un denso fumo un diavolo che si presentò con il nome di Farfarello. Il loro dialogo mi risuonò più o meno così...

DIALOGO DI MALAMBRUNO E DI FARFARELLO

Leggi il testo di Leopardi

[scheda in Appendice a pag. 220]

Malambruno: O Spiriti dell'abisso, Farfarello, Ciriatto, Bacone-ro, Astarotte, Alichino e qualunque sia il vostro nome, vi scongiuro in nome ai Belzebù, e vi ordino in virtù dei miei incantesimi, che possono divellere la luna dai suoi cardini e inchiodare il sole in mezzo al cielo: venga uno di voi per ordine del vostro principe e con pieni poteri di adoperare a mio favore tutte le forze dell'inferno[106].

Farfarello: Eccomi.

Malambruno: Chi sei?

Farfarello: Farfarello, ai tuoi comandi.

Malambruno: Hai l'autorità di Belzebù?

Farfarello: Sì, ho facoltà di esercitarla e posso fare in tuo favore tutto quello che è nei poteri dello stesso re e più di quello che potrebbero fare tutte le altre creature insieme.

Malambruno: Va bene. Mi dovresti soddisfare un desiderio.

Farfarello: Sarai accontentato. Che vuoi? Una nobiltà superiore a quella che ebbero gli Atridi[107]?

---

[106] Vengono invocati, come compagni di Farfarello (diavolo dantesco), altri diavoli: Ciriatto e Alichino, presenti nella bolgia dei barattieri (vedi Dante, *Inf.* XXI-XXII); Astarotte, nel poema comico *Il Morgante* di Luigi Pulci; Baconero, nel *Malmantile racquistato* di Lorenzo Lippi.

[107] I figli di Atreo, Agamennone (venerato con l'appellativo di Zeus Agamennone) e Menelao, appartenevano alla più famosa famiglia dell'antica Grecia, che si vantava di discendere da Giove.

Malambruno: No.

Farfarello: Più ricchezze di quelle che si troveranno nella città di Manoa, quando sarà scoperta[108]?

Malambruno: No.

Farfarello: Un grande impero simile a quello che, si dice, Carlo V sognasse di notte[109]?

Malambruno: No.

Farfarello: Condurre ai tuoi desideri una donna più ritrosa di Penelope?

Malambruno: No. Ti pare che per questo si abbia bisogno di un diavolo?

Farfarello: Disonesto come sei, hai forse bisogno di onori e di buona fortuna[110]?

Malambruno: No. Semmai io avrei bisogno del diavolo, se volessi il contrario.

Farfarello: Infine, cosa mi comandi?

Malambruno: Rendimi felice per un breve spazio di tempo.

Farfarello: Non posso.

Malambruno: Come non puoi?

Farfarello: Ti giuro in coscienza che non posso.

Malambruno: In coscienza di demonio perbene.

Farfarello: Sì certo. Credimi, anche tra i diavoli così come tra gli uomini ci sono persone perbene.

Malambruno: Allora credimi: io ti appicco per la coda ad una di queste travi, se tu non mi ubbidisci subito, senza più aggiungere altre parole.

---

[108] È Manoa una città leggendaria delle Americhe, chiamata anche Eldorado. Voltaire la ricorda nel suo romanzo *Candide*.

[109] Carlo V – scrive Robertson (1721-1793) nella sua *Storia del regno dell'imperatore Carlo V* – sognava di costituire un impero universale.

[110] "Le virtù grandi non sono pe' nostri tempi" (*Zib.* 1648-49). E il mondo, sempre più incline a premiare i vizi, non le riconoscerebbe.

Farfarello: È più facile per te ammazzarmi che per me accontentarti in ciò che mi ordini.

Malambruno: Allora vattene e venga Belzebù in persona.

Farfarello: Neppure Belzebù con tutta la Giudecca e tutte le Bolge potranno far felice te e gli altri della tua specie più di quanto sia in mio potere[111].

Malambruno: Neanche per un solo momento?

Farfarello: Questo è impossibile per un momento e persino per la metà di un momento o per la sua millesima parte, come per tutta la vita.

Malambruno: Ma non potendo farmi felice in alcun modo, puoi almeno liberarmi dall'infelicità?

Farfarello: Solo se riuscissi a non amare profondamente te stesso[112].

Malambruno: Questo potrò farlo quando sarò morto.

Farfarello: Ma nessun animale lo può fare in vita, perché la vostra natura vi lascerebbe fare qualunque altra cosa prima di questa.

Malambruno: È così.

Farfarello: Dunque, amando necessariamente te stesso con tutto l'amore, di cui tu sei capace, necessariamente desideri più che puoi la tua felicità[113]. Ora non potendo questo tuo sommo desiderio di felicità essere in alcun modo soddisfatto, ne consegue che tu non possa mai evitare di essere infelice.

Malambruno: Neppure quando io proverò qualche piacere; perché nessun piacere mi farà felice, né mi appagherà.

---

[111] Nell'inferno dantesco la Giudecca è la zona dei traditori. Le Bolge sono le fosse in cui è suddiviso l'VIII cerchio; Belzebù si trova nella quarta zona del IX cerchio.

[112] *"Felicità* non è altro che contentezza del proprio essere e del proprio modo di essere, soddisfazione, amore perfetto del proprio stato, qualunque del resto esso stato si sia, e fosse pur anco il più spregevole. Ora da questa sola definizione si può comprendere che la felicità è di sua natura impossibile in un ente che ami se stesso sopra ogni cosa, quali sono per natura tutti i viventi, soli capaci d'altronde di felicità" (*Zib.* 4192).

[113] "Sempre che il vivente si accorge dell'esistenza, e tanto più di quanto ei più la sente, egli ama se stesso [...] Sempre e in ciascuno istante ch'egli ama attualmente se stesso, egli desidera la sua felicità, e la desidera attualmente, con una serie continua di atti di desiderio [...] Il vivente non può mai conseguire la sua felicità, perché questa vorrebb'essere infinita [...] Dunque il vivente non ottiene mai e non può mai ottenere l'oggetto del suo desiderio" (*Zib.* 3847).

Farfarello: Nessuno in verità.

Malambruno: E infatti non sarà un vero piacere, in quanto esso non è pari al desiderio naturale di felicità che è radicato nel mio animo; e io, negli stessi momenti in cui lo avverto, non smetterò di essere infelice.

Farfarello: Non smetterai: perché negli uomini e negli altri esseri viventi la privazione della felicità, pur non accompagnata da alcun dolore e da alcuna sventura, e anche in quelle circostanze che voi chiamate piaceri, porta con sé una manifesta infelicità.

Malambruno: Tanta che dalla nascita sino alla morte la nostra infelicità non può cessare neppure per un solo istante.

Farfarello: Sì: cessa, quando dormite senza sognare, o quando vi coglie uno sfinimento o qualche altra cosa che vi faccia svenire.

Malambruno: Non cessa mai mentre avvertiamo la nostra stessa vita.

Farfarello: Mai.

Malambruno: Così che, parlando in modo rigoroso, il non vivere è sempre meglio che vivere.

Farfarello: Certamente. Se la privazione dell'infelicità è una condizione migliore dell'infelicità.

Malambruno: Dunque?

Farfarello: Dunque, se pensi di darmi l'anima prima del tempo, io sono qui, pronto per portarmela via.

■ L'uomo e l'amor proprio

Un momento di nebbia nella mente e nel cuore umano.
Un'invocazione, poi un patto con il diavolo.
Un mago che – rischiando tutto – mette in gioco la sua arte e chiede alle forze demoniache solo un attimo di felicità.
L'altro, il diavolo, il prototipo del bugiardo e del mentitore, potrebbe concedere tutto e in misura abbondante: grandi imperi, immense ricchezze ed eccelse nobiltà.
Ma nessun potere, neppure quello demoniaco, può riuscire ad aprire, o tanto meno ad abbattere le porte dell'umana prigione fatta di infelicità.

L'essere umano – coglievo dalle parole di mago Malambruno – ama se stesso profondamente, senza limiti, e ricerca con intensità quei rari piaceri che la vita può offrirgli.

L'amor proprio spinge l'uomo ad aderire alla vita, senza però poterne mai gustare pienamente i piaceri.

E anzi più li ricerca, più l'uomo è infelice.

Qualunque piacere infatti si rivela sempre deludente.

In quelle parole emergeva il profondo e contraddittorio legame tra l'amor proprio e desiderio di felicità.

Anche noi animali, pensavo, avvertiamo, pur con le debite differenze, l'amor proprio.

Ma in noi questo desiderio istintivo non si pone sulla scia delle aspettative umane. Ci accontentiamo di quello che ci offre la vita.

L'uomo, con la sua razionalità, riconosce invece che l'anelito del cuore non trova il suo giusto appagamento.

E allora meglio non avere questa consapevolezza, perché sentire la vita significa sentire l'infelicità.

È certo meno infelice chi aderisce ai beni materiali e non si lascia vincere dalle ragioni del cuore: desidera solo far fortuna ed avere onori.

In Malambruno ha parlato più il cuore che la ragione, più l'amor proprio che l'egoistica ricerca dei beni materiali, più l'uomo che il mago.

Ma per lui, come per l'uomo sensibile, il vero, irraggiungibile Eldorado era la felicità.

Un cielo diffidente accompagnò il mio congedo da quel "magico" incontro e mi spinse a cercare un sicuro anfratto.

Rimasi solo poco tempo in quel territorio così "sulfureo", impegnato come al solito a beccare qualcosa da mangiare.

Ma c'era in me un'irrequietezza, che mi invitava a non limitarmi ad ascoltare le voci delle rocce e dei fiumi o a cercare solo bacche e frutti...

E così, ancora una volta, come un nomade dell'aria ripresi il viaggio e, dopo molte miglia, raggiunsi una suggestiva landa ricca d'acque, non lontana dal mare; alle spalle un'immensa distesa di tulipani, punteggiata da mulini a vento...

Ne fui rapito... un salto iniziale, zampe piegate, un leggero ed abile movimento elicoidale poi, con un volo a bassa quota, mi portai su un pittoresco agglomerato di case...

Mi accompagnò la segreta speranza di trovare, dopo la fatica del lungo volo, qualche generoso dispensatore di briciole.

Una finestra socchiusa mi invitò ad entrare, ma mi consegnò una stanza tetra, piena di un repertorio di oggetti per me tanto inquietanti: recipienti di vetro, dalle forme più stravaganti; strumenti chirurgici; palloni di vetro riscaldati da flebili fiamme, e poi in piedi e appoggiati alle pareti... corpi imbalsamati, dalla tinta florida e senza rughe...

Mi tornò alla mente quel nomade islandese divenuto, a detta di una curiosa allodola sua conterranea, una bella mummia.

Ripensai a quelle sue domande inascoltate...

C'era anche lui tra quei corpi che sembravano addormentati? Nella stanza accanto, un laboratorio scientifico, un uomo preparava con meticolosità un cadavere all'espianto degli organi interni.

Lo vidi infilare l'ago, iniettare una strana sostanza (mi sembrò di colore arancione), posare una siringa ormai vuota e iniziare a spruzzare il corpo con un liquido.

Impugnava un bisturi (lo guardava in maniera quasi votiva) e senza esitare lo affondava delicatamente nei tessuti.

L'apertura superava abbondantemente i due palmi; poi, con un rudimentale divaricatore, allargò il taglio per permettere l'espianto totale della regione viscerale. Ad operazione avvenuta, iniziò a cauterizzare i vasi sanguigni.

Chi fosse quell'uomo lo compresi il giorno dopo, quando la speranza di scoprire cose nuove mi spinse a ritornare in quella dimora dalla quiete innaturale e dove il tempo sembrava sospeso.

L'esperta persona era immortalata, in un dipinto, assieme allo zar Pietro il Grande. Era Federico Ruysch anatomista, medico e naturalista.

Lo trovai nel suo studio quasi addormentato su un libro, nella tenue chiarità di una lampada ad olio.

Era mezzanotte, la luna chiara...

Improvvisamente, come risvegliate da un evento straordinario, alcune di quelle mummie aprirono il loro silenzio ad un canto corale.

La loro voce era forte; il ritmo lento e solenne... ■

Dialogo di Federico Ruysch
e delle sue mummie

Leggi il testo di Leopardi

[scheda in Appendice a pag. 221]

Coro di morti nello studio di Federico Ruysch
Sola nel mondo eterna, a cui si volve
Ogni creata cosa,
In te, morte, si posa
Nostra ignuda natura;
Lieta no, ma sicura
Dall'antico dolor. Profonda notte
Nella confusa mente
Il pensier grave oscura;
Alla speme, al desio, l'arido spirto
Lena mancar si sente:
Così d'affanno e di temenza è sciolto,
E l'età vote e lente
Senza tedio consuma.
Vivemmo: e qual di paurosa larva,
E di sudato sogno,
A lattante fanciullo erra nell'alma
Confusa ricordanza:
Tal memoria n'avanza.

Del viver nostro: ma da tema è lunge
Il rimembrar. Che fummo?
Che fu quel punto acerbo
Che di vita ebbe nome?
Cosa arcana e stupenda
Oggi è la vita al pensier nostro, e tale
Qual de' vivi al pensiero
L'ignota morte appar. Come da morte
Vivendo rifuggia, così rifugge
Dalla fiamma vitale
Nostra ignuda natura;
Lieta no ma sicura
Però ch'esser beato
Nega ai mortali e nega a' morti il fato.

Ruysch fuori dello studio, guardando per gli spiragli dell'uscio:
Diamine! Chi ha insegnato la musica a questi morti che canta-
no come galli mentre è mezzanotte? A dire la verità sudo freddo,
e sono quasi più morto di loro. Non immaginavo che, una volta
preservati dalla decomposizione, essi ritornassero alla vita. Tanto
che, con tutta la mia erudizione, tremo da capo a piedi. Dannato
quel diavolo che mi convinse a mettermi questa gente in casa. Non
so cosa fare. Se li lascio qui chiusi, essi potrebbero rompere l'uscio,
o scappare dal buco della serratura e venirmi a trovare a letto. Chiamare aiuto per paura dei morti non mi pare una buona soluzione.

Via, occorre un po' di coraggio, e proviamo ad impaurirli. *(en-
trando)*. Figliuoli, a che gioco giochiamo? Non vi ricordate di essere morti? Che cosa è questo baccano? Forse vi siete insuperbiti
per la visita dello zar[114], e pensate di non essere sottoposti più alle
stesse leggi del passato? Suppongo che abbiate avuto intenzione di
fare uno scherzo, e niente più. Se ci siete risuscitati, me ne rallegro

---

[114] Lo studio di F. Ruysch, anatomista olandese (1638-1731), fu visitato due volte dallo
zar Pietro I, il quale poi, dopo averlo acquistato, lo fece trasportare a San Pietroburgo
(nota n. 40 di Leopardi).

con voi; ma non ho abbastanza denaro da nutrire sia i vivi, come i morti; perciò, levatevi da casa mia. Se è vero ciò che si dice dei vampiri, e voi lo siete, cercate altro sangue da bere; perché io non sono disposto a lasciarmi succhiare il mio, come sono stato generoso nel mettere quel liquido artificiale[115] nelle vostre vene. Insomma, se vorrete continuare a stare tranquilli e silenziosi, come lo siete stati finora, resteremo in buoni rapporti, e in casa mia non vi mancherà nulla; altrimenti, prendo la stanga dell'uscio e vi ammazzo tutti.

Morto: Non andare in collera; io ti prometto che resteremo tutti morti come siamo, senza bisogno che tu ci ammazzi.

Ruysch: Dunque, che cosa è questa strana fantasia che vi è venuta di cantare adesso?

Morto: Poco tempo fa, esattamente sulla mezzanotte, per la prima volta si è compiuto quel grande anno matematico[116], del quale gli antichi danno tante informazioni; e questa è anche la prima volta in cui i morti parlano. E non solo noi, ma in ogni cimitero, in ogni sepolcro, giù nel fondo del mare, sotto la neve o la sabbia, a cielo aperto, e in qualunque luogo si trovano, tutti i morti, a mezzanotte, hanno cantato come noi quella canzoncina che hai sentito.

Ruysch: E per quanto tempo continueranno a cantare o a parlare?

Morto: In quanto a cantare, essi hanno già finito. In quanto a parlare, hanno la facoltà di farlo per un quarto d'ora. Poi torneranno al silenzio fino a quando non si completi di nuovo lo stesso anno.

Ruysch: Se ciò è vero, non credo che mi abbiate ad interrompere un'altra volta il sonno. Parlate insieme liberamente. Io me ne starò da una parte e vi ascolterò con piacere, per curiosità, senza disturbarvi.

---

[115] "Il mezzo usato dal Ruysch a conservare in cadaveri, furono le iniezioni di una certa materia composta da esso, la quale faceva effetti maravigliosi" (nota n. 41 di Leopardi).

[116] "L'anno grande e matematico era, secondo gli antichi, un periodo di tempo dopo il quale i sette pianeti tornavano ad avere tutti la stessa posizione che avevano avuta al principio del proprio moto. Gli si attribuivano diverse durate, ma sempre di molte migliaia d'anni ordinari" (Porena).

Morto: Noi possiamo parlare solo per rispondere a qualche persona viva. Dopo che la canzone è finita, quello che non ha da rispondere ai vivi ritorna a stare zitto.

Ruysch: Mi dispiace veramente, perché penso che sarebbe un bel divertimento sentire quello che vi direste se poteste parlare insieme.

Morto: Anche se potessimo, non sentiresti nulla; perché non avremmo niente da dirci.

Ruysch: Vorrei rivolgervi mille domande che mi vengono in mente. Ma dato che il tempo è breve e non c'è molto tempo per scegliere, ditemi in breve, quali sensazioni di corpo e d'animo voi avete provato in punto di morte.

Morto: Io non mi accorsi del momento cruciale della morte.

Gli altri morti: Neppure noi.

Ruysch: Come non ve ne accorgeste?

Morto: Giusto appunto, come tu non ti accorgi del momento in cui inizi a dormire, per quanta attenzione tu vi ponga.

Ruysch: Ma l'addormentarsi è cosa naturale[117],

Morto: E non ti sembra che il morire sia naturale? Mostrami un uomo, o un animale, o una pianta che non muoia.

Ruysch: Non mi meraviglio più che andiate cantando e parlando, se voi non vi accorgeste del momento della morte.

Così colui, del colpo non accorto,

Andava combattendo, ed era morto,

scrive un poeta italiano[118]. Io pensavo che su questa faccenda della morte i vostri pari ne sapessero qualcosa più dei vivi. Ma dunque, tornando alla questione fondamentale, in punto di morte non sentiste alcun dolore?

Morto: Quale dolore può essere percepito se colui che lo prova non se ne accorge?

---

[117] "L'uomo non si avvede mai precisamente del punto in cui egli si addormenta, per quanto voglia procurarlo" (*Zib.* 290).

[118] È un verso tratto *dall'Orlando innamorato* (canto 53, stanza 60) di Francesco Berni (1497 ca.-1535).

Ruysch: Ad ogni modo, tutti sono convinti che l'esperienza della morte sia dolorosissima[119].

Morto: Quasi che la morte fosse una sensazione, e non piuttosto il contrario.

Ruysch: Inoltre, in quanto alla natura dell'anima, sia quelli che sono d'accordo con la visione degli Epicurei e sia quelli che seguono la comune credenza, tutti o la maggior parte, concordano con quello che affermo; cioè nel ritenere che la morte sia per sua natura, e senza alcun paragone, un dolore acutissimo.

Morto: Orbene, tu domanderai da parte nostra agli uni e agli altri: se l'uomo non ha facoltà di accorgersi del punto in cui le operazioni vitali, in maggiore o minore misura, gli restano interrotte per poco tempo, o per sonno o per la perdita della coscienza o per qualunque causa, come si accorgerà quando le operazioni vitali cesseranno del tutto e non per poco tempo, ma per l'eternità? Oltre a ciò, come può accadere che nella morte si possa avvertire una sensazione viva? anzi, che la stessa morte sia per propria qualità una sensazione viva? Quando la facoltà di sentire non è soltanto indebolita e scarsa, ma è tanto ridotta al minimo, che vien meno e si annulla, credete che una persona sia capace di una sensazione forte? Anzi, credete che questo medesimo estinguersi della facoltà di sentire debba essere considerato un sentimento intensissimo? Vedete pure che anche quelli che muoiono di mali acuti e dolorosi, nell'approssimarsi della morte, poco prima o poco dopo che esalano l'ultimo respiro, si quietano e si riposano così che si possa riconoscere che la loro vita, ridotta in piccola quantità, non è più sufficiente al dolore, tanto che questo cessa prima di quella. Così dirai da parte nostra a chiunque pensa che debba soffrire in punto di morte.

---

[119] "È egli possibile che nella morte v'abbia niente di vivo? anzi ch'ella sia un non so che di vivo per natura sua? come dunque credere che la morte rechi, e sia essa stessa, e non possa non recare un dolor vivissimo? Quando tutti i sentimenti vitali, e soli capaci del dolore o del piacere, sono non solamente intorpiditi come nel sonno o nell'asfissia [...] ma anzi il meno vitali, il meno suscettibili e vivi che si possa mai pensare, essendo quello il punto in cui si spengono per sempre, e lasciano d'esser sentimenti" (*Zib.* 2566).

Ruysch: Agli Epicurei potranno forse bastare queste ragioni. Ma non a quelli che credono nella sopravvivenza dell'anima, come ho fatto io nel passato e continuerò ora con maggiore vigore, dopo aver udito parlare e cantare i morti. Perché ritenendo che il morire consista in una separazione dell'anima dal corpo, non comprenderanno come queste due cose, congiunte e quasi amalgamate indissolubilmente tra loro, in modo che costituiscono una sola persona, si possano separare senza una grandissima violenza e un dolore indicibile.

Morto: Dimmi: lo spirito è per caso attaccato al corpo da qualche nervo o da qualche muscolo o membrana, così da subire una rottura nel momento in cui lo spirito esce dal corpo? O è per caso una parte del corpo, dal quale debba essere strappato o reciso violentemente? Non vedi che l'anima abbandona il corpo soltanto perché le è impedito di rimanervi e non ha più lì la sua sede; non già per qualche forza che la strappi e la sradichi[120]? Dimmi ancora: quando l'anima entra nel corpo avverte per caso di essere conficcata o attaccata energicamente, o, come tu dici, conglutinata? Perché poi, quando abbandona quel corpo, l'anima dovrebbe avvertire un distacco o, in altre parole, provare una violentissima sensazione? Stai sicuro che l'entrata e l'uscita dell'anima sono ugualmente cose quiete, facili e dolci.

Ruysch: Dunque che cosa è la morte, se non è dolore?

---

[120] "Il Buffon *Hist. nat. de l'homme* combatte coloro i quali credono che la separazione dell'anima dal corpo debba essere dolorosissima per se stessa. Ai suoi argomenti aggiungi questo, che forse è il più concludente. Se volessimo considerar l'anima come materiale, già non si tratterebbe più di separazione, e la morte non sarebbe altro che un'estinzione della forza vitale, in qualunque cosa consista, certo facilissima a spegnersi [...] La morte nell'ipotesi della spiritualità dell'anima non è una cosa positiva ma negativa, non una forza che la stacchi dal corpo, ma un impedimento che le vieta di più rimanervi, posto il quale impedimento, l'anima parte da sé, perché manca il come abitare nel corpo, non perché una forza violenta ne la sradichi e rapisca. Giacché se l'anima è spirito, non bisogna considerarla come parte del corpo, ma come ospite di esso corpo, e tale che l'entrata e l'uscita sia facilissima, leggerissima e dolcissima, non essendoci mica nervi né membrane [...] che ve la tengano attaccata, o catene che ve la tirino quando deve entrarvi" (*Zib.* 281-282).

Morto: È un piacere più che altro. Tu devi sapere che il morire, come l'addormentarsi, non avviene in un istante ma per gradi. In verità, questi gradi sono più o meno numerosi, più o meno distinguibili, a seconda della varietà delle cause e dei generi di morte. Nell'ultimo di tali istanti la morte non reca né dolore né piacere, come avviene con il sonno. Nei momenti precedenti non può generare dolore: perché il dolore è cosa viva e nella fase iniziale della morte i sensi dell'uomo sono prossimi a estinguersi, come dire che essi sono estremamente attenuati. Può ben essere causa di piacere, perché il piacere non è sempre cosa viva; anzi forse i maggiori diletti umani consistono in una sorta di languidezza[121]. In tale condizione i sensi dell'uomo sono capaci di piacere anche quando essi sono prossimi a spegnersi, dato che spessissime volte la languidezza è piacere, soprattutto quando vi libera dalla sofferenza[122]; perché, come ben sai, la cessazione di qualunque dolore o disagio è di per se stesso piacere. Cosicché il languore della morte deve essere la cosa più grata in quanto libera l'uomo dalla più grande sofferenza. Personalmente, sebbene nell'ora della morte non abbia posto molta attenzione a ciò che sentivo, perché i dottori mi avevano ordinato di non affaticare il cervello, io ricordo però che la sensazione che

---

[121] "È cosa osservata che non solo le stesse morti provenienti da mali dolorosissimi sogliono essere precedute da una diminuzione del dolore, anzi quasi totale insensibilità, ma che questi sono segni certi, e quasi immancabili di morte vicina. Laonde tanto è lungi che la morte sia un punto di straordinaria pena o dolore o incomodo qualunque corporale, che anzi gli stessi travagli corporali che la cangiano, per veementi che sieno [...] cessano affatto all'avvicinarsi di lei, e il momento della morte, e quelli che immediatamente la precedono sono assolutamente momenti di riposo e di ristoro, tanto più pieno e profondo quanto maggiori sono le pene che conducono a quel passo" (*Zib.* 2183).

[122] "Che il torpore sia dilettevole l'ho notato già in questi pensieri nella teoria del piacere, e assegnatane la ragione. Credo che su questo fondamento il Napoletano Cirillo (Niccolò Cirillo, primario di medicina all'università di Napoli) abbia opinato che la morte abbia un non so che di dilettevole. Nel che sono interamente con lui, e non dubito che l'uomo (e qualunque animale) non provi un certo conforto, e un tal qual piacere nella morte [...] Anzi il torpore della morte dev'esser tanto più dilettevole, quanto maggiori sono le pene che lo precedono, e da cui esso per conseguenza ci libera. E però generalmente e sempre, il torpore della morte dev'essere più grato di quello del sonno, perché succede a molto maggior travaglio" (*Zib.* 290-291).

provai non era molto diversa dal piacere prodotto negli uomini dal languore del sonno, mentre essi si vanno addormentando.

Gli altri morti: Anche a noi sembra di ricordarci la stessa cosa.

Ruysch: Sia come voi dite: sebbene tutti quelli con i quali ho avuto occasione di discutere su tale materia avevano una diversa opinione; ma poi, per quanto mi ricordi, essi non riferivano la loro personale esperienza. Ora ditemi: al tempo della morte, mentre sentivate quella dolcezza, credeste di morire e che quel diletto fosse una cortesia della morte; o immaginaste qualche altra cosa?

Morto: Fino a quando non fui morto, ero persuaso di scampare da quel pericolo; e se non altro, fino all'ultimo momento in cui ebbi la facoltà di pensare, sperai che mi avanzasse una o due ore di vita, come penso succeda a molti quando muoiono.

Gli altri morti: La stessa cosa successe a noi.

Ruysch: Così Cicerone dice che nessuno è così decrepito che non si prometta di vivere almeno un altro anno. Ma come vi accorgeste alla fine che lo spirito aveva abbandonato il corpo? Dite: come conosceste di essere morti? Non rispondono. Figliuoli, non mi capite? Il quarto d'ora deve essere passato. Tastiamoli un po'. Sono rimorti ben bene: non vi è pericolo che mi abbiano da impaurire un'altra volta. Torniamocene a letto.

■ La vita osservata dai non vivi

Una persona viva, uno scienziato, che chiedeva notizie sulla morte; un coro di morti che rifletteva sulla vita.

In quel dibattito, sul filo di un dialogo amaro e ironico, si incrociavano la dinamicità della vita e la fissità della morte.

Quelle mummie cantanti, risvegliate da un evento eccezionale, non sembravano affatto entusiaste di essere ritornate alla vita.

Uscite dallo spazio della morte, avevano ripreso il peso della vita nell'ultimo arco della loro esistenza.

E questo straordinario fenomeno era accaduto nel tempio della cultura moderna: un laboratorio scientifico.

Anche lì ho colto in un momento per lui determinante e rivelatore un degno esemplare della specie umana, uno più di altri miope e presuntuoso.

Confesso di essere rimasto sorpreso e deluso nel vedere l'eminente studioso e ricercatore, pieno d'impaccio e di fastidio dinanzi a un fenomeno naturale d'eccezione, solo perché contrastante con la piatta sistematicità delle sue teorie e della sua esistenza "mummificata".

Osservando la scena e rimembrando le precedenti, l'esperto ricercatore e classificatore Ruysch ha assunto ai miei occhi la sembianza di uno scarabeo che, invischiato in una gigantesca tela di cui ignora la natura, ma che si può immaginare filata da un ragno subdolo e invisibile, ne chieda trascurabili delucidazioni ad altri insetti ancor più miseri di lui, perché già ingoiati dal ragno e beffardamente risputati per pochi attimi.

Dalla dimensione senza tempo al breve momento di un quarto d'ora, gli antichi defunti avevano ridato voce al loro corpo con un canto che conservava i toni malinconici della loro esistenza.

Che strana prospettiva quella di osservare e giudicare la vita dal punto di vista dei morti!

Che paradossale situazione quella a cui avevo assistito!

Uno scienziato capace di preservare i cadaveri dalla corruzione, che domandava a quel gruppo di morti senza nome i sentimenti e le sensazioni provate negli ultimi momenti della loro esistenza.

Le loro informazioni erano certamente attendibili e potevano essere oggetto di confronto con le riflessioni dei sapienti e le osservazioni dei medici.

"La morte — osservava il portavoce di quei testimoni — è come l'addormentarsi. È un sentimento simile al sonno e come il sonno non privo di dolcezza. Non genera dolore; quanto, più ci si avvicina ad essa, tanto più si riducono le sensazioni. È annullamento definitivo di ogni esperienza: un distacco indolore, non un atto violento di separazione dell'anima dal corpo".

La vita dopo la vita è un puro non esistere, senza tempo né mutamenti. La vita appariva a quelle ombre un punto arcano, fuggevole, incomprensibile, mentre la morte era un punto certo, eterno verso il quale tutta la vita è protesa.

Paradossalmente mi sembrava di intuire un punto in comune tra i due estremi: la vita attiva è il mezzo per allontanarsi dal dolore dell'esistenza; la morte è una quiete infinita, dove è assente il dolore. In un rapido susseguirsi di sensazioni e di risposte, il dialogo si era interrotto nel momento cruciale.

Con più tranquillità, quel buon uomo di Ruysch poteva tornare a letto.

"I suoi figliuoli", non più insuperbiti, erano ritornati a prendere il volo...

Passai l'inverno tra pareti rocciose e falesie marine, in compagnia di fulmari, di urie e di moltissime pulcinelle, di cui apprezzavo lo spirito d'indipendenza: lo stesso che mi aveva portato in quei luoghi.

Ogni volta che ripensavo a quell'incontro con le mummie-cantanti mi riaffiorava un comprensibile disappunto, perché il dialogo si era interrotto proprio nel momento più interessante.

Era già successo con l'Islandese, si era ripetuto con lo scienziato amico dello zar. L'essere umano è fatto per conoscere, ma tanti misteri dell'esistenza sono destinati a rimanere incomprensibili: "come conosceste di essere morti?"... e, soprattutto, "a chi piace e a chi giova questa vita infelicissima dell'universo?".

E così l'uomo rimane solo con le sue domande, alla vana ricerca di tanti perché: solo, come me, tra quelle pareti.

Al sopraggiungere della primavera ripresi il viaggio alla ricerca di altre mete e di altri incontri...

Un giorno, in compagnia di cince, merli e scriccioli mi fermai su un'ampia radura appoggiata fra le colline; dopo essermi divertito a rotolarmi dentro una pozza d'acqua mi lasciai asciugare da un tiepido sole su una comoda panchina.

A poca distanza due persone, che si presentarono l'uno come un Fisico e l'altro come un Metafisico, discutevano animatamente sulla vita... ■

DIALOGO DI UN FISICO E DI UN METAFISICO

Leggi il testo di Leopardi

[scheda in Appendice a pag. 224]

Fisico: *Eureca, eureca.*[123]

Metafisico: Che cosa è? cosa hai scoperto?

Fisico: L'arte di vivere una lunga vita.

Metafisico: E questo libro[124] che hai con te?

Fisico: È proprio in esso che espongo tale tesi; e grazie a questa mia scoperta, se gli altri avranno la possibilità di vivere lungamente[125], io perlomeno vivrò per l'eternità, voglio dire che acquisterò una gloria immortale.

Metafisico: Dai retta a me. Vai in cerca di una cassettina di piombo e, dopo avervi chiuso il tuo libro, sotterrala e prima di morire ricordati di lasciar detto a qualcuno il luogo dove è seppellita, af-

---

[123] *Eureca* è un'espressione greca che significa "ho trovato". In una nota di Leopardi (la n. 20), si legge: "Famose voci di Archimede, quando egli ebbe trovato la via di conoscere il furto fatto dall'artefice nel fabbricare la corona votiva del re Gerone".

[124] Leopardi (nella nota n. 21 al testo) menziona il libro *Lezioni dell'arte di prolungare la vita umana*, scritto in Germania dal sig. Hufeland e tradotto in italiano.

[125] "Ho veduto le lezioni di un tedesco, il sig. Hufeland, dell'arte di prolungare la vita, lezioni dettate da lui per una cattedra ch'egli occupava, dedicata espressamente a quest'arte. Prima bisognava insegnare a render la vita felice, e quindi a prolungarla. Infelicissima com'è, stimerei molto più chi m'insegnasse ad abbreviarla, perché non ho mai saputo che sia degno di lode, e giovi al pubblico colui che insegna a prolungare l'infelicità. Invece di fondare queste cattedre che sono al tutto straniere anzi contrarie alla natura dei tempi, i principi dovrebbero procurare che la vita dell'uomo fosse più felice, ed allora saremmo grati a chi c'insegnasse a prolungarla" (*Zib.* 352).

finché si possa andare e prendere il libro, quando sarà nota l'arte di vivere felicemente.

Fisico: E nel frattempo?

Metafisico: E nel frattempo non sarà buono a nulla. Lo apprezzerei di più se contenesse l'arte di vivere pochi anni.

Fisico: Questa è già conosciuta da un pezzo; e la sua scoperta non è stata neppure difficile.

Metafisico: In ogni modo, la stimo più della tua.

Fisico: Perché?

Metafisico: Poiché se la vita non è felice, come non lo è stata finora, torna più utile che sia breve piuttosto che lunga.

Fisico: Oh, questo non è vero; perché la vita è bella, e ciascuno la desidera e l'ama naturalmente.

Metafisico: Così pensano gli uomini, ma essi si ingannano, come si inganna la gente comune, ritenendo che i colori siano qualità degli oggetti, quando in realtà non sono propri degli oggetti ma della luce. Io penso che l'uomo ama e desidera in modo esclusivo la propria felicità[126]. Egli ama la vita solo perché la ritiene lo strumento o il fondamento della propria felicità. In questo senso viene ad amare questa e non la vita, quantunque spessissimo rivolga all'una l'amore che porta all'altra. È chiaro che questa illusione e quella dei colori sono entrambe naturali. Ma che l'amore per la vita[127] non sia naturale, o non sia necessario, lo dimostra il fatto che moltissimi in tempi antichi scelsero liberamente di morire anziché di vivere, e

---

[126] "[...] il vivente [...] non può mai fare ch'e' non desideri la felicità, cioè il piacere e il godimento" (*Zib.* 3715); "[...] alla felicità che l'uomo e il vivente per sua natura sopra tutte le cose necessariamente desidera e non può non desiderare" (*Zib.* 3843).

[127] "Se gli uomini preferiscono la vita a ogni cosa, e fuggono la morte sopra ogni cosa, ciò avviene solo perché ed in quanto essi giudicano la vita essere il loro maggior bene [...] e la morte essere il loro maggior male. Così l'amor della vita [...] l'odio e la fuga della morte [...] non è nell'uomo l'effetto di una tendenza immediata della natura, ma di un raziocinio, di un giudizio formato da essi preliminarmente, sul quale si fondano questo amore e questa fuga; e quindi l'una e l'altra non hanno altro principio naturale e innato, se non l'amore del proprio bene il che viene a dire della propria felicità, e quindi del piacere, principio dal quale derivano similmente tutti gli altri affetti ed atti dell'uomo" (*Zib.* 4131).

moltissimi anche oggi desiderano in vari casi la morte, e rinunciano alla vita. Ciò non potrebbe avvenire se l'amore per la vita fosse innato alla natura umana. Premesso che è naturale in ogni essere vivente l'amore per la propria felicità, sono sicuro che il mondo andrebbe in rovina prima che qualcuno rinunciasse ad amarla e a salvaguardarla a suo modo. Che poi la vita sia un bene in sé aspetto che tu me lo dimostri, con argomentazioni o di natura fisica o metafisica o di qualunque altra materia di studio. Per quanto mi riguarda, io dico che la vita felice sarebbe un bene, senza alcun dubbio; per la felicità che la caratterizzerebbe[128], non per la vita in sé. Per l'essere infelice, la vita infelice è una sventura. Posto che la natura, almeno quella umana, comporta che vita ed infelicità non si possono separare, esamina tu stesso le conseguenze che ne derivano.

Fisico: Di grazia, lasciamo da parte questa materia troppo malinconica[129]; e senza tante sottigliezze, rispondimi sinceramente: se l'uomo vivesse e potesse vivere per l'eternità, dico senza morire e non dopo la morte, tu credi che non gli piacerebbe?

Metafisico: A un presupposto favoloso risponderò con qualche favola, tanto più che non sono mai vissuto in eterno, cosicché non posso rispondere per esperienza, né ho parlato con qualche essere immortale e all'infuori delle favole non trovo notizie di esseri immortali. Forse, se fosse qui presente, ci potrebbe illuminare un po' il Caglio-

---

[128] "Siccome la felicità non pare possa sussistere se non in esseri senzienti se medesimi, cioè viventi; e il sentimento di se medesimi non si può concepire senza amor proprio; e l'amor proprio necessariamente desidera un bene infinito; e questo non pare possa essere al mondo, resta che non solo gli uomini e gli animali, ma niun essere vi sia, che possa essere né sia felice, che la felicità [...] sia di sua natura impossibile [...] segue che la vita [...] sia di natura sua [...] inseparabile e quasi tutt'uno colla infelicità e importante infelicità, onde vivente e infelice sieno quasi sinonimi" (*Zib.* 4137).

[129] "Le persone stesse che sono sensibili, suscettive d'entusiasmo [...] non lo sono sempre [...] Ora il sintoma del ritorno della sensibilità [...] o della maggior forza e frequenza abituale de' suoi effetti, è, si può dir, sempre, una scontentezza, una malinconia viva ed energica, un desiderio non si sa di che, una specie di disperazione che piace" (*Zib.* 1584). "La malinconia per esempio fa veder le cose e le verità in aspetto diversissimo e contrarissimo a quello in cui le fa vedere l'allegria [...] E l'allegro e il malinconico [...] sono persuasissimi di vedere il vero [...] Vero è pur troppo che astrattamente parlando, l'amica della verità, la luce per discoprirla, la meno soggetta ad errare è la malinconia" (*Zib.* 1691).

stro[130], che visse parecchi secoli, anche se, dato che poi morì come gli altri, non pare fosse immortale. Dirò dunque che il saggio Chirone, che era un dio, con il passare del tempo si annoiò della vita, richiese a Giove il permesso di morire, e morì. Ora pensa; se l'immortalità[131] rincresce agli Dei, quali effetti procurerebbe agli uomini. Gli Iperborei[132], una popolazione di cui non si ha una conoscenza diretta, ma famosa e irraggiungibile sia per terra che per mare, ricca di ogni bene e specialmente di stupendi asini, dei quali sono soliti fare ecatombe, potendo, se non m'inganno, essere immortali, dato che non conoscono infermità, né fatiche, né guerre, né discordie, né carestie, né vizi, né colpe, nonostante ciò muoiono tutti, poiché dopo mille anni, sazi della vita, si buttano spontaneamente da una rupe in mare e qui vi annegano. Aggiungi quest'altra favola. Due fratelli, Bitone e Cleobi, in un giorno di festa, non disponendo delle mule, si erano messi a tirare il carro della madre, sacerdotessa di Giunone, e la condussero al tempio. La loro madre supplicò la dea che ricompensasse la pietà dei figliuoli con il miglior bene che possa toccare agli uomini. Giunone, invece di renderli immortali, come avrebbe potuto e allora era poi il costume, fece sì che tutti e due morissero pian piano in quel medesimo momento[133]. Una cosa simile successe ad Agamede e a Trofonio. Completato il tempio di Delfo, essi chiesero ad Apollo che li pagasse: questi rispose che li avrebbe pagati fra sette giorni; nel frattempo, si dedicassero a far baldoria a loro spese. La settima notte

---

[130] Giuseppe Balsamo, sotto lo pseudonimo di conte Cagliostro (1743-1795), fu un famoso avventuriero siciliano, mago e guaritore, che si vantava di aver trovato l'elisir di lunga vita. Morì in prigione.

[131] Nel mito antico Chirone, celebre centauro e maestro di Achille, fu ferito accidentalmente da Eracle: per il fortissimo dolore desiderò morire, rinunciando così alla sua immortalità. Lo scrittore greco Luciano, nel *Dialogo tra Menippo e Chirone*, fa dire a Chirone: "Io non avevo più piacere a godere dell'immortalità [...] Per me il piacere sta nel vario e nel diverso".

[132] Per gli antichi greci gli Iperborei erano un popolo leggendario (la parola in greco significa "oltre borea") che visse nell'estremo nord del mondo. Nessuno li vide, ad eccezione di Perseo (Pindaro, *Pyth.* X, 27, disse che la loro terra era inaccessibile come il cielo).

[133] Bitone e Cleobi, figli di una sacerdotessa di Giunone, tirarono il carro della madre al posto delle mule. Giunone li ricompensò con la morte. Per questa leggenda, Leopardi ricorda l'*Orazione per Apollonio* di Plutarco (vedi *Zib.* 2675).

mandò loro un dolce sonno, dal quale ancora si devono svegliare[134]; e avuto questo pagamento, non ne chiesero un altro. Ma poiché parliamo di favole, eccone un'altra, intorno alla quale voglio proporti una questione. Io so che i vostri simili ritengono per certo che la vita umana, in qualunque paese abitato, e sotto qualunque cielo, dura naturalmente, ad eccezione di piccole differenze, una medesima quantità di tempo, se si considera ciascun popolo senza andar per il sottile. Ma qualche buon antico racconta che gli uomini di alcune parti dell'India e dell'Etiopia non vivono oltre i quarant'anni; chi muore in quest'età, muore vecchissimo; e le fanciulle di sette anni hanno un'età da marito. Sappiamo che tale condizione si verifica, pressappoco, nella Guinea e nel Deccan e in altri luoghi sottoposti alla zona torrida. Dunque, presupponendo per vero che si trovi una o più nazioni, in cui gli uomini non vivano oltre i quarant'anni; e ciò sia per fattori naturali e non, come si è creduto degli Ottentotti[135], per altre ragioni; in relazione a ciò ti domando: ti sembra che detti popoli debbano essere considerati più miseri o più felici degli altri?

Fisico: Più miseri senza dubbio, dal momento che muoiono prima.

Metafisico: Io credo il contrario, anche per questa ragione. Ma non è qui il punto. Prestami un po' di attenzione. Io negavo che la pura vita, voglio dire il semplice sentimento della propria esistenza, fosse per natura cosa amabile e desiderabile. Ma tutti gli uomini amano e desiderano naturalmente quello che forse più degnamente ha il nome di vita, voglio dire l'efficacia e l'abbondanza delle sensazioni[136], perché qualunque azione o passione viva e forte, purché non sia per

---

[134] Anche per questo racconto Leopardi cita l'*Orazione per Apollonio* di Plutarco (vedi *Zib.* 2675).

[135] Nome degli abitanti della parte più meridionale dell'Africa "che si è creduto non per naturale disposizione, ma per acquisita debolezza non avessero vita lunga" (I. Della Giovanna).

[136] "L'uomo ama naturalmente e desidera e abbisogna di sentire, o gradevolmente, o comunque purché sia vivamente. Sì il sentire dispiacevolmente come il non sentire sono cose assolutamente penose per lui [...] Se l'uomo potesse sentire infinitamente, di qualunque genere si fosse tal sensazione, purché non dispiacevole, esso in quel momento sarebbe felice, perché la sensazione è così viva, il vivo è piacevole all'uomo per se stesso e qualunque ei sia" (*Zib.* 4061).

noi spiacevole o dolorosa, per il solo fatto di essere viva e forte, ci risulta gradita, anche se priva di ogni altra piacevole qualità. Ora in quella particolare specie d'uomini, la cui vita si esaurisse per natura nello spazio di quarant'anni, cioè nella metà del tempo destinato dalla natura agli altri uomini, questa vita sarebbe in ogni sua parte doppiamente più vivace della nostra: perché, dovendo loro crescere e giungere a perfezione, e similmente invecchiare e morire nella metà di tempo, le operazioni vitali, proporzionali alla loro breve durata, sarebbero in ciascun istante doppie per forza rispetto agli altri; ed anche le azioni spontanee di questi tali, la loro mobilità e la loro vivacità estrinseca, sarebbero in proporzione a questa maggiore intensità[137]. In modo che essi vivrebbero in un minor spazio di tempo la stessa quantità di vita che abbiamo noi. Se la loro vita si distribuisse in un minor numero di anni sarebbe sufficiente a riempirli, o vi lascerebbe piccoli spazi vuoti; mentre invece la quantità della vita non è sufficiente a uno spazio doppio: e d'altra parte gli atti e le sensazioni di queste persone, essendo questi più intensi, e raccolti in un cerchio più ristretto, sarebbero quasi sufficienti ad occupare e a dare vivezza a tutta la loro età; mentre nella nostra, molto più lunga, restano grossissimi e grandi intervalli, privi di ogni azione e di vive sensazioni. E dato che non è desiderabile la nuda esistenza, ma solo l'esistenza felice; e la buona o la cattiva sorte di chicchessia non si misura dal numero dei giorni; io concludo che la vita di quelle nazioni, che quanto

---

[137] "La vita degli orientali e di coloro che vivono ne' paesi assai caldi è più breve di quella dei popoli che abitano ne' paesi freddi o temperati. Ma ciò non impedisce che la somma della vita di quelli non sia, non che uguale, ma superiore alla somma della vita di questi. Anzi non per altro è più breve la vita degli orientali se non perché ella è molto più intensa, tanto che in pari spazio di tempo è maggiore la somma della vita che provano gli orientali che non è quella che provano gli altri popoli [...] Or dunque considerando queste condizioni fisiche della vita per rapporto al morale, si può ragionevolmente affermare che la sorte di quelli che vivono ne' paesi assai caldi è preferibile quanto alla felicità a quella degli altri popoli. Primieramente la somma della loro vitalità, quantunque minore nella durata, è però assolutamente maggiore di quella degli altri, presa l'una e l'altra nel totale. Secondariamente, posto ancora che ella fosse uguale, a me par molto preferibile il consumare per esempio in 40 anni una data quantità di vita che il consumarla in 80 [...] La vita assolutamente non ha nulla di desiderabile sicché la più lunga sia da preferirsi. Da preferirsi è la meno infelice, e la meno infelice è la più viva" (*Zib.* 4062-63).

più breve, tanto meno sarebbe priva di piacere, o di quello che è chiamato con questo nome, sarebbe da preferire alla nostra vita ed anche a quella dei primi re dell'Assiria, dell'Egitto, della Cina, dell'India e d'altri paesi, che vissero, per tornare alle favole, migliaia di anni. Perciò, non solo non mi curo dell'immortalità e sono contento di lasciarla ai pesci, ai quali la dona il Leeuwenhoek[138], purché non siano mangiati da uomini o balene; ma in cambio di ritardare o interrompere l'attività vegetativa del nostro corpo per allungare la vita, come propone il Maupertuis[139], io vorrei che la potessimo accelerare in modo che la nostra vita si riducesse alla durata di quella di alcuni insetti, chiamati efimeri[140], dei quali si dice che i più vecchi non superano l'età di un giorno, e nonostante ciò muoiono bisavoli e trisavoli. In questo caso, io penso che non avremmo il tempo di annoiarci. Che ne pensi di questo ragionamento?

Fisico: Penso che non mi persuadi; e che se tu ami la metafisica, io mi attengo alla fisica: voglio dire che, se tu guardi per il sottile, io osservo le cose in modo grossolano e me ne compiaccio. Però, senza mettere mano al microscopio, giudico che la vita sia più bella della morte, e do il pomo[141] a quella, guardandole tutte e due senza volerne scoprire la nudità.

[138] C'è un richiamo a quanto scrisse Buffon, naturalista francese: "Non dirò con Leeuwenhoek, naturalista olandese (1632-1723), che i pesci sono immortali o per lo meno che non possono morir di vecchiezza".

[139] Leopardi in una sua nota (la n. 21) ricorda *Le lettere filosofiche* di Moreau de Maupertuis (1698-1759), un matematico e filosofo francese che, nella Lettera XI *Sull'arte di prolungare la vita*, scrive: "Il corpo è una macchina vegetante [...] Il solo mezzo dunque con cui si potrebbe forse prolungare i nostri piani sarebbe di sospendere o di rallentare questa vegetazione".

[140] *Efimero* in greco significa "dalla durata di un *solo* giorno". Questi insetti vengono citati in un passo dello *Zibaldone* ispirato alla composizione del dialogo: "La maggior parte degli altri animali [...] sono anche per questa parte naturalmente più felici di noi, tanto più quanto il loro sviluppo è più rapido [...] Ond'è che per esempio i cavalli e poi di mano in mano gli altri di sviluppo più rapido, sino a quegl'insetti che non vivono più d'un giorno" (*Zib*. 4092).

[141] Zeus fece Paride arbitro della controversia tra Era, Atena ed Afrodite. Dopo averle viste nude, Paride assegnò il pomo d'oro, recante il motto "Alla più bella", ad Afrodite. In questo caso il Fisico non va tanto per il sottile e senza vedere svestite la vita e la morte, assegna il "suo" pomo alla vita.

Metafisico: Così la penso anch'io. Ma quando mi torna in mente l'usanza di quei barbari, che, per ciascun giorno infelice della loro vita, gettavano una pietruzza nera in un turcasso e, per ogni giorno felice, una bianca, penso alla piccola quantità di pietre bianche e alla grande moltitudine di pietre nere che saranno state trovate in quei contenitori alla morte di ciascuno[142]. E desidero vedere davanti a me tutte le pietruzze dei giorni che mi rimangono da vivere; e, distinguendole, avere il potere di gettare via tutte le nere e eliminarle dalla mia vita, riservandomi solo le bianche, quantunque io sappia bene che non costituirebbero un gran cumulo, e sarebbero di un bianco torbido.

Fisico: Quando anche tutti i sassolini fossero neri, e più neri della pietra di paragone, molti uomini, al contrario, vorrebbero potervene aggiungere altre, benché dello stesso colore: perché sono sicuri che nessun sassolino sia così nero come quello del giorno della morte. E queste persone, e fra queste ci sono anche io, potranno aggiungere di conseguenza molti sassolini alla loro vita, usando l'arte che espongo in questo mio libro.

Metafisico: Ciascuno pensi e agisca a modo suo: e anche la morte non smetterà di seguire le sue strade. Ma se tu vuoi, prolungando la vita, giovare veramente agli uomini, trova un modo grazie al quale siano moltiplicate nel numero e nell'intensità le sensazioni e le loro azioni. In questo modo, accrescerai propriamente la vita umana e, riempiendo quegli smisurati intervalli di tempo nei quali il nostro essere è piuttosto durare che vivere, ti potrai vantare di prolungarla. E ciò senza andare in cerca dell'impossibile o senza usare violenza alla natura, anzi assecondandola. Non ti pare che gli antichi vivessero più di noi, dato ancora che, per i gravi e continui pericoli che solevano correre, morivano comunemente più presto[143]? E tu sarai

---

[142] Era tradizione degli Sciti, antichi abitatori dell'Europa settentrionale, porre queste pietre in un "turcasso", un contenitore di frecce.

[143] "Dico che la vitalità negli stati antichi era tanto maggiore che nei presenti, non solo da compensare abbondantemente ogni cagione o principio di mortalità, ma da preponderare e far pendere la bilancia dalla parte della vita: brevemente, dico che la somma della vita negli stati antichi era maggiore che nei presenti [...] Gli esercizi e l'attività

di grandissimo beneficio agli uomini, la cui vita fu sempre, non dirò felice, ma molto meno infelice, quanto più fortemente animata e in gran parte occupata, senza dolore o disagio. Ma se piena di ozio e di tedio, che è come dire vuota, vi è ragione di credere vera quella sentenza di Pirrone che fra la vita e la morte non vi è differenza[144]. Se io credessi ciò, ti giuro che la morte mi spaventerebbe non poco. Ma, infine, la vita deve essere viva, cioè vera vita[145]; o la morte la supera incomparabilmente per pregio.

■ La vita intensa... la "vera vita"

L'essere umano – coglievo da quel dialogo così denso di riflessioni – tende essenzialmente alla vita e a tutto ciò che è vivo e piacevole. Ma l'amore per la vita non è innato nell'uomo, è invece conseguenza ed effetto dell'amore che egli ha per la felicità.

L'uomo ama la vita nell'illusione che essa sia il luogo e il mezzo della sua felicità, nell'affannosa ricerca dei sassi bianchi in mezzo a quelli neri.

In quella pacata discussione i due interlocutori dimostravano rispetto e attenzione per le reciproche posizioni, tanto da rinunciare ai loro specifici "campi d'azione": il Fisico, affascinato dall'elisir di lunga vita, metteva da parte la prospettiva più limitata del microscopio; il Metafisico rinunciava alle riflessioni filosofiche, meravigliato osservatore della breve, ma intensa vita di alcuni insetti.

Per il Fisico una lunga vita aprirebbe maggiori squarci al desiderio di piacere, alla prospettiva di cogliere un elevato numero di piaceri. Più "sottile" il ragionamento del Metafisico.

---

continua del corpo primieramente, e poi [...] gli esercizi ed attività dell'anima, la varietà, il movimento, la forza delle azioni ed occupazioni, la rarità della noia, dell'inerzia [...] conseguenze necessarie degli stati antichi, erano cause così grandi e certe di vitalità, come sono grandissime e certissime cause di mortalità [...] i contrari delle predette cose, e nominatamente la mollezza, il lusso, i vizi corporali e spirituali ec. ec. conseguenze necessarie degli stati presenti: insomma la corruzione fisica o morale, la continua noia, o mal essere dell'uomo" (*Zib.* 628).

[144] Pirrone di Elide (365-275 a.C.) fu il più celebre filosofo della scuola scettica.

[145] "La vita è fatta naturalmente per la vita, e non per la morte. Vale a dire è fatta per l'attività, e per tutto quello che v'ha di più vitale nelle funzioni de' viventi" (*Zib.* 2415).

Il desiderio della vita nasconde dietro l'angolo amare delusioni. La vera vita è quella dei diletti e delle poche distrazioni concentrate in un arco di vita più breve.

Migliore allora una vita breve ed illuminata da brevi ma intensi colori piuttosto che una vita lunga, povera di sensazioni e con intervalli vuoti di ogni viva azione.

Due strade apparentemente divergenti ma nelle quali riverberava un forte richiamo alla felicità: lo stesso, inestinguibile desiderio che spinge il cuore umano ad amare la vita per le sue emozioni, le sue sensazioni, le sue illusioni...

Con intensità, in ogni istante dell'esistere. Io, nel mio piccolo, ne ero un esempio.

Un piccolo, ma coraggioso viandante, libero di volare a piacere, di osservare altri muri d'erba, altri e nuovi volti; sempre in ascolto, come un pipistrello quando con il suo "sonar" localizza gli insetti. Andai via, guidato dal mio "curioso" radar...

Un giorno, ricordo, un forte vento mi costrinse a trovare rifugio in un angusto anfratto: portava con sé un gradevole e intenso profumo di prezzemolo selvatico. La mia curiosità mi spinse a cercarne le radici.

Mi trovai di fronte l'anima antica di una città degradante sul mare, dopo un delicato mulinello verticale volteggiai tra templi abbattuti: rovine riverse sull'erba...

Mi accostai alla base di un tempio maestoso, dalla gradevole decorazione, e mentre guardavo quelle colonne vidi due uomini intenti a dialogare.

Compresi, nel corso della loro conversazione, che erano di origine greca.

Si chiamavano Timandro ed Eleandro. ■

DIALOGO DI TIMANDRO E DI ELEANDRO

Con un richiamo a
IL PARINI OVVERO DELLA GLORIA

Leggi il testo di Leopardi

[scheda in Appendice a pag. 224]

Timandro: Io voglio – anzi devo – parlarvi con franchezza. L'essenza e la finalità di quanto voi scrivete e dite mi appaiono molto biasimevoli.

Eleandro: Se non vi sembrano tali anche le mie azioni, non mi dispiace poi così tanto; poiché le parole e gli scritti non rivestono per me molta importanza[146].

Timandro: Non trovo molte cose da disapprovare nel vostro agire. Comprendo bene che non aiutate gli altri perché non ne avete la possibilità, ed osservo che non li offendete perché non è questa la vostra volontà. Ma nelle vostre parole e nei vostri scritti io penso che siate da criticare [...] Quel vostro continuo biasimare e deridere la specie umana è per prima cosa fuori moda[147].

Eleandro: Anche il mio cervello è fuori moda; e non è nuovo che i figliuoli vengano simili al padre.

---

[146] "Non è dubbio che l'operare è tanto più degno e più nobile del meditare e dello scrivere, quanto è più nobile il fine che il mezzo, e quanto le cose e i soggetti importano più che le parole e i ragionamenti" (*Il Parini ovvero della gloria*, cap. I).

[147] Di fronte all'uniformità delle posizioni ideologiche del suo tempo, Leopardi, per bocca di Eleandro, rivendica ancora una volta la sua "diversità".

Timandro: Non sarà neppure nuovo se, come accade per le cose contrarie alla moda corrente, i vostri libri abbiano cattiva fortuna.

Eleandro: Non è un gran male! Non per questo saranno costretti a chiedere l'elemosina di porta in porta.

Timandro: Quaranta o cinquanta anni fa i filosofi erano soliti biasimare la specie umana; ma nel nostro secolo essi fanno esattamente il contrario.

Eleandro: Credete che quando quaranta o cinquanta anni fa si lamentavano della condizione umana, i filosofi[148] dicessero il falso o il vero?

Timandro: Piuttosto e più spesso il vero che il falso.

Eleandro: Credete che negli ultimi quaranta o cinquanta anni la specie umana sia mutata al punto da essere diventata l'opposto di quanto era prima?

Timandro: Non credo; ma questo non ha alcun rapporto con la nostra discussione.

Eleandro: Perché? Forse la specie umana è così tanto accresciuta in potenza o salita di grado che gli scrittori d'oggi dovrebbero essere costretti ad adularla o obbligati ad onorarla?

Timandro: Queste sono cose da prendere per scherzo; e noi stiamo affrontando una discussione seria.

Eleandro: Dunque tornando ad argomenti seri, io non ignoro che al contrario del secolo precedente e rendendo un cattivo servizio ai loro simili secondo antiche mode, gli uomini del nostro secolo hanno cominciato a parlare bene della loro condizione[149]. Ma io che non faccio male ai miei simili né ad altre creature, non credo di essere obbligato a parlare bene degli altri contro la mia coscienza.

Timandro: Ma voi, come tutti gli altri uomini, siete obbligati ad operare a beneficio della vostra specie.

---

[148] È probabilmente un richiamo a quei filosofi del suo tempo che credevano ciecamente nel progresso e nella perfezione umana. Secondo I. Della Giovanna, Leopardi intendeva criticare quei maestri che vissero nell'età di Rousseau.

[149] Un ironico commento sugli uomini di ogni tempo pronti a magnificare se stessi.

Eleandro: Se la mia specie fa esattamente il contrario di quello che penso, non vedo in che modo io abbia l'obbligo di cui voi parlate. Ma poniamo che io l'abbia. Cosa devo fare, se non posso?

Timandro: Non potete, e pochi altri lo possono, con i fatti. Ma con gli scritti, voi potete essere molto utili e lo dovete. E non si giova con i libri che criticano aspramente l'uomo in generale; anzi, ciò risulta estremamente dannoso.

Eleandro: Ammetto che non sia utile, e stimo che non sia dannoso. Ma credete che i libri possano essere utili alla specie umana?

Timandro: Non solo io, ma tutto il mondo lo crede.

Eleandro: Che libri?

Timandro: Di diversi generi, ma specialmente i libri di morale.

Eleandro: Non tutti nel mondo la pensano così; perché io, tra gli altri, non lo credo, come rispose una donna a Socrate[150]. Ammesso che i libri di morale possano giovare, io penso che quelli maggiormente utili sarebbero i libri poetici: io chiamo poetici, prendendo questa parola in senso lato, quei libri destinati a suscitare l'immaginazione, sia nelle opere in prosa che in poesia[151].

---

[150] La donna che si rivolse a Socrate è la sacerdotessa Diotima (vedi Platone, *Convivio*, XXII, 202 b-c).

[151] "La poesia sentimentale è unicamente ed esclusivamente propria di questo secolo, come la vera e semplice (voglio dire non mista) poesia immaginativa fu unicamente ed esclusivamente propria de'secoli Omerici o simili a quelli in altre nazioni" (*Zib.* 734); "[...] alla sola immaginazione e al cuore spetta il sentire e quindi conoscere ciò ch'è poetico, però ad essi soli è possibile ed appartiene l'entrare e il penetrare addentro ne' grandi misteri della vita, dei destini, delle intenzioni sì generali, sì anche particolari, della natura" (*Zib.* 3242-43). E l'immaginazione, secondo Leopardi, può aiutare a comprendere meglio il mondo della filosofia: "Primieramente abbi per cosa certa, che a far progressi notabili nella filosofia, non bastano sottilità d'ingegno, e facoltà grande di ragionare, ma si ricerca eziandio molta forza immaginativa; e che il Descartes, Galileo, il Leibnitz, il Newton, il Vico, in quanto all'innata disposizione dei loro ingegni, sarebbero potuti essere sommi poeti; e per lo contrario Omero, Dante, lo Shakespeare, sommi filosofi" (*Il Parini ovvero della gloria*, cap. VII). Rimane evidente la distanza che separa, sul piano linguistico, il mondo poetico da quello filosofico: "[...] vedendo come la filosofia e l'uso della pura ragione che si può paragonare ai termini e alla costruzione regolare, abbia istecchito e isterilito questa povera vita, e come tutto il bello di questo mondo consista nella immaginazione che si può paragonare alle parole e alla costruzione libera varia ardita e figurata" (*Zib.* 111).

Il Parini ovvero della gloria (cap. III)

Come dice anche il Parini le opere narrative e poetiche, di qualsiasi tipo, non si giudicano tanto dalla qualità che esse esprimono, quanto dall'effetto che hanno sull'animo di chi le legge [...]. Un esempio ci viene da cose, luoghi, musiche e spettacoli naturali, che in altri tempi ci commossero o sicuramente ci avrebbero commossi se li avessimo visti o uditi e, vedendoli od ascoltandoli ora, non ci commuovono per niente e nemmeno ci divertono e per questo non sono meno belli o meno efficaci in se stessi di quanto lo fossero allora [...] inoltre si può capire o meglio supporre che i giovani siano migliori giudici delle opere destinate a destare "affetti ed immagini" che non gli uomini maturi o vecchi. Ma d'altro canto si vede che i giovani non abituati alla lettura, cercano un diletto più che umano, infinito e non realistico, e non trovandolo, disprezzano gli scrittori. La stessa cosa avviene per gli illetterati in età differente e per le stesse ragioni.

Ripresa del *Dialogo di Timandro e di Eleandro*

Ora io ho poca stima per quella poesia che, letta e meditata, non lascia nel lettore un sentimento così nobile che per almeno mezz'ora gli impedisca di accogliere un pensiero spregevole e di fare un'azione indegna. Ed anche se il lettore mancasse di fede al suo migliore amico un'ora dopo la lettura, io non disprezzerei perciò quella poesia; perché altrimenti mi converrebbe disprezzare le più belle, le più calde e nobili poesie del mondo. Ed escludo poi da questo discorso quei lettori che vivono nelle grandi città[152]; anche nel caso in cui leggano con tutta la loro attenzione, essi non possono trovare giovamento neanche per mezz'ora, né possono essere molto soddisfatti, né mossi da alcun genere di poesia.

---

[152] Leopardi svolge un'analoga considerazione nell'operetta *Il Parini ovvero della gloria* (cap. IV): "Chiunque poi vive in città grande, per molto che egli sia da natura caldo e svegliato di cuore e d'immaginativa, io non so (eccetto se, ad esempio tuo, non trapassa in solitudine il più del tempo) come possa ricevere dalle bellezze o della natura o delle lettere, alcun sentimento tenero o generoso, alcun'immagine sublime o leggiadra".

Timandro: Voi, come al vostro solito, parlate per avversione e così date ad intendere di essere male accolto e trattato dagli altri; perché questa è il più delle volte la ragione dei cattivi sentimenti e del disprezzo che certe persone esprimono nei confronti della propria specie.

Eleandro: In realtà io non dico che gli uomini mi abbiano usato ed usino un buon trattamento; soprattutto perché, dicendo questo, io mi farei passare per un esempio unico. Ma neanche mi hanno fatto un gran male; in quanto, non desiderando niente da loro, né mettendomi in concorrenza con loro, io non mi sono esposto più di tanto alle loro offese. [...].

Timandro: Per questa ragione voi siete tanto più da condannare; perché l'odio e la determinazione di vendicarvi, per dir così, degli uomini, nel caso di un'ingiusta offesa, avrebbe qualche giustificazione. Ma il vostro odio, a quanto voi dite, non ha alcuna ragione particolare, se non forse un'insolita e misera ambizione di acquisire fama di misantropo, come l'ebbe Timone[153]: un desiderio odioso in sé e poi particolarmente estraneo a questo secolo, tutto consacrato alla filantropia[154].

Eleandro: [...] non è l'ambizione a spingermi a scrivere cose che oggi, come voi dite, generano disprezzo e non lode nei confronti di chi le scrive. Sono poi così lontano dall'odiare la vostra specie che non solo non voglio, ma non posso neanche odiare quelli che mi

---

[153] Timone, filosofo scettico (Fliunte 320 ca-230 ca a.C.), era famoso per il suo odio contro l'umanità (vedi Cicerone, *Tusculanae* IV) e per questo era chiamato il "misantropo". Secondo Plutarco *(Le Vite, Antonio,* LXX) Timone "solo abbracciava e baciava volentieri Alcibiade, giovane fiero ed ardito: di che meravigliato Apemanto domandò della cagione. Ed egli rispose d'amare quel giovanetto solo perché sapeva che saria un giorno cagione di gran mali agli Ateniesi". Anche Luciano scrisse una breve storia intitolata *Timone o il misantropo.*

[154] Leopardi ritiene che nel suo "aureo" secolo della filantropia o dell'amore universale erano decadute le virtù pubbliche e private e "sparito affatto l'amor di patria, e sottentrato il sogno dell'amore universale [...] l'uomo non amò veruno fuorché se stesso, ed odiò meno le nazioni straniere, per odiare molto più i vicini e i compagni" *(Zib.* 885). Già Alfieri aveva colto l'ipocrisia sottesa a certo filantropismo ultraconservatore e di facciata, definendolo sarcasticamente "filantropineria".

offendono di persona, anzi sono del tutto incapace ed impenetrabile all'odio [...] io penso che l'ira e l'odio sono talmente grandi e forti passioni che ciò non è conveniente alla leggerezza della vita. Vedete quanto sia differente il mio animo rispetto a quello di Timone. Timone, odiando e fuggendo tutti gli altri, amava e lusingava solo Alcibiade[155], nel quale vedeva la causa futura di molti mali per la loro patria comune. Io, senza odiarlo, avrei fuggito più lui che gli altri; inoltre avrei avvertiti i cittadini del pericolo e esortati a porvi rimedio. Alcuni dicono che Timone non odiava gli uomini, ma le bestie in sembianza umana. Io non odio né gli uomini, né le bestie.

Timandro: Ma voi non amate nessuno.

Eleandro: Sentite, amico mio. Sono nato per amare, ho amato e forse con tanto affetto quanto mai può accadere in anima viva. Oggi, benché, come vedete, non sono ancora in un'età meno appassionata, né forse ancora tiepida, non mi vergogno a dire che non amo nessuno, eccetto me stesso per necessità di natura, e il meno che mi è possibile. Con tutto ciò sono solito e pronto a scegliere di patire io stesso, piuttosto che essere motivo di sofferenza per gli altri. E penso che di ciò possiate essere testimone, per quanto voi abbiate una modesta conoscenza dei miei modi di vita.

Timandro: Io non lo nego.

Eleandro: Tanto che io non tralascio di procurare agli uomini, per quanto sta a me [...] il solo bene che sono costretto a desiderare per me stesso, cioè a dire, quello di non patire.

Timandro: Ma voi confessate esplicitamente di non amare neanche la vostra specie in generale?

Eleandro: Sì, formalmente [...]; se potessi, farei qualunque maggiore bene per la mia specie, sebbene io non l'ami.

Timandro: Bene, sia così. Ma infine, se non vi muovono offese, né odio, né ambizione, che cosa è che vi spinge ad usare questo modo di scrivere?

---

[155] Alcibiade, uomo politico e generale nell'Atene del V sec. a.C., passò da Atene a Sparta nel corso della guerra del Peloponneso (431-404 a.C.).

Eleandro: Diverse cose. In primo luogo, l'intolleranza di fronte ad ogni simulazione e dissimulazione, alle quali io mi piego talvolta, quando parlo, mai comunque negli scritti; perché spesso parlo per necessità, ma io non mi sento mai obbligato a scrivere; e se fossi costretto a dire quello che non penso, non proverei un gran divertimento nel consumarmi goccia a goccia sulle carte. Tutti i saggi ridono di quelli che scrivono in latino oggi, in un tempo nel quale nessuno parla quel linguaggio, e pochi lo comprendono. Io osservo quanto sia ridicolo presupporre continuamente, scrivendo e parlando, l'esistenza di certe qualità umane che ciascuno sa che non si trovano in ogni uomo e certe entità ideali[156] nate dalla ragione o dalla fantasia, adorate per lungo tempo nel passato ma che ora sono considerate interamente inesistenti, sia da quelli che le menzionano e sia da colui che le sente nominare. Che si usino maschere e travestimenti per ingannare gli altri o per non essere riconosciuti, non mi pare strano: ma che tutti vadano mascherati con le stesse maschere e travestiti nello stesso modo, senza ingannare l'un l'altro e conoscendosi ottimamente l'un l'altro, tutto questo mi appare come una cosa infantile. Si cavino le maschere, rimangano con i loro vestiti; essi non faranno un effetto minore rispetto a prima, e saranno più a loro agio. [...] nei miei scritti io non cerco tanto di criticare la nostra specie, quanto di provare dolore per il nostro comune destino. Io credo che nessuna cosa sia più manifesta e tangibile che l'infelicità necessaria di tutti gli esseri viventi[157]. Se questa infelicità non è vera, tutto è falso, e noi possiamo tralasciare questa e ogni altra discussione. Se è vera, perché non mi dovrebbe essere neppure lecito di lamentarmi apertamente e con franchezza e dire: io soffro? Ma se mi dolessi

---

[156] Le entità sono i fantasmi della mente: "Fantasmi, intendo, / Son la gloria e l'onor" (*Le ricordanze*, vv. 81-82).

[157] "[...] l'uomo essendo sempre infelice, naturalmente tende ad incolparne altresì sempre non la natura delle cose e degli uomini, molto meno ad astenersi dall'incolpare alcuno, ma ad incolpar sempre qualche persona o cosa particolare in cui possa sfogar l'amarezza che gli cagionano i suoi mali, e che egli possa per cagione di questi fare oggetto e di odio e di querele" (*Zib.* 4070-71).

piangendo (e questa è la terza ragione che mi muove a scrivere), io darei noia grandemente agli altri e a me stesso, senza alcun vantaggio[158]. Ridendo dei nostri mali, trovo qualche conforto e mi aiuta a darlo agli altri nella stessa misura. Se fallisco in questo proposito, sono fermamente convinto che il ridere dei nostri mali è l'unico beneficio che se ne possa ricavare e l'unico rimedio possibile. I poeti ricordano che la disperazione porta sempre un sorriso sulla bocca. Non dovete pensare che io non provi compassione per l'infelicità umana. Ma dal momento che non si può rimediare con alcuna forza, alcuna arte, alcuna ingegnosità, stimo essere cosa più degna dell'uomo e di una magnanima disperazione ridere dei comuni mali piuttosto che mettermi a sospirare, piangere e soffrire insieme con gli altri, oppure incitandoli a fare la stessa cosa. In ultimo mi resta da dire che desidero in generale il bene della mia specie quanto voi e quanto qualunque altro; ma non lo spero in nessun modo; io non riesco a dilettarmi e nutrirmi di certe buone aspettative, come vedo fare a molti filosofi nel nostro secolo e la mia mancanza di speranze, dal momento che è assoluta e continua e fondata su un fermo giudizio e su una certezza, non mi lascia spazio a sogni e gioiose immaginazioni sul futuro, né mi dà il coraggio di impegnarmi in qualcosa per la loro realizzazione [...].

Timandro: Ma noi dobbiamo riformare il nostro giudizio quando questo sia contrario al vero, come nel vostro caso.

Eleandro: Quanto a me, io mi considero infelice, e in questo so che non mi inganno. Se gli altri non sono infelici, mi congratulo con loro con tutto il mio cuore. Io sono sicuro di non liberarmi dell'infelicità prima che io muoia. Se gli altri nutrono una differente speranza per la loro esistenza, io ne sono ugualmente contento.

Timandro: Tutti siamo infelici, e tutti lo sono stati; e non vorrete vantarvi, credo, che questa vostra opinione sia tra le più originali.

---

[158] "[...] il [...] sorriso è l'ultima espressione della estrema disperazione e della somma infelicità" (*Zib.* 87); "Il riso dell'uomo sensitivo e oppresso da fiera calamità è segno di disperazione già matura" (*Zib.* 107).

Ma la condizione umana può essere migliorata rispetto a quella che è nei nostri tempi, come è già migliorata rispetto ai tempi passati. Voi mostrate di non ricordarvi, o di non volervi ricordare, che l'uomo è "perfettibile".

Eleandro: "Perfettibile", lo crederò sulla vostra parola, ma "perfetto", che è cosa più importante, non so quando sarò capace di crederlo, né sulla parola di chi.[159]

Timandro: Egli non ha raggiunto ancora la perfezione perché non ha avuto abbastanza tempo, ma possiamo essere sicuri che egli stia quasi per raggiungerla.

Eleandro: Non ne dubito. Questi pochi anni che sono trascorsi dal principio del mondo fino ad oggi non potevano essere sufficienti [...]. Ma ora non si mira ad altro che a perfezionare la nostra specie.

Timandro: Certamente in tutto il mondo civilizzato si svolgono intensi studi finalizzati a questo scopo. E partendo dalla considerazione che recentemente l'abbondanza e l'efficienza dei mezzi sono incredibilmente migliorate da un po' di tempo in qua, noi dobbiamo credere che i risultati desiderati verranno prima o poi conseguiti; e questa speranza presenta non pochi vantaggi per quelle imprese e quelle operazioni utili che essa promuove o produce. Perciò, se

[159] Nella complessa ed articolata riflessione leopardiana sulla perfezione umana emergono alcuni punti-chiave: 1) il rapporto tra perfettibilità e perfezione: "Noi fantastichiamo la perfettibilità dell'uomo, e dopo così immensi avanzamenti del nostro spirito, non siamo più vicini di prima alla nostra supposta perfezione; e quando anche ci dessero in mano le facoltà e la scienza di un Dio, per comporre un uomo perfetto secondo le nostre idee, non lo sapremmo fare, perché da che noi immaginiamo una perfezione assoluta, ed unica, non possiamo in eterno sapere in che cosa possa consistere la perfezione dell'uomo [...] Giacché immaginando un solo ed assoluto tipo di perfezione, indipendente ed antecedente ad ogni sorta di esistenza, tutti gli esseri per esser perfetti debbono essere interamente conformi a questo tipo" (*Zib.* 1909); 2) l'uomo è imperfetto: "Tale è veramente oggidì, e tale non lascerà mai di essere, da che egli è sortito da quella perfezione che portava con sé, consistente nello stato naturale della sua specie e [...] è andato dietro a un'immaginaria perfezione assoluta ed universale" (*Zib.* 1911); 3) l'uomo non è perfettibile, ma corrottibile. Non è più perfettibile ma più corrottibile degli altri animali. È ridicolo [...] che la nostra corrottibilità, e degenerabilità, e depravabilità, sia stata presa, e si prenda [...] da' più grandi [...] ingegni e filosofi per perfettibilità" (*Zib.* 2563-64).

mai in alcun tempo ciò fu dannoso e reprensibile, nel nostro tempo è estremamente dannoso e abominevole mostrare questa vostra disperazione e inculcare negli uomini la necessità della loro miseria, la vanità della vita, la fragilità e la piccolezza della loro specie, e la malvagità della loro natura: ciò non potrà avere altro effetto che quello di deprimere le loro anime; privarle della stima di se stessi, il primo fondamento di una onesta, utile e gloriosa vita; e distoglierli dal procurare il proprio bene.

Eleandro: Io vorrei chiaramente sapere se vi sembra che quello che penso e dico sull'infelicità dell'uomo sia vero o falso.

Timandro: Voi di nuovo riponete la mano sulla vostra solita arma e, anche quando vi rivelassi che quello che voi dite è vero, voi pensate di poter vincere la disputa. Ora io vi rispondo che ogni verità non è da divulgare a tutti, né in ogni tempo.

Eleandro: Per favore, rispondete ancora ad un'altra domanda. Queste verità, che dico e non divulgo, sono, in filosofia, fondamentali o solo secondarie?

Timandro: Personalmente, credo che esse rappresentino la sostanza di tutta la filosofia.

Eleandro: Dunque s'ingannano grandemente quelli che dicono e predicano che la perfezione dell'uomo consiste nella conoscenza del vero e che tutti i suoi mali provengono dalle false opinioni e dall'ignoranza. E così vi sono quelli che dicono che il genere umano sarà finalmente felice, quando tutti o una grande maggioranza degli uomini conosceranno la verità, e organizzeranno e governeranno la loro vita in accordo a tali modelli. È ciò che affermano quasi tutti i filosofi, antichi e moderni. Da ciò nasce che, secondo il vostro giudizio, quelle verità che sono la sostanza di tutta la filosofia devono essere nascoste alla maggioranza degli uomini; e penso che voi consentireste facilmente che esse debbano essere ignorate o dimenticate da tutti; perché, da quando esse sono conosciute e ricordate, non possono far altro che nuocere. Il che è quanto dire che la filosofia debba essere estirpata dal mondo. Io non ignoro che l'ultima conclusione che si ricava dalla vera e perfetta filosofia è che non bisogna filosofare[160]. Da ciò si deduce che la filosofia è primariamente inutile, perché per conseguire il risultato di non filosofare non c'è bisogno di essere filosofi; secondariamente è estremamente dannosa, perché quell'ultima conclusione non può essere appresa se non a proprie spese e, nel momento in cui è stata conosciuta, non può essere messa in atto; perché non è in potere degli uomini dimenticare le verità conosciute, e perché più facilmente si può abbandonare qualunque altra disposizione piuttosto che quella di filosofare. Insomma, la filosofia inizia con lo sperare e il promettere di medicare i nostri mali, e si riduce a desiderare invano di rimediare a se stessa. Premesso tutto questo, mi domando perché dobbiamo credere che l'età presente sia più vicina e orientata alla perfezione rispetto a quelle passate. Forse per la maggiore conoscenza del vero, che è chiaramente del tutto contraria alla felicità dell'uomo? O forse perché nella nostra età solo pochi conoscono che non bisogna filosofare, senza che però essi siano capaci di astenersene? Ma, infatti, i primi uomini non filosofarono, e i selvaggi se ne astengono senza fatica. Quali altri mezzi, differenti o maggiori che non ebbero i nostri antenati, abbiamo per avvicinarci alla perfezione?

Timandro: Molti e di grande utilità. Ma per presentarli, servirebbe un ragionamento infinito.

Eleandro: Lasciamoli da parte per il momento. Tornando alle mie considerazioni, dico che se nei miei scritti io ricordo alcune verità, o per sfogare il mio animo, o per consolarmi con il riso, e non per altre ragioni, io tuttavia non lascio di deplorare, sconsigliare e riprendere lo studio di quel miserabile e freddo vero, la cui conoscenza è fonte o di indifferenza e di apatia o di bassezza d'animo, iniquità e disonestà e perversità di costumi: mentre, al contrario

---

[160] "Che cosa dunque abbiamo imparato con tanti studi, tante fatiche, esperienza, sudori, dolori? e la filosofia che cosa ci ha insegnato? Quello che da fanciulli ci era connaturale, e che poi avevamo dimenticato e perduto a forza di sapienza [...] sicché la natura ci aveva già fatto saggi quanto qualunque massimo saggio del nostro o qualsivoglia tempo" (*Zib.* 304-05). Ne deriva un'estrema conseguenza: "[...] la sommità della sapienza consiste nel conoscere la sua propria inutilità, e come gli uomini sarebbero già sapientissimi s'ella mai non fosse nata" (*Zib.* 2711).

lodo ed esalto quelle opinioni che, benché false, producono atti e pensieri che sono nobili, forti, magnanimi, virtuosi ed utili al bene comune o a quello privato; quelle immaginazioni belle e felici che, ancorché vane, danno pregio alla vita, le naturali illusioni dell'animo[161]; e, infine, gli errori degli antichi, che sono molto differenti da quelli dei barbari.

Quest'ultimi, e non quelli precedenti, sarebbero dovuti venir meno a causa della moderna civilizzazione e della filosofia. Ma, secondo me, queste due trapassarono i loro limiti (come è naturale ed inevitabile nelle questioni umane); e, dopo che ci siamo da poco sollevati da una barbarie, ci hanno precipitati in un'altra non minore della prima, quantunque sia nata dalla ragione e dal sapere e non dall'ignoranza; e perciò meno efficace e visibile nel corpo che nello spirito, meno gagliarda nelle opere e, per così dire, più nascosta ed interna. In ogni caso, nutro dubbi o piuttosto sono propenso a credere che, per quanto necessari al buono stato delle nazioni civilizzate, gli errori degli antichi siano, e ogni giorno debbano esserlo di più, sostanzialmente impossibili da riproporre. In quanto alla perfezione dell'uomo, io vi giuro che se fosse già conseguita, io avrei scritto almeno un volume in lode del genere umano. Ma poiché non mi è toccato di vederla, e non aspetto di vederla durante la mia vita, sono disposto a lasciare nel mio testamento una buona parte del mio patrimonio con il patto che, quando il genere umano

---

[161] Leopardi distingue tra due tipi di errori: gli errori antichi, propri dell'età antica; e gli errori barbari, nati nell'ignoranza dell'età medioevale (da lui definita l'età dei "tempi bassi"). "I costumi, le opinioni e lo stato antico favorivano e generavano il grande, ma quelli del tempo basso in generale considerandoli, non hanno mai né favorito né prodotto niente di grande" (*Discorso sopra lo stato presente dei costumi degli Italiani*). Nell'età classica c'era un perfetto equilibrio tra ragione e natura; nel medioevo è venuto meno il rapporto con la natura; con l'età moderna si è avuto il dominio della ragione. Per questo Leopardi ritiene che: "dopo lo stato precisamente naturale il più felice possibile in questa vita è quello di una civiltà media, dove un certo equilibrio tra la ragione e la natura, una certa mezzana ignoranza, mantengono quanto è possibile delle credenze ed errori naturali [...] ed escludano e scaccino gli errori artificiali, almeno i più gravi, importanti, e barbarizzanti. Tale appunto era lo stato degli antichi popoli colti, pieni perciò di vita, perché tanto vicini alla natura, e alla felicità naturale" (*Zib.* 421-422).

sarà perfetto, ogni anno gli si faccia e si pronunci pubblicamente un panegirico e gli sia innalzato anche un tempietto all'antica, o una statua o quello che sarà giudicato più appropriato.

■ L'immaginazione, il pregio della vita

"Sono nato per amare, ho amato [...]".

Nella giovinezza, al tempo delle dolci illusioni, Eleandro aveva amato "con tanto affetto quanto mai può accadere in un'anima".

Di quella felice stagione egli aveva smarrito il sapore dell'amore, ma conservava intatto il ricordo delle immagini vaghe e belle che aveva colto nei libri di poesia.

Ora, più avanti negli anni, profondamente disilluso, quelle pagine con il loro carico di "errori antichi" continuavano a confortare la sua anima sensibile.

Con esse altre voci avevano attraversato le sue giornate: i testi filosofici. Dalla loro lettura Eleandro aveva compreso che ricerca filosofica e poesia, massime espressioni dello spirito umano, tentano di dare risposta, ognuna a suo modo, all'esigenza primaria del cuore umano: conoscere l'essenza e il significato della vita.

Anche lui, con i suoi scritti, aveva intrapreso le due strade, ma con conclusioni apparentemente contraddittorie.

"I filosofi del nostro tempo – rilevava Eleandro dialogando con Timandro, ottimistico interlocutore – invece di aprire le porte alla verità, non fanno altro che ingannare, illudere; quando parlano di perfezione e inneggiano all'ottimismo e al progresso, fanno un cattivo servizio alla conoscenza.

Per me la verità più manifesta è l'infelicità di tutti gli esseri viventi: appartiene all'essenza del vivente. La filosofia non è quindi rimedio all'infelicità, anzi, nel momento in cui scopre la miseria della condizione umana, diventa tragica rivelazione".

Sarebbe allora meglio per l'uomo ignorare il vero, non filosofare.

La scoperta della filosofia diventa nemica della felicità.

Ma Eleandro, tra l'uniforme ottimismo delle maschere umane del suo tempo e la sua scelta "fuori moda", indicava un varco: vivere nell'illuminazione delle vaghe immaginazioni, le sole che danno pregio alla vita e che la rendono amabile.

In questo senso egli, da poeta, riannodava così, idealmente, i fili della sua vita giovanile, aperta alla speranza, con la fanciullezza dell'umanità.

L'immaginazione, segreta verità della mente umana, può ricostruire, attraverso la poesia, in un mondo dove sono scomparse, le idealità virtuose: la Virtù, la Giustizia, la Gloria...

Ricordai le antiche larve dell'albero secolare, prima rivelazione del mio viaggio; nel riprendere il volo, pensai all'amaro sorriso di Eleandro, disperato rimedio all'infelicità umana, e a quella sua convinzione che solo l'immaginazione può dare sapore alla vita.

Volai per un centinaio di miglia fino al tramonto, sorridendo sulla tanto sbandierata perfezione di un bipede che non riesce neppure ad alzarsi in volo.

E mentre il sole diffondeva i suoi ultimi raggi, mi fermai in una piazza affollatissima: c'erano strane facce di cartone dipinto, gente festosa che si muoveva tra vecchi e fregiati palazzi: un invitante tavolino con richiami per il mio becco.

Un rapido volo di ricognizione, alcuni abili saltelli d'avvicinamento e poi con una rapida presa feci mie alcune piacevoli golosità.

Tra quel turbinio di voci, di colori e di odori... fui affascinato da due strane figure mascherate che camminavano velocemente in mezzo a quella folla variopinta: una raffigurava la Morte, l'altra la Moda.

Fu un dialogo intenso e veloce, di cui con fatica riuscii a registrare i passaggi. ■

DIALOGO DELLA MODA E DELLA MORTE

Leggi il testo di Leopardi

[scheda in Appendice a pag. 226]

Moda: Madama Morte, madama Morte.

Morte: Aspetta che sia la tua ora, e verrò senza che tu mi chiami.

Moda: Madama Morte.

Morte: Vattene al diavolo. Verrò quando tu non vorrai.

Moda: Tu parli come se non fossi immortale.

Morte: Immortale? Passato è già più che il millesimo anno che sono finiti i tempi degli immortali[162].

Moda: Oh, anche Madama Morte usa espressioni del Petrarca come fosse un lirico italiano del cinquecento o dell'ottocento?

Morte: Io amo le rime del Petrarca, perché vi trovo celebrato il mio Trionfo, e perché mi menzionano quasi dappertutto. Ma ora insomma levati d'intorno[163].

---

[162] Nel citare un verso delle *Rime* (LIII, 77) del Petrarca, Leopardi pone in rilievo il ruolo della memoria nell'età antica: gli antichi eroi erano amati e continuavano ad essere ricordati anche dopo la morte; nei tempi moderni i grandi uomini vengono troppo presto dimenticati. "Non è favoloso ma ragionevole e vero il porre i tempi Eroici tra gli antichissimi [...] in tempi di ragione e di filosofia, come sono questi, che essendo tali, sono anche quello ch'io dico cioè privi affatto di eroismo" (*Zib.* 23).

[163] Riferendosi al *Trionfo della morte* Leopardi ironizza sui tanti imitatori del poeta aretino: "Altro ostacolo alla durata della fama de' grandi scrittori, sono gli imitatori, che sembrano favorirla. A forza di sentire le imitazioni, sparisce il concetto, o certo il senso, dell'originalità del modello. Il Petrarca, tanto imitato, di cui non v'è frase che non si sia mille volte sentita a leggerla, pare egli stesso un imitatore" (*Zib.* 4491).

Moda: Via, in nome del tuo amore per i sette vizi capitali, fermati anche solo per un po', e guardami.

Morte: Ti guardo.

Moda: Non mi conosci?

Morte: Dovresti sapere che non vedo molto bene, e non posso usare gli occhiali[164], perché gli Inglesi non fanno quelli che mi occorrono e, anche se li facessero, non saprei dove appoggiarli.

Moda: Io sono la Moda, tua sorella!

Morte: Mia sorella?

Moda: Sì. Non ti ricordi che entrambe siamo nate dalla Caducità[165]?

Morte: Come potrei ricordarmene io che sono una nemica accanita della memoria.

Moda: Io però me ne ricordo bene; e so che entrambe ci impegniamo ugualmente a mutare e rovinare continuamente le cose di quaggiù, benché tu scelga a questo scopo una strada e io un'altra.

Morte: A meno che tu non stia parlando con te stessa o con una qualsiasi persona che tu abbia dentro gola, alza di più la voce e scandisci meglio le parole; perché se mi vai borbottando tra i denti così, con quella vocina sottile[166], io ti capirò solo domani, perché, se tu non lo sai, il mio udito non è certo migliore della vista.

Moda: Benché ciò sia contrario alle buone maniere e in Francia non si usi parlare così per essere ascoltati, dal momento che siamo sorelle e tra noi possiamo parlare senza tanti riguardi, parlerò nel modo che tu preferisci. Voglio dire che è nostra natura e nostro costume impegnarci a rinnovare continuamente il mondo, con la differenza che mentre tu ti sei sempre impegnata a svolgere il tuo compito agendo sulle persone e sul loro sangue, io mi accontento per lo più delle barbe, del taglio dei capelli, degli abiti, degli og-

---

164 Gli occhiali inglesi erano particolarmente di moda nell'Ottocento.

165 "[...] nel dolore che si prova per i morti, il pensiero dominante e principale è, insieme colla rimembranza e su di essa fondato, il pensiero della caducità umana" (*Zib*. 4278).

166 Nella Francia dell'Ottocento, così come in Italia, era considerata buona educazione parlare a bassa voce. Si può avvertire una sottile ed ironica "voce" contro il conformismo "innaturale" delle "conversazioni" del tempo.

getti di uso quotidiano, dello stile di costruzione dei palazzi e di cose simili. È vero che non mi sono però trattenuta, né mi trattengo dal fare parecchi scherzi paragonabili ai tuoi, come per esempio convinco gli uomini a farsi bucare gli orecchi, o a lacerare labbra e nasi per delle sciocchezze, con oggetti di vario tipo che vi inserisco attraverso i buchi; a bruciare la pelle con tatuaggi che induco a stampare sopra per l'amore della bellezza; a deformare la testa dei bambini con fasciature e altre invenzioni, introducendo l'uso che tutti gli uomini di un paese devono portare i capelli allo stesso modo, come ho fatto in Asia e in America; a storpiare i piedi delle persone, costringendoli a portare scarpe che snelliscono i piedi; a indossare busti così stretti da far mancare loro il fiato e fare uscire gli occhi fuori dalle orbite; e cento altre cose di questo tipo[167]. Anzi, parlando in generale, persuado e costringo gli uomini raffinati a sopportare ogni giorno mille fatiche e mille disagi, e spesso dolori e tormenti, e qualcuno a morire gloriosamente[168] per l'amore che nutrono per me. Io non ti voglio dire nulla dei mal di testa, dei raffreddori, delle infiammazioni del sangue, delle febbri quotidiane, terzane e quartane che gli uomini si procurano per ubbidirmi, accettando di tremare dal freddo o di soffocare nel caldo secondo il mio volere, di difendersi le spalle con panni di lana e il petto con quelli di tela, e fare ogni cosa a modo mio sebbene sia a loro danno.

Morte: In conclusione credo che tu sia mia sorella e di questo, se tu vuoi, sono più certa della stessa morte, senza che tu mi tiri fuori l'atto di nascita conservato in parrocchia. Ma se sto così ferma, io svengo; e perciò, se tu hai voglia di corrermi al fianco, fai in modo di non crepare, perché io corro veloce, e nel correre tu potrai parlar-

---

[167] Leopardi (nella nota n. 5 al testo) ricorda una nazione del Ponto detta dei Macrocefali, cioè delle Testelunghe, che avevano l'usanza di costringere le teste dei bambini "in maniera che elle riuscissero più lunghe [...] i loro bambini nascevano colle teste lunghe: perché, dice Ippocrate, così erano i genitori".

[168] Morire per la moda, non per le grandi virtù. Si può cogliere un richiamo alla realtà moderna, a "tempi dove la vita esteriore non corrisponde, non porge alimento né soggetto veruno all'interiore, dove la virtù e l'eroismo sono spenti, e dove l'uomo di sentimento e d'immaginazione e di entusiasmo è subito disingannato" (*Zib*. 1648).

mi delle tue necessità; altrimenti, in considerazione della parentela, ti prometto che, quando morirò, farò in modo di lasciarti tutte le mie cose e che esse ti rimangano insieme all'augurio di buon anno.

Moda: Se dovessimo correre insieme il palio, non so chi delle due vincerebbe, perché se tu corri, io vado più veloce che al galoppo; e a stare fermi in un posto, se tu svieni, io ci resto male. Sicché riprendiamo a correre, e correndo, come tu dici, parleremo dei nostri affari.

Morte: Finalmente! Dunque, dato che tu sei nata dal corpo di mia madre, sarebbe conveniente che tu mi aiutassi in qualche modo a svolgere i miei compiti.

Moda: Io l'ho già fatto tempo fa più di quanto non pensi. Prima di tutto io, che annullo o stravolgo continuamente tutte le altre usanze, non ho mai trascurato che cadesse in disuso la pratica di morire, e per questa ragione questa usanza è in vigore illimitatamente dalla nascita del mondo fino ad oggi.

Morte: Gran miracolo, che tu non abbia fatto ciò che non hai potuto!

Moda: Come non ho potuto? Tu mostri di non conoscere il potere della moda!

Morte: Bene, bene! In quanto a ciò ne potremo discutere quando verrà l'usanza di non morire. Ma nel frattempo vorrei che, da buona sorella, mi aiutassi a raggiungere il risultato contrario più facilmente e più presto di quanto ho fatto finora.

Moda: Ti ho già raccontato alcune mie azioni che ti sono state molto utili. Ma queste sono inezie rispetto a quelle che voglio dirti ora. Un po' alla volta, ma più che mai in questi ultimi tempi, per favorirti ho mandato in disuso e in dimenticanza le fatiche e gli esercizi che giovano al benessere corporale, e ne ho introdotti o portati altri innumerevoli che fanno trascurare il corpo in mille modi e accorciano la vita[169]. Oltre a questo ho introdotto nel mon-

---

[169] "Nella educazione fisica della gioventù e puerizia, nella dieta corporale della virilità e d'ogni età dell'uomo, in ogni parte dell'igiene pratica, in tutto il fisico della civiltà gli antichi ci sono ancora d'assai superiori" (*Zib.* 4289).

do tali disposizioni e costumi, che la vita stessa, sia in ragione del corpo come dell'anima, è da considerarsi più morta che viva tanto che si può affermare che questo sia il secolo della morte[170]. Mentre in antichità tu non avevi altri poderi se non tombe e fosse, dentro le quali seminavi ossa e polvere al buio, semenze che non danno frutti, ora hai terreni al sole; e le genti che si muovono e camminano con i loro piedi sono per così dire interamente sottoposte al tuo potere, nonostante tu non le abbia mietute subito dopo la loro nascita. Per di più, se prima solevi essere odiata e disprezzata, grazie a me le cose sono mutate nel senso che chiunque sia uomo di intelletto ti prega e ti loda preferendoti alla vita, e ti vuole talmente tanto bene che ti chiama sempre e ti volge lo sguardo come al suo maggiore desiderio. Infine, osservando che molti si erano vantati di voler diventare immortali, cioè di non morire del tutto[171], sicuri che una buona parte di loro non ti sarebbe capitata sotto la tua autorità, quantunque io sapessi che queste erano solo chiacchiere, e che quando costoro o altri fossero vissuti nel ricordo degli uomini, la loro vita sarebbe diventata una burla ed essi non avrebbero goduto la fama più di quanto avrebbero sofferto l'umidità della tomba; e sapendo in ogni caso che questo affare dell'immortalità ti dava fastidio, perché sembrava che diminuisse il tuo onore e la tua riputazione, ho fatto in modo di togliere pure quest'usanza di aspirare all'immortalità e anche di concederla nel caso che qualcuno la meritasse. In modo che, al presente, chiunque muoia, stai pur sicura che di lui non resterà un briciolo che non sia morto, ed è meglio per lui andare tutto quanto subito sotto terra, giusto come un pesciolino che venga mangiato con tutta la testa e le lische in un solo boccone. Tutte queste cose, non poche né piccole, l'ho fatte per amore tuo, con la

---

[170] È un secolo che ha rinunciato alle basi educative del mondo antico: "[...] gli antichi [...] si accostavano [...] ai confini stabiliti dalla natura [...] conservavano il vigore, la sanità [...] in età dove oggi non si conservano; in ciascheduna età erano proporzionalmente più gagliardi, più sani, insomma più pieni di vitalità che i moderni, e meglio adattati alle funzioni del corpo, e più potenti fisicamente" (*Zib.* 1332).

[171] Riecheggia il verso *non omnis moriar* ("non morirò del tutto") del poeta latino Orazio (*Odi*, III, 30,6-7).

volontà di accrescere il tuo potere sulla Terra, come di fatto ne è poi conseguito. E per questo sono disposta a fare ogni giorno sempre di più; e proprio per questa ragione ti ho cercata. E mi sembra quindi opportuno che, da ora in poi, noi andiamo sempre insieme, fianco a fianco, perché in compagnia, potremo consultarci secondo le necessità, e prendere le migliori decisioni rispetto al passato, per meglio mandarle ad effetto.

Morte: Hai ragione. Facciamo come tu dici!

■ Il ricordo "disfatto" dalla moda

Avevo seguito, a debita distanza, il colloquio tra quelle due strane sorelle e confesso di essermi intristito nel pensare agli effetti di una così stretta parentela.

Quell'incontro mi suggeriva alcune riflessioni.

La Morte con il suo freddo e cieco galoppo e la Moda a passi veloci sembravano partecipare, come uniche concorrenti, al palio della vanità.

Originale il premio assegnato: il corpo umano!

La Moda, garbata e gentile, esaltava la sua funzione di madama del cambiamento.

Per lei è naturale imporre e disfare; per lei il corpo umano è costretto a mille fatiche, a molte rinunce... martoriato da tatuaggi, fasciature, busti stretti.

In questo la sempre giovane madama asseconda la più vecchia stagionata sorella: può accelerare il tempo delle leggi naturali.

E se la morte scandisce il disfacimento del corpo, la moda opera ancora più in profondità: cancella il ricordo dell'individuo, anche degli uomini che lasciano il segno della loro presenza, le figure immortali della storia umana.

La morte del corpo è legge naturale, ma la moda nasce da scelte umane.

È quindi l'uomo moderno ad avere, in nome del nuovo, smarrito il legame con il passato.

Nel mondo antico il ricordo degli eroi immortali accompagnava il cammino di tante generazioni.

Con il tempo, la moda ha spesso rapinato le esperienze umane passate, rendendo più completa la fine dell'essere umano e del suo valore.

Ancora una volta gli uomini e la natura mi apparivano strani parenti, come quelle due sorelle insieme correnti sulla pista della vita. E intanto il tempo scorreva inesorabile... Volare, volare via, cercare... Un giorno, mi fermai in un villaggio vicino ad un vulcano spento, intento ad osservare un gruppo di ragazzi che preparavano addobbi per una festa: i più piccoli, che sciamavano come mosche, sembravano l'espressione della felicità. In mezzo alle case di tufo marino, qualche venditore preparava la sua bancarella.

E mentre osservavo lo scintillio delle vetrine di quel "colorato" paese ascoltai con curiosità il dialogo tra un accattivante venditore di almanacchi e un passante... ■

DIALOGO DI UN VENDITORE D'ALMANACCHI E DI UN PASSEGGERE

Leggi il testo di Leopardi

[scheda in Appendice a pag. 227]

Venditore: Almanacchi[172], almanacchi nuovi; lunari nuovi! Avete bisogno di almanacchi, signore?

Passeggere: Almanacchi per l'anno nuovo?

Venditore: Sì, signore.

Passeggere: Credete che quest'anno nuovo porterà felicità?

Venditore: Oh, sì, illustrissimo, con certezza.

Passeggere: Come quest'anno passato?

Venditore: Di più, molto di più.

Passeggere: Come quello ancora prima?

Venditore: Di più, illustrissimo, di più.

Passeggere: Ma come quale altro anno? Non vi piacerebbe che l'anno nuovo fosse come qualcuno di questi ultimi anni?

Venditore: No, signore, non mi piacerebbe.

Passeggere: Quanti anni nuovi sono passati da quando voi vendete almanacchi?

---

[172] Libriccini nei quali venivano registrati i giorni dell'anno solare, le indicazioni astronomiche e meteorologiche, con l'aggiunta delle feste dei Santi, di notizie diverse, di proverbi, di ricette, di formule magiche, di suggerimenti medici e simili. Il termine "lunari" è diffusissimo in Toscana.

Venditore: Dovrebbero essere vent'anni, illustrissimo.

Passeggere: A quale di questi vent'anni vorreste che somigliasse l'anno prossimo?

Venditore: Io? Non saprei.

Passeggere: Non vi ricordate di qualche anno in particolare che vi paresse felice?

Venditore: Veramente, no, illustrissimo.

Passeggere: Eppure la vita è una cosa bella[173]. Non è vero?

Venditore: Questo si sa.

Passeggere: Non tornereste a vivere questi vent'anni ed anche tutti i vostri anni precedenti, iniziando dal giorno in cui voi siete nato?

Venditore: Eh, caro signore, sarebbe magnifico se Dio me lo concedesse.

Passeggere: Ma se doveste rifare esattamente la vita che avete fatta né più né meno, con tutti i suoi piaceri e i suoi dispiaceri?

Venditore: Io non vorrei certo questo.

Passeggere: Ma quale altra vita vorreste rifare? La vita che ho fatto io, o quella del principe, o di chi altro? O non credete che io, che il principe, o che chiunque altro, risponderebbe come voi, e che, dovendo rifare la stessa vita, nessuno vorrebbe rivivere gli anni passati[174]?

Venditore: Lo credo anch'io.

---

[173] "[...] chi dee vivere in paese, ha bisogno di crederlo bello e buono; così gli uomini di credere la vita una bella cosa" (*Zib.* 4526).

[174] "Quanto al tornare indietro a vivere, ed io e tutti gli altri sarebbero stati contentissimi; ma con questo patto, nessuno; e piuttosto che accettarlo, tutti (e così io a me stesso) mi hanno risposto che avrebbero rinunziato a quel ritorno alla prima età, che per se medesimo, sarebbe pur tanto gradito a tutti gli uomini. Per tornare alla fanciullezza, avrebbero voluto rimettersi ciecamente alla fortuna circa la loro vita da rifarsi, e ignorarne il modo, come s'ignora quel della vita che ci resta da fare. Che vuol dire questo? Vuol dire che nella vita che abbiamo sperimentata e che conosciamo con certezza, tutti abbiam provato più male che bene; e che se noi ci contentiamo, ed anche desideriamo di vivere ancora, ciò non è che per l'ignoranza del futuro e per una illusione della speranza, senza la quale illusione e ignoranza non vorremmo più vivere, come noi non vorremmo rivivere nel modo che siamo vissuti" (*Zib.* 4284).

Passeggere: Neppure voi tornereste indietro a queste condizioni, non potendolo in modo diverso?

Venditore: No davvero, signore, non tornerei.

Passeggere: Ma quale vita vorreste voi dunque?

Venditore: Vorrei una vita così, affidata al volere di Dio, senz'altre condizioni.

Passeggere: Una vita a caso, senza conoscerne alcun particolare in anticipo, come noi non conosciamo l'anno nuovo?

Venditore: Appunto.

Passeggere: È quello che vorrei io se dovessi rivivere, ed è quello che vorrebbero tutti. Ma questo dimostra che fino alla fine di quest'anno il caso ha trattato tutti male. E si avverte con chiarezza che ciascuno ritiene che sia stato più o di più peso il male rispetto al bene che gli è toccato; se dovesse riavere la stessa vita passata, con tutto il suo bene e con tutto il suo male, nessuno vorrebbe rinascere.

La vita che è una cosa non è quella che conosciamo, ma è quella che non conosciamo; non è la vita passata, ma la futura. Con l'anno nuovo il caso inizierà a trattare bene voi, me e tutti gli altri e così avrà inizio la vita felice. Non è vero?

Venditore: Speriamo.

Passeggere: Dunque mostratemi il più bell'almanacco che avete.

Venditore: Eccolo, illustrissimo. Questo è uno che vale trenta soldi.

Passeggere: Eccovi trenta soldi.

Venditore: Grazie, illustrissimo, arrivederci. Almanacchi, almanacchi nuovi; lunari nuovi.

■ Una vita a caso

Passeggiare, sperare, ricordare...

Quel gradevole incontro mi aveva riaperto nell'animo un varco al ricordo del passato.

Il passante e il venditore sembravano appartenere da sempre a quelle voci familiari della piazzuola, dalla quale un giorno mi ero allontanato per un vagabondaggio sospeso tra il fascino del viaggio e la magia dell'esistenza umana.

Le voci, i suoni, le immagini del mio borgo nativo, che mai mi avevano abbandonato, per mezzo dei due personaggi erano riaffiorati in me; gli almanacchi, con i loro numeri fortunati, i venti, le fasi lunari, mi avevano riconsegnato lo stupore dei fanciulli.

Quel bonario venditore offriva al fiducioso passante un non impossibile sogno: i fogli degli almanacchi potevano racchiudere il segreto piacere del futuro.

Certo la ragione invita l'uomo a non farsi illusioni.

Passato e presente appaiono troppo uguali, troppo tristi... anche per i principi...

Ma il calendario della vita futura reclama di essere sfogliato; l'inizio di ogni anno rinnova l'aspettativa di una felicità sognata.

L'uomo avverte il bisogno di illudersi, di sperare; il cuore umano è sempre pronto a rinnovare il canto della vita.

E la vita vuole essere assaporata, vissuta. Il condiscendente passante, che pure aveva indagato e vissuto tante esperienze, voleva comunque ritornare ad essere un innocente, seppur consapevole, interlocutore: ritrovare la semplicità del venditore, la spontaneità della natura...

Anno nuovo e fanciullezza; sapienza e semplicità sembravano appartenere ad un originale almanacco: la voce della vita.

La luna bianca e il cielo stellato invitavano quel passante a sperare, ad affidare i sogni all'almanacco più bello...

Ricordare, passeggiare, almanaccare...

A quelle comuni speranze diedi il mio assenso con un duro "tsciack": mi sentivo sinceramente vicino a quei due interlocutori che, pur nella diversità dei toni e delle battute, affidavano al nuovo anno il mondo delle loro attese.

Cosa mi aveva spinto al di là dei miei azzurri monti se non volare verso la speranza?

Scivolai tra le valli lungo una vasta pianura, regalando i miei pensieri ai fiori dei campi...

La mattina seguente ero già pronto a partire verso altopiani dai contorni familiari: era la stagione delle fioriture policrome.

In lontananza vidi una piccola città: tra la quiete delle sue antiche pietre si snodavano strade a spina di pesce.

Le case erano alte, allineate con gusto e adornate da frontoni. Con l'occhio curioso di un visitatore entrai in un portone immenso.

Mi accolse una sala che si popolò di bizzarri individui.

C'era scritto: "Riunione annuale dell'Accademia dei Sillografi".

Scorto un bel vecchione addormentato in fondo, nella penombra delle ultime poltrone, mi accovacciai tra i boccoli della sua parruccona bianca.

E da quel comodo osservatorio, mentre scrutavo tutta quella variopinta folla, ascoltai con attenzione uno di loro: illustrava, con molta enfasi, i meriti di quella Accademia e proponeva premi in oro a chi avesse costruito strabilianti macchine... ■

Proposta di premi dell'Accademia dei Sillografi

Leggi il testo di Leopardi

[scheda in Appendice a pag. 228]

L'Accademia dei Sillografi[175], in conformità con i principali obiettivi del suo statuto, costantemente sollecita ad assicurare con tutte le sue energie il bene comune e ritenendo che nessuna cosa sia più conforme a questo fine che favorire e promuovere il progresso e le tendenze

Del fortunato secolo in cui siamo, come afferma un illustre poeta, ha preso in seria considerazione le qualità e la natura della nostra epoca, e dopo un lungo e maturo esame ha ritenuto di poterla definire l'età delle macchine[176]. Questo non solo perché gli uomini del nostro tempo vivono più meccanicamente di tutti quelli del passato, ma anche perché il numero delle macchine recentemente inventate e adattate – o che si vanno sempre più adattando a così tanti e differenti usi – è così straordinario che possiamo ora affermare che non gli uomini ma le macchine mandano avanti gli affari

---

[175] Nell'antica Grecia gli autori di burle e di poesie satiriche erano chiamati "sillografi". "Da *sillos*, 'occhio', la metafora trasportò il significato a 'derisione', quasi dicesse, come diciamo noi, 'occhiolino', onde *sillainein* sarebbe quasi 'far l'occhiolino', in senso però di 'deridere'" (*Zib.* 4035).

[176] Uno slogan di sapore giornalistico che sembra condensare il carattere meccanicistico di un'epoca. L'"illustre poeta" menzionato nel testo è Casti (*Animali parlanti*, XVIII, 106: "Dei fortunati secoli in cui siamo").

umani ed eseguono le operazioni della vita. L'Accademia guarda a questo stato di cose con una profonda soddisfazione, non tanto per le evidenti comodità che ne derivano quanto per due considerazioni che giudica particolarmente importanti, sebbene comunemente non avvertite.

La prima è questa: l'Accademia confida che col passare degli anni le funzioni e l'utilizzo delle macchine verranno a comprendere non solo le cose materiali ma anche quelle spirituali[177], in modo che, come grazie all'uso di queste macchine siamo già liberi e al riparo dai fulmini, dalla grandine e da molti altri simili pericoli e spaventi, così progressivamente potranno essere inventate, per esempio (e noi ci scusiamo per la novità dei nomi), una macchina parainvidia, una paracalunnie, una paraperfidia, una parafrodi, e altre che ci preservino dall'egoismo, dal predominio della mediocrità, dalla prospera fortuna degli sciocchi, dei mascalzoni e dei vili, dall'universale indifferenza, e dalla miseria dei saggi, delle persone educate e dei magnanimi e da altri simili inconvenienti, che per molti secoli sono stati più difficili da tenere lontano di quanto non lo furono gli effetti dei fulmini e della grandine. L'altra ragione, e la più importante, nasce dal fatto che i migliori filosofi hanno perduto ogni speranza di curare i difetti del genere umano, che, come si crede, sono molto più grandi e numerosi delle virtù; e dal fatto che è dato per certo che sia possibile rifare il genere umano con caratteri del tutto nuovi, e di sostituirlo con un altro essere, più che correggerlo. Per questo, l'Accademia dei Sillografi considera utilissimo che gli uomini si allontanino più che sia possibile dagli affari della vita e gradualmente cedano il posto alle macchine. E avendo deliberato di contribuire con ogni suo potere alla riuscita di questo nuovo ordine delle cose, l'Accademia ora propone tre premi per gli inventori di tre macchine qui in ordine descritte.

---

[177] L'uomo è diventato freddo, come una macchina. Tanto vale sostituirlo! È già avviato il futuro regno della macchina, capace comunque di umanità...

Lo scopo della prima[178] dovrà essere quello di agire e sostituire un amico il quale non biasimi e non derida l'amico assente; non smetta di sostenerlo quando senta che lui sia rimproverato o messo in ridicolo; che consideri l'amicizia più importante della propria reputazione di acuto e pungente conversatore e di persona abile a suscitare il riso degli uomini; che non divulghi un segreto che gli è stato confidato per avere un motivo per discorrere o per esibirsi; che non approfitti della familiarità e della confidenza del suo amico per soppiantarlo e sormontarlo con più facilità; che non invidi la sua buona fortuna; che abbia cura del suo bene e di rimediare o dare un sostegno alle sue avversità e sia pronto ad assisterlo nei suoi desideri e bisogni e non solo a parole. In relazione alle altre qualità, nella costruzione di questo automa, si dovrà tenere d'occhio i trattati sull'amicizia[179] di Cicerone e della Marchesa di Lambert.

L'Accademia crede che l'invenzione di una tale macchina non debba essere giudicata né impossibile, e non oltremodo difficile, perché, lasciando da parte gli automi[180] di Regiomontano, di Vaucanson e di altri, e includendo anche quell'automa di Londra che disegnava figure e ritratti e scriveva sotto la dettatura di chiunque, si è vista anche più di una macchina che giocava a scacchi in modo autonomo. Ora, a giudizio di molti saggi, la vita umana è solo un gioco ed alcuni poi affermano che essa è ancora più lieve e che, tra le altre cose, il gioco degli scacchi è disposto con più razionalità ed i suoi movimenti sono ordinati con più prudenza rispetto a quelli della vita umana. E dato che la vita umana, a detta di Pindaro,

---

[178] Per l'uomo chiuso nel proprio egoismo è giunto il tempo di passare le consegne. "Dopo che l'eroismo è sparito dal mondo, e in vece v'è entrato l'universale egoismo, amicizia vera e capace di far sacrificare l'uno amico all'altro, in persone che ancora abbiano interessi e desideri, è ben difficilissimo" (*Zib.* 104).

[179] Cicerone nel suo libro *Laelius sive de amicitia* si schiera contro la visione utilitaristica dell'amicizia sostenuta dagli epicurei e, sulla scia delle teorie aristotelico-teofrastee, ne esalta il valore morale; Anna Teresa di Lambert (1647-1733), una moralista francese, nel suo *Traité de l'amitié* affronta lo stesso tema.

[180] Johann Muller detto il Regiomontano (1436-1476), matematico e astronomo tedesco, aveva inventato molti automi; Jacques de Vaucanson (1709-1782) era un meccanico e inventore francese: costruì alcuni automi, come suonatori di flauto e di tamburo.

non è più concreta del sogno di un'ombra[181], per questa ragione un automa dovrebbe essere più capace di assolvere le sue funzioni. In quanto alla parola, pare non si possa mettere in dubbio che gli uomini abbiano la possibilità di trasmetterla alle macchine che costruiscono, come noi possiamo conoscere da vari esempi e specialmente da quanto noi leggiamo attorno alla statua di Mennone e alla testa costruita da Alberto Magno, così loquace che san Tommaso d'Aquino, persa la pazienza, la ruppe[182].

E se il pappagallo di Nevers[183], sebbene fosse appena una bestiolina, sapeva come rispondere e parlare a proposito, tanto più è da credere che possa ottenere gli stessi risultati una macchina immaginata dalla mente di un uomo e costruita con le sue mani.

Essa non deve essere così linguacciuta come il pappagallo di Nevers e di altri simili che noi possiamo vedere e ascoltare ogni giorno o come la testa costruita da Alberto Magno, perché non sarebbe per lei conveniente infastidire un amico e spingerlo a fracassarla. L'inventore di questa macchina avrà in premio una medaglia d'oro dal peso di quattrocento zecchini[184], che su una faccia avrà le immagini di Pilade e di Oreste, dall'altra il nome del premiato con il titolo: "Primo verificatore delle favole antiche"[185]. La seconda macchina[186] sarà un uomo artificiale a vapore, programmato a compiere opere virtuose

---

[181] "'La vita non è che il sogno d'un'ombra' (Pindaro, *Pyth.* 8, v. 136), immagine sublime e che con un solo tratto dipinge tutto il niente dell'uomo" (*Zib.* 2672).

[182] La gigantesca statua di Mennone che doveva trovarsi a Tebe (Egitto), secondo Strabone emetteva forti vibrazioni quando, al mattino, era colpita dai raggi del sole; Alberto Magno, celebre filosofo e maestro di Tommaso d'Aquino, aveva costruito una testa che parlava. Tommaso d'Aquino la mandò in frantumi, perché pensava che fosse opera del diavolo.

[183] È un riferimento al poema burlesco di J.B. Gresset (1709-1777), *Vert-Vert*, di cui è protagonista un pappagallo. Portato nel convento delle Visitandine di Nevers, diventa trastullo delle monache e vola liberamente per le celle, ripetendo frasi pie. Morto per stravizi di gola, continua a trasmigrare eternamente da una monaca ad un'altra.

[184] Ogni zecchino era equivalente a 45 grammi di fine oro.

[185] Gli antichi credevano nell'amicizia: straordinaria testimonianza, quella di Pilade e Oreste (ricordati da Cicerone nel *De officis*, III, 10); all'inventore l'onore di verificare che l'amicizia, per l'uomo moderno, è solo un'antica favola!

[186] Il vapore della macchina sbuffante virtù: quelle che mancano ad un "fumoso" uomo.

e magnanime. L'Accademia reputa che i vapori, poiché non sembra vi siano altri mezzi, debbano servire a stimolare un automa e indirizzarlo ad opere virtuose e gloriose. Colui che inizierà a costruire questa macchina, veda i poemi e i romanzi, ai quali dovrà attenersi in relazione alle qualità e alle funzioni necessari per questo automa. Il premio sarà una medaglia d'oro, dal peso di quattrocentocinquanta zecchini d'oro, con stampata sul dritto qualche immagine significativa dell'età dell'oro e sul rovescio il nome dell'inventore della macchina con questo titolo tratto dalla quarta egloga di Virgilio "*Quo ferrea primum desinet ac toto surget gens aurea mundo*"[187].

La terza macchina[188] dovrà essere in grado di compiere le azioni di una donna conforme a quella immaginata, in parte dal conte Baldassar Castiglione, il quale presentò la sua idea nel libro "Il Cortegiano", e in parte da altri che la esposero in vari scritti, facilmente rintracciabili e che potranno essere consultati e seguiti, come quello del conte. Neppure l'invenzione di questa macchina dovrà sembrare impossibile agli uomini del nostro tempo, quando si pensi che nei tempi antichissimi, quando la scienza era inesistente, Pigmalione riuscì a modellare con le sue mani la sposa che, si ritiene, sia stata la migliore donna che mai sia esistita fino ad oggi[189]. All'autore di questa macchina verrà assegnata una medaglia d'oro, dal peso di cinquecento zecchini, sulla quale sarà raffigurata su una faccia l'araba fenice[190] del Metastasio, posta sopra una pianta di specie europea

---

[187] "Ad opera del quale [l'inventore della macchina] cesserà infine l'età del ferro e avrà inizio su tutta la terra l'età dell'oro". A prospettive rovesciate (e da ciò nasce il comico) l'età moderna è ancora l'età del ferro: ad essa appartiene l'originale inventore, capace da solo di aprire le strade all'età dell'oro.

[188] È un richiamo a *Il Cortegiano* di Baldesar Castiglione (1478-1529): nel terzo libro si parla delle qualità della dama di palazzo, che unisce bellezza a virtù, secondo lo spirito dei greci "un popolo [...] conoscitore di quanto sia sublime l'idea della bellezza che non dovrebbe mai essere scampagnata dalla virtù" (*Zib.* 64).

[189] Pigmalione era il re di Cipro e fratello di Didone. Secondo la tradizione, si innamorò di una statua d'avorio che lui stesso aveva scolpito. Afrodite, ascoltate le sue preghiere, trasformò la statua in una donna vera. E Pigmalione la sposò.

[190] Metastasio in alcuni celebri versi della sua opera *Demetrio* (a. II, sc. 3) paragonò la fedeltà degli innamorati all'araba fenice: "che vi sia, ciascun lo dice / Dove sia, nessun lo sa".

e sul rovescio il nome del premiato con il titolo: "Inventore delle donne fedeli e della felicità coniugale". L'Accademia ha decretato che alle spese di questi premi si farà fronte con quello che venne ritrovato nella bisaccia di Diogene[191], che fu uno dei suoi segretari, o con uno dei tre asini d'oro[192] che appartennero a tre Accademici sillografi, vale a dire Apuleio, Firenzuola e Machiavelli. Tutti questi beni entrarono in possesso dei Sillografi per testamento dei suddetti, come è ricordato nella storia dell'Accademia.

■ La macchina "umana"

A giudicare dalle fiduciose attese di quel gruppo di accademici molto presto, nella bisaccia del mondo, lo spirito di Diogene avrebbe trovato macchine "umane" virtuose, appassionate, parlanti come pappagalli e forse magari anche capaci con mio sgomento, di alzarsi in volo...
Quelle originali creazioni dello scacchiere cerebrale umano avrebbero potuto dare voce perfino ai sentimenti, agli affetti smarriti...
La vera amicizia è riservata; ecco una macchina discreta, altruista, abile a giocare a scacchi, forse anche con la vita...
Ogni vita umana è come un evanescente sogno; dall'intelligenza umana potrà forse nascere un perfetto esemplare di uomo artificiale, a vapore, sbuffante di gloria e di virtù.
È difficile trovare per un uomo una compagna fedele e virtuosa, ma c'è un modello inimitabile e sicuro: quello conforme all'immagine ideale, al mito interiore che ciascuno si crea.
La razionalità scientifica, contaminata dai sentimenti!
E il mondo, come in un sogno ad occhi aperti, sarebbe stato popolato da inquietanti creature meccaniche tanto somiglianti agli uomini: stessa solitudine, stesso egoismo, stessa freddezza...

[191] Nella bisaccia di Diogene non c'era nulla. Infatti, Diogene di Sinope, un filosofo greco del IV sec. a.C., seguace di Antistene, fondatore della scuola Cinica, era noto per l'eccentricità della sua vita (visse in una botte, con una lanterna e vestito solo di un mantello); secondo questo filosofo l'uomo deve valorizzare le sue energie spirituali e fisiche.

[192] Apuleio, vissuto nel II sec. d.C., scrisse *Le metamorfosi* (più tardi chiamate *L'asino d'oro*), nelle quali racconta le peripezie di un giovane trasformato in asino. Agnolo Firenzuola (1493-1545) rifece in volgare il libro di Apuleio con il titolo *L'asino d'oro*; Niccolò Machiavelli (1469-1527) scrisse un poemetto, *L'asino*, che voleva essere una critica nei confronti dei fiorentini del suo tempo.

Nell'interrogarmi su quel futuro grigio e metallico, provai a leggere, in una chiave rovesciata, l'originale proposta di quell'Accademia. Essa mi appariva una burlesca provocazione nei confronti di uomini senza virtù, senza amore, senza umanità e insieme un invito a rinnovarsi.

L'infelicità del cuore umano – pensavo – non nasce soltanto da un universo ostile o da una segreta sofferenza, ma anche dalla freddezza nei rapporti umani.

Le stesse monete mi sembrarono risplendere di chiari messaggi: l'amicizia non deve essere più una parola appartenente al mondo delle antiche favole; la vera età dell'oro sarà quella nella quale si potrà ammirare ed apprezzare la magnanimità; la donna fedele non dovrà essere più un'araba fenice.

L'utopia sognata potrà sconfiggere il futuro di follia?

La bisaccia di Diogene potrà riempirsi di veri uomini?

Forse il cuore umano...

Eppure il solo immaginare l'uomo sostituito da una macchina mi impauriva!

Figuriamoci per noi! Inseguiti da "bipedi meccanici", non solo da fucili schioppettanti!

Noi uccelli ci adattiamo con facilità ai mutevoli fattori ambientali non certo a trasformarci in creature meccaniche, senza emozioni, senza immaginazione...

Il pensiero di una vita così artificiale mi accompagnò per molti giorni fino a quando la ridente atmosfera di una città mi fece pensare ad altro.

L'aria era primaverile, ma un forte vento spirava tra vie e piazze risonanti per lo zoccolio dei cavalli e il vociare dei pedoni.

Il sole faceva risplendere le dorature dei caffè e delle botteghe; i palazzi si riflettevano nelle acque di un ampio fiume.

A richiamare la mia attenzione furono due persone, appoggiate al parapetto di una terrazza coperta, ombreggiata da grondaie a spioventi che mi lasciarono raggiungere tante preziose briciole, e saltellando mi tenni in ascolto.

Compresi solo il nome di uno dei due interlocutori: Tristano, l'altro era un suo amico...

DIALOGO DI TRISTANO E DI UN AMICO
Con un richiamo ai
DETTI MEMORABILI DI FILIPPO OTTONIERI

Leggi il testo di Leopardi

[scheda in Appendicea pag. 229]

Amico: Ho letto il vostro libro. L'ho trovato malinconico, come al vostro solito.

Tristano: Sì, al mio solito.

Amico: Malinconico, sconsolato, disperato; si vede che questa vita vi pare una gran brutta cosa.

Tristano: Cosa posso dirvi? Avevo da sempre ficcata questa pazzia in testa che la vita umana fosse infelice.

Amico: Infelice, sì forse. Ma pure, alla fine...

Tristano: No, no, anzi felicissima. Ora ho cambiato opinione. Prima, quando scrissi questo libro, avevo quella pazzia in testa, come vi dico. Ne ero tanto convinto, che mi sarei aspettata qualsiasi altra reazione, non certo che fossero messe in discussione le mie osservazioni sull'argomento, ritenendo che la coscienza di ogni lettore riuscisse a valutare in modo chiaro ciascuna di esse. Immaginai soltanto che sarebbero nate discussioni sulle conseguenze positive o negative, mai sulla verità di tale affermazione. Ritenni anzi che le mie accorate parole sui comuni mali della vita avrebbero trovato eco nel cuore di chi le ascoltasse. Ma poi, avvertendo che non solo qualche affermazione particolare ma l'intera mia valutazione era respinta e che, se la vita mi sembrava tale, doveva essere colpa della mia infermità, o di qualche altra particolare miseria, inizialmente rimasi attonito, sbalordito, immobile come un sasso e per più giorni ho creduto di trovarmi in un altro mondo; poi, tornato in me stesso, mi adirai un po'; poi risi e dissi a me stesso: gli uomini, in generale, sono come i mariti[193], i quali, se vogliono vivere tranquilli, devono credere che le loro mogli siano fedeli, ciascuno la propria; ed è quello che essi fanno; anche quando la metà del mondo sa che tutt'altra è la verità. Conviene, a chi vuole o deve vivere in un paese, crederlo uno dei migliori della terra abitabile; e lo crede tale. Se vogliono vivere, gli uomini, in generale, devono credere che la vita sia bella e pregevole; e tale la credono; e si adirano contro chi pensa il contrario. Perché in sostanza il genere umano crede sempre non ciò che è vero ma quello che è, o pare che sia, più vantaggioso per lui. Il genere umano che ha creduto e crederà tante sciocchezze, non crederà mai né di non saper nulla, né di non essere nulla, né di non aver niente da sperare[194]. Nessun filosofo che insegnasse una di queste tre cose avrebbe fortuna, né avrebbe dei seguaci.

[...] E gli uomini sono codardi, deboli, hanno un animo ignobile e meschino [...]; prontissimi a rendere le armi[195], come dice Petrarca, alla loro fortuna, sempre più solleciti e risoluti a consolarsi per ogni sventura, ad accettare ogni compenso in cambio di ciò che è negato loro o di ciò che hanno perduto, ad adattarsi in ogni situazione a qualsiasi sorte più ingiusta e più barbara e, quando anche siano privati di ogni cosa desiderabile, a vivere di false credenze, così salde e sicure, come se fossero le più vere o le più certe del mondo. Personalmente, come l'Europa meridionale ride dei mariti innamorati delle mogli

---

[193] "Gli uomini verso la vita sono come i mariti in Italia verso le mogli: bisognosi di crederle fedeli benché sappiano il contrario. Così chi dee vivere in un paese, ha bisogno di crederlo bello e buono; così gli uomini di credere la vita una bella cosa. Ridicoli agli occhi miei, come un marito becco e tenero della sua moglie" (*Zib.* 4525).

[194] "Due verità che gli uomini generalmente non crederanno mai: l'una di saper nulla, l'altra di non esser nulla. Aggiungi la terza, che ha molta dipendenza dalla seconda: di non aver nulla a sperare dopo la morte" (*Zib.* 4525).

[195] L'espressione richiama la canzone CCCXXXI, vv. 7-8, del Petrarca "Or lasso, alzo la mano et l'arme rendo / A l'empia et violenta mia fortuna".

infedeli, così rido del genere umano innamorato della vita e giudico assai poco virile lasciarsi ingannare e deludere come sciocchi, ed in aggiunta ai mali che si soffrono, essere quasi lo scherno della natura e del destino. Mi riferisco sempre a quegli inganni che non nascono dall'immaginazione, ma dall'intelletto. Se questi miei sentimenti nascano da malattia, io non lo so. So che malato o sano calpesto la vigliaccheria degli uomini, rifiuto ogni consolazione e ogni inganno puerile, ed ho il coraggio di sostenere la privazione di ogni speranza, di mirare intrepidamente il deserto della vita, di non dissimulare a me stesso ogni parte dell'infelicità umana e di accettare tutte le conseguenze di una filosofia dolorosa, ma vera. La quale filosofia, se non serve ad altro, procura agli uomini forti l'orgogliosa compiacenza di vedere strappato ogni manto alla coperta e misteriosa crudeltà del destino umano. Questo è quello che dicevo a me stesso, quasi come se quella filosofia dolorosa fosse una mia invenzione, quando la vedevo rifiutata da tutti, come accade per le novità e per cose mai ascoltate prima. Ma poi, ripensando, mi ricordai che essa era tanto nuova, quanto Salomone e quanto Omero, e quanto lo sono i poeti e i filosofi più antichi che noi conosciamo; tutti costoro abbondano di immagini, di favole, di giudizi, che mettono in evidenza l'estrema infelicità umana[196]: chi di loro dice che l'uomo è il più miserabile degli animali; chi dice che è meglio non nascere, e, per chi è nato, morire in culla; e ancora qualche altro afferma che sia caro agli Dei colui che muore in giovane età ed altre infinite considerazioni della stessa natura. E anche mi ricordai che da quei tempi fino a ieri o al giorno prima, tutti i poeti, tutti i filosofi e tutti gli scrittori, grandi e piccoli, in un modo o in altro, avevano ripetute o confermate le stesse dottrine. Con il risultato che tornai di nuovo a meravigliarmi; e così tra meraviglia, sdegno e riso passai tanto tempo, finché, studiando questo argomento in modo più approfondito, conobbi che l'infelicità

---

[196] Parole che rinviano a Salomone: "*Vanitas vanitatum et omnia vanitas*" (*Ecclesiaste*); a Omero: "L'uomo è il più miserabile degli animali" (*Iliade*, XVII, 446-447); a Sofocle (*Edipo a Colono*, 1289); a Menandro: "Muor giovane colui ch'al cielo è caro" (è il verso scelto da Leopardi come epigrafe al suo canto *Amore e morte*).

dell'uomo era uno dei più radicati errori dell'intelletto e che la falsità di tale opinione e la felicità della vita era una delle grandi scoperte del diciannovesimo secolo. Allora mi acquetai, e adesso confesso di aver sbagliato nel credere a quello a cui credevo.

Amico: E avete cambiato opinione?

Tristano: Sicuro. Volete che io contrasti le verità scoperte dal diciannovesimo secolo?

Amico: E credete a tutto quello a cui crede questo secolo?

Tristano: Certamente. Cosa c'è da meravigliarsi?

Amico: Credete dunque nel progresso illimitato dell'uomo?

Tristano: Senza dubbio.

Amico: Credete che realmente la specie umana vada migliorando di giorno in giorno?

Tristano: Sì, certamente. Alcune volte penso che nella forza fisica ogni uomo antico valesse quanto quattro di noi[197]. E il corpo è l'uomo; perché (lasciando da parte tutto il resto) la magnanimità, il coraggio, le passioni, la potenza di fare, la potenza di godere, tutto ciò che fa nobile e viva la vita, dipende dal vigore del corpo, e senza quello essa non può esserci[198]. Uno che sia debole di corpo, non è uomo, ma bambino, anzi peggio, perché la sua sorte è quella di stare a vedere gli altri che vivono; al massimo può chiacchierare, ma la vita non è per lui. È per questo che nei tempi antichi ed anche nei secoli più civili la debolezza del corpo fu disprezzata. Ma tra noi già da lunghissimo tempo l'educazione non si degna di pensare al corpo, cosa troppo bassa e misera; essa pensa allo spirito e appunto perché vuole coltivare lo spirito rovina il corpo, senza accorgersi che, rovinando il corpo, rovina a sua volta anche lo spirito [...].

---

[197] "Nella educazione fisica della gioventù e puerizia, nella dieta corporale della virilità e d'ogni età dell'uomo, in ogni parte dell'igiene pratica, in tutto il fisico della civiltà gli antichi ci sono ancora d'assai superiori" (*Zib.* 4289).

[198] "Gli esercizi con cui gli antichi si procacciavano il vigore del corpo non erano solamente utili alla guerra, o ad eccitare l'amor della gloria ec. ma contribuivano, anzi erano necessari a mantenere il vigor dell'animo, il coraggio, le illusioni, l'entusiasmo che non saranno mai in un corpo debole" (*Zib.* 115).

Il risultato è che a paragone degli antichi noi siamo poco più che bambini, e noi possiamo dire più che mai che al nostro confronto gli antichi furono veri uomini. Parlo così degl'individui se paragonati agl'individui, come delle masse (per usare questa leggiadrissima parola moderna) paragonate alle masse. Ed aggiungo che gli antichi furono in modo incomparabile più forti di noi anche nei principi di morale e di metafisica[199]. In ogni caso io non mi lascio persuadere da tali piccole obiezioni, credo costantemente che la specie umana vada sempre più migliorando.

Amico: Devo presumere ancora che anche per voi la conoscenza o, come si dice, la diffusione della cultura vada continuamente migliorando.

Tristano: Certissimo. Sebbene osservo che la volontà d'imparare aumenta nella stessa misura in cui diminuisce il desiderio di studiare. E fa meraviglia contare il numero dei dotti, veri dotti, che vivevano contemporaneamente centocinquant'anni fa, e anche in tempi più recenti, e vedere quanto fosse smisuratamente maggiore di quello dell'età presente. E non mi si dica che i dotti sono pochi perché in generale le conoscenze non sono più concentrate in alcuni individui, ma divise tra molti; e che la gran quantità di questi compensa la scarsità di quelli. Le conoscenze non sono come le ricchezze, che si dividono e si sommano, e sempre fanno la stessa somma. Dove tutti sanno poco, si sa poco, perché la scienza va dietro alla scienza e non si diffonde. L'istruzione superficiale può essere non propriamente divisa tra molte persone, ma può essere comune a molte persone che non sono dotte. Il resto del sapere non appartiene se non a chi sia dotto, e gran parte di quello a chi sia dottissimo. E, ad eccezione di casi accidentali, solo chi sia dottissimo e fornito individualmente di un immenso capitale di conoscenze è in grado di accrescere con solidità e far progredire il sapere umano [...] Eppure, quando anche vedessi tutto il mondo pieno d'ignoranti impostori da un lato, e d'ignoranti presuntuosi dall'altro, nondi-

---

[199] *En métaphysique, en morale, les anciens ont tout dit* ("In metafisica e in morale, gli antichi hanno detto tutto)" (*Zib.* 4172).

meno crederei, come credo, che la conoscenza e la diffusione della cultura siano in continuo aumento.

Amico: Di conseguenza, voi credete che questo secolo sia superiore a tutti quelli del passato.

Tristano: Sicuro. Così hanno creduto di sé tutti i secoli, anche i più barbari, e così crede il mio secolo, ed io con lui. Se poi mi domandaste in cosa sia superiore agli altri secoli, se in ciò che appartiene al corpo o in ciò che appartiene allo spirito, mi rimetterei alle osservazioni dette in precedenza.

Amico: Insomma, per ridurre il tutto in due parole, pensate sulla natura e sui destini degli uomini e delle cose (poiché ora non parliamo di letteratura né di politica) quello che ne pensano i giornali?

Tristano: Appunto. Credo ed abbraccio la profonda filosofia dei giornali, i quali uccidendo ogni altra letteratura e ogni altro studio, specialmente se serio e difficile, sono i maestri e la luce dell'età presente. Non è vero?

Amico: Verissimo. Se ciò che dite è detto seriamente e non per scherzo, voi siete diventato uno di noi.

Tristano: Sì certamente, uno di voi.

Amico: Oh dunque, che farete del vostro libro? Volete che vada ai posteri con quei pensieri così in contrasto con le opinioni che avete adesso?

Tristano: Ai posteri? Io rido [...] capite bene che non c'è da temere dei posteri, i quali ne sapranno tanto, quanto ne seppero i loro antenati. *Gli individui sono spariti di fronte alle masse*[200], è questa l'elegante affermazione dei pensatori moderni. Ciò significa che è inutile per l'individuo prendersi qualche incomodo, poiché, per qualunque suo merito, neppure quel misero premio della gloria né da sveglio né in sogno gli resta da sperare. Lasci fare alle masse, e dal momento che le masse sono composte di individui, io desidero

---

[200] "Col perfezionamento della società, col progresso dell'incivilimento, le masse guadagnano, ma l'individualità perde: perde di forza, di valore, di perfezione e quindi di felicità: e questo è il caso de' moderni considerati rispetto agli antichi" (*Zib.* 4368).

e spero che quegli esperti degli individui e delle masse, che oggi illuminano il mondo, dovrebbero spiegarmi cosa farebbero senza gli individui. Ma per ritornare all'argomento del libro e dei posteri, i libri[201] ora sono generalmente scritti in tempi più brevi di quanto serva per leggerli, e voi vedete molto bene che da quando essi costano per quanto valgono, essi anche durano in proporzione a quanto costano [...] Amico mio, questo è un secolo di ragazzi e i pochissimi uomini, che rimangono, si devono nascondere per la vergogna, come quella persona che camminava dritta in un paese di zoppi. E questi buoni ragazzi vogliono fare in ogni cosa quello che gli uomini hanno fatto in altri tempi, e farlo appunto da ragazzi, così ad un tratto, senza altro lavoro preparatorio. Anzi vogliono che il grado, al quale è pervenuta la civiltà, e la natura del tempo presente e futuro sciolgano loro e i loro successori in perpetuo da ogni necessità di sudori e di lunghe fatiche che li farebbe diventare atti a qualsiasi cosa.

Detti memorabili di Filippo Ottonieri (cap. IV)

Nelle moderne nazioni civilizzate Filippo Ottonieri distingueva tre generi di persone. Il primo – diceva – è costituito da quelle nelle quali la propria natura, ed anche in gran parte la comune natura degli uomini, è stata cambiata e trasformata dalle convenzioni sociali e dalle abitudini della vita cittadina. A questo genere di persone, egli diceva, appartengono tutti quelli che sono adatti agli affari privati o pubblici, che possono partecipare con piacere alle relazioni mon-

---

[201] Il passo ha tratti di saggezza popolare e proverbiale: "Ciò che costa poco dura poco". Leopardi estende la sua riflessione alla cultura diventata merce: "Se mai fu chimerica la speranza dell'immortalità, essa lo è oggi per gli scrittori. Troppa è la copia dei libri o buoni o cattivi o mediocri che escono ogni giorno, e che per necessità fanno dimenticare quelli del giorno innanzi; sian pure eccellenti. Tutti i posti dell'immortalità in questo genere, sono già occupati. Gli antichi classici, voglio dire, conserveranno quella che hanno acquistata, o almeno è credibile che non morranno così tosto. Ma acquistarla ora, accrescere il numero degl'immortali; oh questo io non credo che sia più possibile. La sorte dei libri oggi, è come quella degl'insetti chiamati efimeri: alcune specie vivono poche ore [...] Noi siamo veramente oggidì passeggeri e pellegrini sulla terra: veramente caduchi: esseri di un giorno: la mattina in fiore, la sera appassiti, o secchi: soggetti anche a sopravvivere alla propria fama, e più longevi che la memoria di noi" (*Zib.* 4269-70).

dane tra gli uomini, che riescono reciprocamente gradevoli a quelli con i quali accade loro di convivere o che in un modo o in un altro frequentano personalmente; infine che agiscono in conformità con la presente pratica della vita civilizzata. Egli diceva che, parlando in generale, sono gli uomini di questo solo genere che godono della stima della gente di quelle nazioni. Il secondo genere è composto da quelle persone la cui natura non è stata modificata abbastanza rispetto alla sua originaria condizione, o per non essere stata, come si dice, educata o perché come conseguenza della sua limitatezza ed inadeguatezza non fu molto adatta a ricevere ed a conservare le impressioni e gli effetti dell'arte, della pratica e dell'esempio. Questo genere è il più numeroso dei tre, ma non è meno disprezzato da se stesso che dagli altri, ed è degno di pochissima considerazione e in conclusione è costituito da quelle persone che sono o meritano di essere chiamate popolo, in qualunque condizione o stato possa averli posti la fortuna. Il terzo genere, incomparabilmente inferiore nel numero agli altri due, è così disprezzato quasi come il secondo, e spesso ancora più di questo, ed è costituito da quelle persone che, a causa della loro sovrabbondanza di forza naturale[202], hanno resistito e rifiutato le seduzioni della nostra civiltà o ne hanno accettato solo una così piccola parte che non è sufficiente per i loro affari quotidiani e per i loro rapporti con gli uomini nemmeno per riuscire ad essere divertenti ed apprezzati nelle conversazioni. Egli suddivideva quest'ultimo genere in due gruppi: quelli pienamente forti e gagliardi, sprezzanti del disprezzo con cui essi sono generalmente giudicati e spesso lieti di questo più che se fossero apprezzati. Essi sono differenti dagli altri non solo per necessità di natura, ma anche per volontà e scelta personale. Essi rimangono estranei alle speranze o ai piaceri che derivano dalle relazioni con gli uomini ed

---

[202] "[...] persone di carattere originale, straordinariamente vigoroso [...] i quali rigettano le abitudini contrarie alla loro gagliarda natura [...] e non soffrono di piegarsi e adattarsi agli altrui costumi [...] non ammettono né modi, né usanze, né gusti [...] né fatti se non conformi esattamente alla loro primitiva natura ed indole [...] Questi sono gli uomini chiamati singolari e originali; non mai stimati [...] per lo più disprezzati, ovvero odiati e fuggiti, sempre derisi" (*Zib.* 3186-87).

essi vivono solitari nel centro delle città, non tanto perché fuggono gli altri, quanto perché essi sono respinti da loro. Egli aggiungeva che simili persone sono estremamente rare. In relazione alla natura dell'altro gruppo, egli diceva che in esso una sorta di debolezza e di timidezza è unita e mista alla forza, tanto che questa natura entra in conflitto con se stessa [...] Perciò, generalmente parlando, gli uomini di questi due gruppi non sono tenuti in alcuna considerazione, tranne alcuni dopo la loro morte; mentre quelli del secondo genere sono tenuti in poco o nessun conto sia da vivi che da morti. Egli era dell'opinione che in generale si può affermare che nella nostra età uno può ottenere la stima degli uomini durante la vita solo se egli si discosta dalla sua naturale disposizione e modifica le sue naturali abitudini. Inoltre, dal momento che in questi giorni la società civile consiste nella popolazione del primo genere, che è una sorta di gruppo intermedio tra gli altri due, egli concludeva che da questo, come anche da mille altri segni, noi possiamo affermare che oggi l'uso, il maneggio e il controllo degli affari umani sono quasi totalmente nelle mani della mediocrità [...].

Ripresa del *Dialogo di Tristano e di un amico*

Pochi giorni or sono, un mio amico che ha molta dimestichezza con gli affari mi diceva che anche la mediocrità è divenuta rarissima; quasi tutti sono inetti, quasi tutti incapaci di svolgere quei compiti o quelle funzioni alle quali la necessità o la fortuna o la scelta li ha destinati. In ciò mi pare consista in parte la differenza che c'è tra questo e gli altri secoli. In tutti gli altri i grandi uomini erano estremamente rari, come essi sono nel nostro, ma negli altri ha tenuto il campo la mediocrità, nel nostro la nullità. Onde è tale il clamore e la confusione che, volendo tutti essere tutto, non vi è alcuna attenzione per i pochi grandi uomini, che io credo esistano ancora; e per i quali è diventata impossibile aprirsi una strada nell'immensa moltitudine dei concorrenti. E così, mentre tutti gli infimi credono di essere illustri, l'oscurità e la nullità dei risultati diventano il comune destino sia degli infimi che dei sommi. Ma evviva la statistica! Evviva le scienze economiche, morali e politiche, le enciclopedie portatili, i manuali e le tante belle creazioni del nostro secolo! Evviva per sempre il diciannovesimo secolo! Forse povero di cose, ma ricchissimo e larghissimo di parole: che è sempre stato un ottimo segno, come sapete. E troviamo consolazione nel fatto che, per altri sessantasei anni, questo secolo sarà il solo a parlare e illustrare le sue ragioni.

Amico: Voi parlate, a quanto mi sembra, in modo un po' ironico. Ma dopo tutto, dovreste pure ricordarvi che questo è un secolo di transizione.

Tristano: A quale conclusione volete arrivare? Tutti i secoli, più o meno, sono stati e saranno di transizione, perché la società umana è in continua evoluzione e non verrà mai un secolo nel quale essa abbia una condizione durevole. Così che questa bellissima parola o non giustifica del tutto il diciannovesimo secolo o tale giustificazione è comune a tutti i secoli. Resta da ricercare quali risultati si debbano conseguire, dal momento che la società prosegue nell'attuale direzione, in altre parole se l'attuale transizione è dal bene al meglio o dal male al peggio. Forse volete dirmi che la presente è un'età di transizione per eccellenza, cioè rappresenta un passaggio rapido da una civiltà ad una totalmente diversa dalla precedente. In tal caso chiedo il permesso di ridere di questo rapido passaggio, e conviene rispondere che tutte le transizioni devono essere fatte adagio, perché se avvengono d'un tratto, in brevissimo tempo si torna indietro, per poi rifarle per gradi. Così è sempre accaduto. La ragione è che la natura non procede per salti e che, forzando la natura, non si producono effetti duraturi. O piuttosto, per essere più chiari, tali precipitose transizioni sono transizioni apparenti, ma non reali.

Amico: Vi prego, evitate di fare questi discorsi con troppe persone, altrimenti acquisterete molti nemici.

Tristano: Non m'importa. Ormai né nemici, né amici mi procureranno gran male.

Amico: O più probabilmente sarete disprezzato, come uno che ha poca conoscenza della moderna filosofia e poca cura per il progresso della civiltà e dei lumi.

Tristano: Io sono molto dispiaciuto, ma cosa posso fare? Se essi mi disprezzeranno, io cercherò di trovare qualche consolazione.

Amico: Ma infine avete mutato opinioni o no? E che cosa dovremo fare di questo libro?

Tristano: Bruciarlo sarebbe la scelta migliore. Se non lo si vuole bruciare, potrebbe essere custodito come un libro di sogni poetici, di invenzioni e di capricci malinconici, ovvero come un'espressione dell'infelicità dell'autore: perché, in tutta confidenza, mio caro amico, ritengo felici voi e tutti gli altri, mentre io, con il permesso di questo secolo e vostro, sono tanto infelice; e lo credo con fermezza; e tutti i giornali del due mondi non mi potranno convincere del contrario.

Amico: Io non conosco le ragioni di questa infelicità di cui voi parlate. Ma se uno sia felice o infelice lo può giudicare solo la stessa persona; e il suo giudizio non può essere sbagliato.

Tristano: Verissimo. E ancora di più, io vi dico francamente che non mi sottometto alla infelicità, non piego il capo al destino, non vengo a patti con esso, come fanno gli altri uomini, e ardisco desiderare la morte, e desiderarla sopra ogni cosa, con tanto ardore e tanta sincerità, così come credo fermamente che solo pochissimi al mondo la desiderano. Non vi parlerei così se non fossi davvero certo che, giunta l'ora, i fatti non smentiranno le mie parole; perché, sebbene io non veda ancora alcun termine alla mia vita, eppure avverto dentro un sentimento che mi fa essere certo che l'ora della quale parlo non sia lontana. Sono già troppo maturo per la morte e penso che sia assurdo e incredibile per me, così morto spiritualmente come sono, così conclusa in me la favola della vita[203] in tutte le sue parti, aver da vivere ancora quaranta o cinquanta anni, quanti sono gli anni che mi sono minacciati dalla natura. Al solo pensiero di questo rabbrividisco. Ma come avviene con tutti quei mali, che vincono, per così dire, la forza dell'immaginazione, così questo

---

[203] "La mia favola breve è già compita / E fornito il mio tempo a mezzo gli anni" (Petrarca, *Canzoniere*, CCLIV, vv. 13-14).

mi sembra essere un sogno e un'illusione impossibile da realizzare. Anzi, se qualcuno mi parla di un avvenire lontano come se questo mi appartenga, non posso trattenermi dal sorridere fra me stesso: ho tanta certezza che lo spazio di vita che mi rimane non sia lungo. E questo, posso dire, è il solo pensiero che mi sostiene. Libri e studi, che spesso sono sorpreso di aver tanto amato, disegni di grandi cose e speranze di gloria e di immortalità, sono tutte cose delle quali è passato il tempo di ridere. Dei progetti e delle speranze di questo secolo non rido: con tutta l'anima io desidero per voi tutti il più grande successo possibile, e altamente e con grande sincerità lodo, ammiro ed onoro le vostre buone intenzioni: ma non invidio più i posteri, né quelli che hanno ancora da vivere lungamente. In altri tempi ho invidiato gli sciocchi e gli stolti, e quelli che hanno un grande concetto di se stessi, e un tempo volentieri mi sarei cambiato con qualcuno di loro. Oggi non invidio più gli sciocchi e gli stolti, i savi, i grandi, i piccoli, i deboli, i potenti. Invidio i morti, e solamente con loro mi cambierei. Ogni piacevole immaginazione, ogni pensiero sul futuro nel quale indugio, come accade, nella mia solitudine, e con il quale passo il mio tempo consiste nella morte e di là non sa uscire. E in questo desiderio io non sono più turbato, come ero solito essere, dalla memoria dei sogni della mia prima età e dal pensiero di aver vissuto invano. Se ottengo la morte, morrò così tranquillo e così contento, come se io non avessi mai sperato né desiderato altro nel mondo. Questo è il solo benefizio che può riconciliarmi al destino. Se mi fosse proposta, da una parte, la fortuna e la fama di Cesare o di Alessandro, pura da tutte le macchie, e dall'altro morire oggi, e se dovessi scegliere, io direi, morire oggi, e non vorrei perdere tempo nel prendere questa decisione.

■ L'individuo oscurato dalla massa

Non si sentiva capito, amato; non si riconosceva figlio del suo tempo. Lui, Tristano, era un inattuale, un uomo fuori moda: più vicino ai mondi di Omero e di Salomone che alle fiduciose certezze delle scienze tanto care al suo moderno interlocutore.

Due diverse concezioni della realtà e della vita si aprivano al confronto: l'antica filosofia, conscia del non sapere, contro l'ottimismo del progresso; contro l'indefinita perfettibilità dei moderni, l'antica e perenne coscienza dei limiti umani.

Schiacciato dal peso della solitudine, Tristano avvertiva una visione della vita profondamente diversa rispetto a quella dell'uomo del suo tempo: l'uomo moderno gli appariva un bambino che avesse smarrito quella pienezza di vita interiore propria dell'antica comunità umana e ben custodita nei libri antichi. In lui viveva ancora l'uomo antico, il suo vero "credo".

La sua malinconia mi sembrava nata più da riflessioni culturali che da motivazioni personali: l'impossibilità da parte del singolo individuo di emergere in mezzo all'affermarsi di una cultura di massa; l'illusoria fiducia nel progresso e nelle nuove scienze; il mondo dominato dalla nullità e dalla mediocrità; la diffusione della cultura non compensata dalla diminuzione in qualità dei migliori; la necessità di un armonico sviluppo dello spirito e del corpo posto in discussione dai suoi contemporanei.

Rispetto agli antichi i tempi moderni gli consegnavano solo aridità e vuoto: si configuravano come le stagioni della massificazione e della spersonalizzazione non della individualità.

Le acquisizioni dei contemporanei non la stavano affatto migliorando e rafforzando per affrontare meglio le sfide che la natura e il destino pongono.

Tristano, a mio parere, avrebbe voluto riconsegnare all'uomo la sua dignità, la sua integrità fisica e morale.

La sua voleva essere una "folle" protesta contro l'uso della ragione, contro i libri e i giornali moderni che volevano manipolare, attraverso di essa, l'opinione delle masse.

Egli non voleva "render le armi" accodarsi, uniformarsi...

Un tempo l'amore per gli studi lo aveva sentimentalmente legato alla dimensione immaginativa propria degli antichi.

Ora, così amareggiato e disilluso, venuto a mancare questo amore, veniva a mancargli anche quel mondo.

Ed era per lui una doppia ragione di infelicità, perché, oltretutto esso gli consegnava la perennità della condizione umana: il dolore come misura di conoscenza.

Più volte il limite della realtà lo aveva sollecitato ai sogni poetici, ai piacevoli inganni dell'immaginazione: adesso il peso di quella realtà, tanto incomprensibile, sembrava averlo reso estraneo alla favola della vita.

La sua "pazzia" era la sola via di salvezza?

Il riso era il solo modo di distaccarsi senza rimpianti dal mondo?

Lasciai i due interlocutori mentre erano ancora intenti a discutere: Tristano, seduto su un canapè, come assente da quella stanza disadorna; il suo amico vicino ad un tavolino, con lo sguardo rivolto alla porta.

Quel giorno seguitai a volare solitario fino al tramonto.

Sentivo il desiderio di volare solo per puro piacere, ma non riuscivo a dimenticare l'ironico sofisticare di Tristano e l'accorata difesa del suo libro: fantasioso e bizzarro, come il mio viaggio.

La freschezza e l'intimità di una deliziosa campagna accolsero la mia quotidiana ricerca di cibo e assopirono i miei pensieri.

Tanto tempo dopo, mentre volavo verso Sud, vidi sotto di me tante persone che uscivano terrorizzate dalle loro case.

Osservai un contadino cadere per terra; una serpe e un coniglio fuggire impauriti verso la tana.

Sembrava un terremoto!

Mi accorsi invece con meraviglia che quella forte vibrazione non era altro che la voce della Terra.

Cercai di capire a chi si rivolgesse.

Incredulo, compresi che l'interlocutrice era la sorella di tante anime solitarie: la Luna. ■

Dialogo della Terra e della Luna

Leggi il testo di Leopardi

[scheda in Appendice a pag. 231]

Terra: Cara Luna, io so che tu puoi parlare e rispondere perché, secondo quanto ho appreso molte volte dai poeti, sei una persona[204]; inoltre i nostri fanciulli affermano che tu realmente hai bocca, naso e occhi, esattamente come loro ed essi lo vedono con i propri occhi, alla loro età, ragionevolmente molto acuti. In quanto a me non ho dubbi che tu sappia che sono né più né meno che una persona, tanto che, quando ero più giovane, ho avuto molti figliuoli[205]. Perciò non meravigliarti se mi senti parlare. Dunque, mia dolce Luna, sebbene io ti sia stata vicina per così tanti secoli, da non ricordarne il numero, io non ti ho mai rivolto finora una sola parola. Indaffarata in tante faccende, non trovavo il tempo per chiacchierare con te. Ma oggi che i miei affari sono ridotti a così povera cosa, anzi posso affermare che vanno con i loro piedi; non so cosa fare e scoppio di noia: perciò conto, in futuro, di parlarti più spesso e preoccuparmi dei fatti tuoi, sempre che questo non ti infastidisca.

Luna: Non dubitare di questo. Io spero che la fortuna mi liberi da ogni altro fastidio, come sono sicura che non me ne darai. Se intendi

---

[204] Gli antichi identificavano la Luna con Artemide, Diana ed Ecate.

[205] È chiaro il riferimento alla *Teogonia*, un poema mitologico di Esiodo (secc. VIII-VII a.C.). Secondo questo poeta greco la Terra, Gea, era la madre di Urano (il Cielo) e del Mare; da Urano nacque la famiglia dei violenti Titani, l'ultimo dei quali, Crono (il Tempo), mutilò il padre e regnò sugli altri Dei.

discorrere con me, parlami a tuo piacimento: perché, per quanto io sia un'amica del silenzio[206], come penso tu sappia, io ti ascolterò e sarò ben felice di rispondere alle tue domande, se posso esserti di aiuto.

Terra: Senti questo piacevolissimo suono che i corpi celesti fanno con i loro movimenti?

Luna: Se devo dirti la verità, non sento nulla.

Terra: Io non sento nient'altro che lo strepito del vento che sibila dai miei poli all'equatore, e dall'equatore ai poli, e non mostra per niente di essere musicale. Eppure Pitagora afferma che le sfere celesti producono un certo suono, così dolce che è una meraviglia; e che tu vi hai una parte in questo, e sei l'ottava corda di quella lira dell'universo; ma che io non riesco a sentire in quanto assordata da quel suono[207].

Luna: Anch'io devo essere certamente assordata, e, come t'ho detto, non lo sento: e non so di essere una corda.

Terra: Dunque cambiamo argomento. Dimmi: sei tu popolata veramente, come mille filosofi[208], antichi e moderni, da Orfeo a De la Lande, affermano e giurano? Sebbene come un lumacone mi sforzi di allungare queste mie corna, che gli uomini chiamano monti e picchi e con le punte delle quali io vengo ad ammirarti, non sono mai riuscita a scoprire su di te un solo abitante: eppure so che un certo Davide Fabricio, che aveva una vista migliore di Linceo, ne scoperse una volta alcuni, che stendevano il bucato al sole[209].

---

[206] Riprende il verso di Virgilio: *tacitae per amica silentia Lunae* ("attraverso i silenzi amici della tacita Luna", *Eneide* II, v. 255).

[207] Leopardi si ricollega alla teoria di Pitagora sull'armonia musicale delle sfere celesti. L'universo – dice il poeta recanatese nella sua *Storia dell'Astronomia* – è una grande "lira". Qui qualche corda (la Luna) si rifiuta di partecipare al concerto universale ed entrambe (Terra e Luna) dicono di essere diventate sorde. Note dissonanti di fronte alla dolcezza della visione pitagorica.

[208] Si fa riferimento a Orfeo, il mitico poeta filosofo, sul quale Leopardi nella *Storia dell'Astronomia* scrive: "credesi che Orfeo fosse il primo ad estimar gli astri abitati siccome la nostra terra"; e a J. Jerome De la Lande (1732-1807), astronomo francese, i cui studi erano conosciuti dal poeta recanatese.

[209] Ironico riferimento all'intrusione delle osservazioni pseudoscientifiche in astronomia fatte da Davide Fabricio (1564-1617), un astronomo che avrebbe visti con i propri occhi gli abitatori della luna (*Storia dell'Astronomia* del Leopardi); e da Linceo, personaggio mitico della Grecia (aveva partecipato alla spedizione degli Argonauti) e noto per la vista acutissima.

Luna: In quanto alle tue corna[210] non so cosa dirti. Fatto sta che sono abitata.

Terra: Qual è il colore di questi tuoi uomini?

Luna: Che uomini[211]?

Terra: Quelli che tu accogli. Non hai detto che sei abitata?

Luna: Sì: e per questo?

Terra: E per questo i tuoi abitanti non saranno tutte bestie.

Luna: Né bestie, né uomini, sebbene io non so che razze di creature siano gli uni e le altre. Già di parecchie cose, che tu mi hai accennato a proposito degli uomini, io non sono riuscita a capire un'acca.

Terra: Ma che sorte di popoli sono queste vostre?

Luna: Moltissime e diversissime, che tu non conosci, come io non conosco le tue.

Terra: Questo è per me veramente strano, tanto che se io non l'ascoltassi da te, non lo crederei per nessuna cosa al mondo. Sei stata tu mai conquistata da qualcuno dei tuoi abitanti?

Luna: No, che io sappia. E come? E perché?

Terra: A causa dell'ambizione, dell'avidità dei beni altrui[212], con i maneggi dei politici, con la forza delle armi.

Luna: Io non so cosa tu intenda per armi, per ambizione, per arti politiche; per dirla in breve, io non comprendo niente di quello che tu dici.

Terra: Ma certo, se tu non conosci le armi, tu certamente conosci la guerra: perché non molto tempo fa uno dei nostri fisici, con certi cannocchiali, strumenti fatti per vedere molto lontano, ha scoperto da voi una bella fortezza[213] con i suoi regolari e perpendi-

---

[210] Quelle corna, i monti, simili a quelle del lumacone, rivelano il carattere della Terra: curiosa e pettegola, ma anche così sciocca da credere alle favole antiche e moderne.

[211] C'è un richiamo ai *Colloqui sulla pluralità dei mondi* del letterato e filosofo francese Bernard le Bovier de Fontenelle (1657-1757).

[212] La Luna non conosce i vizi umani: quelli appartengono solo ai terrestri.

[213] Ildebrando della Giovanna nota che F.W. Herschel, un astronomo inglese, nel 1824, dal Capo di Buona Speranza avrebbe scoperto una città fortificata sulla luna e visto una battaglia tra le popolazioni lunari "l'11 p.m. del 7 Febbraio, 1824" (vedi I. Della Giovanna, *Le prose morali di Giacomo Leopardi*, Firenze, 1895, p. 58).

colari bastioni, la quale cosa rivela che le tue popolazioni conoscono, perlomeno, gli assedi e i combattimenti sulle mura.

Luna: Scusami, madama Terra, se io ti rispondo un po' più liberamente di quanto forse converrebbe ad una tua suddita o serva[214], qual sono io. Ma veramente mi sembri peggio di una sciocca, nel pensare che tutte le cose in ogni parte del mondo siano conformi alle tue, come se la natura fosse soltanto intenta a riprodurti fedelmente ovunque. Io dico di essere abitata, e tu da questo concludi che i miei abitanti devono essere uomini. Io ti avverto che non lo sono; e sebbene tu condivida il fatto che essi sono differenti creature, tu supponi che essi abbiano le stesse qualità e le stesse condizioni dei tuoi popoli, e tu mi alleghi i cannocchiali di non so quale fisico. Ma se questi cannocchiali non scrutano più chiaramente altre cose, io dovrò credere che essi abbiano la stessa buona vista dei vostri fanciulli che scoprono in me gli occhi, la bocca, il naso, che non so dove io li abbia.

Terra: Dunque non sarà neppure vero che le tue province sono fornite di strade larghe e pulite; e che vi sono zone coltivate, cose che, prendendo un telescopio, possono essere viste in modo nitido dalle regioni germaniche.

Luna: Se io sono coltivata, non me ne accorgo; e in quanto alle mie strade, io non le vedo.

Terra: Cara Luna, tu devi sapere che sono di pasta grossa e di cervello tondo e non c'è da meravigliarsi se gli uomini mi ingannano facilmente. Ma posso dirti che se i tuoi abitanti non si preoccupano di conquistarti, tu non fosti però sempre priva di pericoli: perché in tempi diversi molti abitanti di quaggiù si proposero di conquistarti; e a questo scopo essi fecero molti preparativi[215]. Se non che, saliti su luoghi altissimi, e levandosi sulle punte dei piedi, e allungando anche le braccia, non riuscirono a raggiungerti. Oltre

---

[214] Spesso il comico nasce dal contrasto tra i termini, come in questo caso: "suddita" è un termine epico-lirico; "serva" appartiene alle parole di uso quotidiano.

[215] È motivo ricorrente nella letteratura europea (vedi Ariosto, Cyrano de Bergerac, Verne...).

a questo io vedo che, già da molti anni, gli uomini spiano minuziosamente ogni parte di te, ricavano le carte dei tuoi paesi e misurano le altezze di queste tue montagne, che noi conosciamo per nome. Mi è parso giusto farti conoscere queste cose per la buona disposizione che ho nei tuoi confronti, in modo che tu sia preparata ad ogni situazione. Ora, passando ad altro, in quale maniera sei molestata dai cani che ti abbaiano contro? Cosa ne pensi di coloro che ti mostrano ad altri nel pozzo? Sei femmina o maschio? Dal momento che anticamente c'erano varie opinioni. È vero o no che gli Arcadi[216] vennero al mondo prima di te? Che le tue donne, o quale che sia il nome con cui le debba chiamare, sono ovipare; e che una delle loro uova cadde quaggiù non so quando? Che tu sei bucata da una parte e dall'altra come i granuli del rosario[217], come crede un fisico moderno? Che sei fatta di formaggio fresco, come affermano alcuni inglesi? Che, un giorno o forse una notte, Maometto ti tagliò nel mezzo come un cocomero; e che un gran pezzo di te gli scivolò nella manica? Stai volentieri in cima ai minareti[218]? Che ti pare della festa del Bairam[219]?

Luna: Va pure avanti, e mentre tu continui così, non ho ragione di risponderti e di rinunciare al mio solito silenzio. Se hai voglia di intrattenerti in inutili chiacchiere e non trovi altri argomenti che questi, in cambio di rivolgerti a me che non ti posso capire, sarà meglio che ti faccia fabbricare dagli uomini un altro pianeta che ti giri attorno e che sia composto e abitato come vuoi. Tu non sai parlare d'altro che d'uomini, di cani e di altre simili cose, delle quali cose ho tante informazioni, quanto ne ho di quel sole grande grande, intorno al quale sento che giri il nostro sole.

---

[216] Antichi abitanti dell'Arcadia, provincia della Grecia nel Peloponneso centrale.

[217] Antonio di Ulloa, secondo Gianrinaldo Carli (vedi le sue *Lettere Americane*, lett. 7, Milano, 1784), durante l'eclisse del 24 giugno 1778 vide un punto luminoso in mezzo alla Luna e credette essere un buco attraverso il quale passava un raggio di sole (nota n. 13 di Leopardi).

[218] Sulla cima dei minareti c'è una mezza luna d'oro, simbolo dell'Islam.

[219] È il nome di un'antica festività islamica, che si celebra durante la luna piena e segna la fine del mese del Ramadan.

Terra: Veramente, nel parlarti, più mi propongo di astenermi dall'affrontare le mie questioni personali e meno mi riesce. Ma da ora in poi starò più attenta. Dimmi: sei tu che ti diverti a far salire in alto l'acqua del mare e poi la lasci ricadere?

Luna: Può darsi. Ma ammesso che io ti procuri questo o qualunque altro effetto, io non me ne accorgo; come tu similmente, per quello che penso, non ti accorgi dei molti effetti che procuri qui, che devono essere tanto maggiori dei miei, quanto tu mi sei superiore in grandezza e forza.

Terra: Veramente, la sola cosa che conosco a proposito dell'influenza che io esercito su di te è che di tanto in tanto levo a te la luce del sole e a me la tua; come ancora so che durante le tue notti proietto una grande luce su di te, che io stessa in parte osservo alcune volte. Ma mi stavo dimenticando di una cosa che mi sta a cuore più di ogni altra. Io vorrei sapere se veramente, secondo quanto scrive l'Ariosto, tutto quello che ciascun uomo va perdendo, vale a dire la gioventù, la bellezza, la salute, le fatiche e le spese sostenute negli studi per conseguire onori dagli altri, nell'indirizzare i fanciulli ai buoni principi morali, nel creare o promuovere le istituzioni utili, ogni cosa sale e si raccoglie da te: così che tutte le cose umane si possono trovare in te, eccetto la pazzia, che non si separa dagli uomini[220]. Nel caso in cui questo sia vero, io suppongo tu debba essere così piena, che tu non hai più un luogo che t'avanzi; e questo specialmente se consideriamo che in tempi recenti gli uomini hanno perduto moltissime cose (come l'amor di patria, la virtù, la magnanimità, la rettitudine), non già solo in parte, e non solo pochi di loro, come per il passato, ma tutti insieme e per intero. E certamente se queste cose non sono lì da te, non so in quale altro posto si possano trovare. Comunque vorrei fare un patto con te. Tu dovresti rendermi, ora e poi a mano a mano nel tempo, tutte queste cose; dopo tutto io penso che tu dovresti essere contenta di liberartene, specialmente del senno, che, come comprendo, occupa una

---

[220] Vedi il canto XXXIV dell'*Orlando furioso* di L. Ariosto.

grandissima parte del tuo spazio; ed io tutti gli anni ti farei pagare dagli uomini una grossa somma di denaro.

Luna: Tu ritorni nuovamente a parlare degli uomini; e sebbene, come affermi, la pazzia non abbandoni le tue regioni, vuoi farmi impazzire in tutti i modi, e così mentre tu cerchi il senno degli uomini, vuoi levarmi il mio; io non so dove esso sia, né se vada o rimanga in qualche parte del mondo; quello che so è che esso non si trova qui; come non si trovano da me le altre cose di cui chiedi informazioni.

Terra: Almeno saprai dirmi se da te sono in uso i vizi, i crimini, gli infortuni, i dolori, la vecchiaia, in breve i mali. Comprendi questi nomi?

Luna: Oh, sì. Questi li comprendo; e non solo i nomi, ma il loro significato, io li comprendo perfettamente bene: perché ne ho piena familiarità, al contrario di quelle cose che tu menzionavi prima.

Terra: Quali sono più prevalenti nei tuoi popoli, i pregi o i difetti?

Luna: I difetti, di gran lunga.

Terra: Quali sono più abbondanti, i beni o i mali?

Luna: I mali, senza alcun paragone.

Terra: E in generale i tuoi abitanti sono felici o infelici?

Luna: Tanto infelici che non mi scambierei con il più fortunato di loro.

Terra: È lo stesso qui. Tanto che trovo sorprendente come, così diversa in altre cose, tu sei simile a me in questo.

Luna: Io sono così simile a te nella forma, nel movimento e nel ricevere la luce del sole, e questo non è meno sorprendente rispetto al resto poiché il male è cosa comune[221] a tutti i pianeti dell'universo o perlomeno di questo sistema solare quanto appunto, né più né meno, la rotondità e le altre condizioni che io ho menzionato. E se tu potessi alzare tanto la voce, così da essere ascoltata da Urano o

---

[221] "Non gli uomini solamente, ma il genere umano fu e sarà sempre infelice di necessità. Non il genere umano solamente ma tutti gli animali. Non gli animali soltanto ma tutti gli esseri al loro modo. Non gl'individui, ma le specie, i generi, i regni, i globi, i sistemi, i mondi" (*Zib.* 4174-75).

da Saturno o da qualunque altro pianeta del nostro mondo; e li interrogassi se esista in loro la felicità, e se prevalgano i beni o lascino il posto ai mali; ciascuno ti risponderebbe nello stesso modo in cui ho fatto io. Io dico questo perché ho chiesto le stesse cose a Venere e Mercurio, ai quali pianeti di quando in quando io mi trovo più vicina di te; ho chiesto le stesse cose ad alcune comete, che mi sono passate vicino: e tutti mi hanno risposto come ho detto. E penso che il medesimo sole e ciascuna stella darebbero la stessa risposta.

Terra: Con tutto ciò io ho buone speranze ancora: e specialmente oggi, in un tempo in cui gli uomini mi promettono una grande felicità per il futuro.

Luna: Spera quanto ti piace: ti assicuro che potrai sperare in eterno.

Terra: Sai cosa sta succedendo? Questi uomini e queste bestie si mettono a fare rumore: perché dalla parte in cui ti parlo è notte, come tu vedi, o piuttosto non puoi vedere, tanto che essi erano tutti addormentati; e per il chiasso che noi facciamo parlando, si stanno svegliando in preda ad una grande paura.

Luna: Ma qui da questa parte, come tu vedi, è giorno.

Terra: Ora io non voglio spaventare le mie genti ed interrompergli il sonno, il maggior bene che hanno. Riparleremo però in altro tempo. Addio dunque; buon giorno.

Luna: Addio; buona notte.

■ La malinconica "corda" della Luna

L'incanto squarciato aveva lentamente rivelato un segreto!
Lassù non ci sono fortezze, né bastioni; sono ignoti l'odio, l'ambizione, la sete di dominio: nulla che ricordi la Terra!
Ma anche lì, sulla "silente" Luna, risuona la malinconica "corda" di ogni creatura vivente.
Come in una magia infantile, "monna" Terra e la sua vicina ancella avevano cessato di essere immagini inanimate ed erano diventate creature vive, aperte al dialogo e al confronto!
Ma fin dall'inizio le note di quella conversazione, un po' salottie-

ra, mi erano apparse alquanto "scordate": ciarliera, vanitosa, tanto erudita la Terra; riservata, più realistica la Luna.

Lei, l'amica del silenzio, rivelava insospettabili capacità di osservatrice dei fatti terrestri: l'ambizione e il potere sono propri della natura degli umani, non appartengono al suo mondo; le grandiosità terrene nascondono segrete e misere asprezze; solo dalla mente dei terrestri, dalla loro pazzia possono nascere barriere, fortezze, avidità...

Dall'altro filo dell'universo quella "grossa pasta" della Terra aveva dato di sé un ritratto contraddittorio ed incoerente: così satura del suo ego da essere geocentrica e considerare l'universo secondo l'ottica umana, ma non tanto "vanerella" da non ammettere che l'uomo ha perduto la magnanimità, la rettitudine, l'amore per la patria.

Incapace di uscire fuori dai limiti della propria dimensione, ma non tanto ingenua da non capire la degenerazione e l'ignavia dei tempi moderni rispetto alle stagioni passate.

Poi, alla fine, quel chiaro dissenso si era coagulato in una comune nota melodica: dall'alto della sua prospettiva "la candida" Luna riconosceva anche nelle sue creature la presenza della sofferenza.

Certo per il terrestre sarebbe meglio non allungare "le corna", rimanere dall'altra parte del cannocchiale, nel mondo delle illusioni; meglio la Luna ancora immersa nei sogni dell'umanità, muta, con il suo segreto.

Ma l'incanto squarciato lo aveva rivelato!

Nell'immensità di quello spazio meno vuoto e muto l'uomo scopriva di avere altri compagni di viaggio, con i mali propri della natura dell'essere, a qualsiasi "corda" dell'universo essi appartengano.

Osservare ed ascoltare i dolori del mondo può portare ad unificare l'universo, accorciare distanze abissali e caratteriali: aprirsi al dialogo con gli altri?

Può essere questo – pensavo – un punto di partenza per ritrovare una comune salvezza?

Questi interrogativi mi accompagnarono per giorni e giorni sempre portato dalla mia natura di pellegrino ad altre esperienze, ad altri incontri, all'osservazione dell'uomo, dei suoi sogni e della realtà dell'esistenza.

Mirare, apprendere, riflettere. Erano questi i miei costanti nettari "intellettuali". Quelli veri li prendevo nelle piante e nei fiori per costruire le riserve energetiche utili ad affrontare viaggi di migliaia di chilometri.

Un giorno, raggiunsi a volo ondulato un vecchio monastero.

Nella sua atmosfera riposante ogni tanto, dopo la giornaliera visita alla dispensa, mi fermavo sul davanzale della biblioteca, curioso nel vedere tante persone concentrate nella lettura.

Una volta, approfittando di una finestra aperta, svolazzai liberamente in quello che i monaci chiamavano scriptorium e qui vi rimasi tutta una notte addormentato su un libro di un certo Stratone di Lampsaco.

Avrei viaggiato anche nel sogno!

Mi apparvero, inizialmente, un Folletto e uno Gnomo. ■

1. DIALOGO DI UN FOLLETTO E DI UNO GNOMO
2. DIALOGO D'ERCOLE E DI ATLANTE

con richiami a:
IL COPERNICO: DIALOGO
e al
FRAMMENTO APOCRIFO DI STRATONE DI LAMPSACO

Leggi il testo di Leopardi [1]   Leggi il testo di Leopardi [2]

[scheda in Appendice a pag. 232]   [scheda in Appendice a pag. 234]

Folletto: Oh, sei tu qua, figliuolo di Sabazio[222]? Dove stai andando?

Gnomo: Mio padre mi ha mandato qui per cercare di comprendere che diamine stiano architettando questi furfanti di uomini; è diventato sospettoso, perché da molto tempo essi non ci danno noia e non si vede uno solo di costoro in tutto il suo regno. Ha timore che gli stiano preparando qualcosa di grosso, a meno che non sia tornato l'uso di comprare e vendere con pecore invece che con oro e argento; o che i popoli civili non si accontentino di carta moneta al posto della moneta di metallo[223], come hanno fatto più

---

[222] Sabazio, antica divinità della Tracia e poi della Frigia, conosciuto anche come Bacco, signore del ciclo vita-morte della Natura. I cabalisti lo consideravano il progenitore degli gnomi. Nelle credenze popolari gli gnomi sono creature, di piccola statura, che custodiscono miniere e metalli preziosi; i folletti sono invece spiriti volanti, burloni e dispettosi.

[223] Civili e barbari, uniti nella stessa inconsistenza: una carta moneta senza valore; perline di vetro; semplice bigiotteria.

volte, o di perline di vetro colorato, come fanno i barbari; o a meno che non siano state reintrodotte le leggi di Licurgo[224], cosa che gli sembra essere l'ipotesi meno credibile.

Folletto: Voi gli aspettate invan: son tutti morti, diceva il finale di una tragedia[225] dove morivano tutti i personaggi.

Gnomo: Che cosa vuoi dedurre?

Folletto: Voglio dedurre che gli uomini sono tutti morti e la razza è estinta.

Gnomo: Oh questo è un genere di notizia[226] che troverebbe spazio sui giornali. Eppure fino a questo momento non l'abbiamo letta da nessuna parte.

Folletto: Sciocco, non pensi che, morti gli uomini, non si stampano più giornali?

Gnomo: Tu dici la verità. Ora come faremo a sapere le novità del mondo?

Folletto: Che notizie? Che il sole è sorto o tramontato, che fa caldo o freddo, che qua e là è piovuto o nevicato o ha tirato vento? Perché, senza gli uomini, la fortuna si è tolta la benda[227], e dopo essersi messa gli occhiali ed aver attaccata la sua ruota al chiodo, se ne sta a sedere con le braccia incrociate, guardando le cose del mondo senza più mettervi le mani. Non si trovano più regni né imperi che vadano gonfiando e scoppiando come le bolle[228], perché sono tutti

---

224 Licurgo, legislatore spartano del IV secolo a.C., fu contrario all'accumulo di monete preziose. In base alle sue leggi gli spartani dovevano usare solo monete di ferro. Veniva punito con la morte il possesso di oro e d'argento.

225 I versi citati sono ripresi da una tragedia di Zaccaria Vallaresso, pubblicata nel 1724 e intitolata *Rutzvanscad il giovane* (una sorta di parodia di *Ulisse il giovane* di D. Lazzarini).

226 In alcune edizioni delle *Operette morali* Leopardi definiva le gazzette "menzogne a contanti", criticando poi in molti suoi scritti il ruolo egemone che esse avevano raggiunto nella società.

227 La fortuna, dea bendata, cede qui il posto ad una rappresentazione ironica di un essere pigro, con i "moderni" occhiali.

228 Queste parole riecheggiano probabilmente il celebre verso ariostesco "il monte di tumide vesciche" scoperto da Astolfo sulla Luna (vedi *Orlando furioso* XXXIV, str. 76 di L. Ariosto) e richiamano la fragilità della natura dell'uomo e l'inconsistenza di ogni sua costruzione.

scomparsi; non si fanno guerre e tutti gli anni si assomigliano l'un l'altro, come due uova.

Gnomo: Neanche si potrà conoscere in quale giorno del mese siamo, perché non si stamperanno più calendari.

Folletto: Non sarà un gran male, perché la luna non sbaglierà per tale motivo il suo percorso.

Gnomo: Ed i giorni della settimana non avranno più ciascuno il loro nome.

Folletto: Hai forse paura che, se non li chiami per nome, non vengano? o forse pensi che, una volta passati, se tu li chiami puoi farli ritornare indietro?

Gnomo: E non si potrà tenere il conto degli anni.

Folletto: Così ci spacceremo per giovani anche quando non lo saremo più; e non contando l'età passata, soffriremo meno, e quando saremo molto vecchi non staremo ad aspettare la morte di giorno in giorno.

Gnomo: Ma come sono venuti a mancare quei furfanti?

Folletto: Alcuni combattendo fra loro, alcuni navigando, alcuni mangiandosi l'un l'altro, alcuni ammazzandosi, e non pochi suicidandosi, alcuni marcendo nell'ozio, alcuni consumando lentamente il cervello sui libri, alcuni facendo stravizi e comportandosi in modo disordinato in mille occasioni; infine studiando tutte le vie per agire contro la propria natura e per procedere verso la propria distruzione[229].

Gnomo: In ogni caso, non riesco a capire come tutta una specie di animali possa rovinarsi fin dalle radici, come tu affermi.

Folletto: Tu che sei maestro in geologia, dovresti sapere che ciò non è una novità, e che in tempi antichi vi erano sulla Terra varie qualità di bestie che oggi non esistono più, se si escludono le loro

---

[229] "Or che la specie umana costantemente e regolarmente perisca per le sue proprie mani, e ne perisca in questo modo così gran parte e così ordinatamente come avviene per la guerra, è cosa da un lato tanto contraria e ripugnante alla natura, quanto il suicidio" (*Zib.* 3792).

poche ossa pietrificate. E certamente quelle povere creature non adoperarono nessuno dei tanti mezzi, che, come ti dicevo, gli uomini hanno usato per distruggersi.

Gnomo: Supponiamo che tu abbia ragione. Avrei tanto caro se uno o due di quella gentaglia risuscitassero, e conoscere il loro pensiero vedendo che le altre cose, benché sia dileguato il genere umano, durano ancora e procedono come prima, quando essi al contrario pensavano che tutto il mondo fosse fatto e conservato solo per loro.

Folletto: E non volevano capire che invece è fatto e conservato solamente per i folletti.

Gnomo: Tu folleggi veramente, se parli sul serio.

Folletto: Perché? Io parlo seriamente.

Gnomo: Eh, buffoncello, va via. Chi è che non sa che il mondo è fatto per gli gnomi[230]?

Folletto: Per gli gnomi, che vivono sempre sottoterra? Oh questa è la cosa più bella che si possa ascoltare. Cosa stanno a fare per gli gnomi il sole, la luna, l'aria, il mare, le campagne?

Gnomo: Cosa stanno a fare per i folletti le miniere d'oro e d'argento e tutta la Terra all'infuori della crosta terrestre?

Folletto: Ebbene, cosa esse stiano o non stiano a fare, lasciamo stare questa contesa, perché sono fermamente convinto che anche le lucertole e i moscerini credono che tutto il mondo sia fatto appositamente per loro. E perciò lasciamo che ognuno rimanga della propria opinione, perché nessuno gliela toglierebbe dalla testa: e da parte mia ti dico solamente che se non fossi nato folletto, io sarei disperato.

Gnomo: Lo stesso accadrebbe per me se non fossi nato gnomo. Adesso conoscerei volentieri quello che direbbero gli uomini a pro-

---

[230] "L'immaginarsi di essere il primo ente della natura e che il mondo sia fatto per noi, è una conseguenza naturale dell'amor proprio necessariamente coesistente con noi, e necessariamente illimitato. Onde è naturale che ciascuna specie d'animali s'immagini, se non chiaramente, certo confusamente e fondamentalmente la stessa cosa. Questo accade nelle specie o generi rispetto agli altri generi o specie. Ma proporzionatamente lo vediamo accadere anche negl'individui, riguardo, non solo alle altre specie o generi, ma agli altri individui della medesima specie" (*Zib.* 390).

posito della loro presunzione, che li portava, tra le altre cose che facevano subire ai diversi elementi della natura, a scendere fino a grandissime profondità sottoterra e a rapinarci con violenza i metalli preziosi, dicendo che essi appartenevano al genere umano e che la natura gliel'aveva nascosti e sepolti laggiù, per scherzo, volendo provare le loro capacità di trovarli e di poterli estrarre.

Folletto: E questo ti meraviglia? Poiché non solamente si convincevano che le cose del mondo non avessero altro scopo che quello di essere al loro servizio, ma ritenevano che tutte insieme, di fronte al genere umano, fossero una inezia. E per questo le loro stesse vicende le chiamavano rivoluzioni del mondo, e così le storie dei loro popoli, storie del mondo: nonostante che, anche all'interno dei confini del mondo, a considerare non dico tutte le creature, ma soltanto gli animali, si potessero contare forse tante altre specie quanti gli esseri umani viventi: i quali animali, che secondo gli uomini erano stati creati al loro servizio, non si accorgevano mai della rivoluzione subita dal mondo.

Gnomo. Anche le zanzare e le pulci erano fatte per l'utilità degli uomini?

Folletto: Sì lo erano; per esercitarli nella pazienza, come essi dicevano.

Gnomo: In realtà, se non ci fossero state le pulci, non ci sarebbe stata altra occasione per esercitare la loro pazienza.

Folletto: Ma i porci, secondo Crisippo[231], erano pezzi di carne predisposti dalla natura apposta per il nutrimento degli uomini e, affinché non imputridissero, essi erano conditi con le anime invece che con il sale.

Gnomo: Io piuttosto credo che se Crisippo avesse avuto nel cervello un po' di sale invece dell'anima, non avrebbe immaginato un simile sproposito.

---

[231] Crisippo, stoico del III secolo a.C., originario della Cilicia (Turchia), era convinto che l'anima, lo spirito vitale, impedisse la putrefazione dei maiali conservandoli freschi per alimento degli uomini (vedi Cicerone, *De natura deorum* II, 64).

Folletto: Ed anche quest'altra cosa è piacevole: che infinite specie di animali non sono mai state viste né conosciute dagli uomini loro padroni; o perché esse vivono in luoghi dove gli uomini non misero mai piede, o per essere tanto piccole che essi non riuscivano a scoprirle. E di moltissime altre specie non ne ebbero conoscenza prima di questi ultimi tempi. La stessa cosa si può dire in relazione alle piante, e a mille altre specie. Nello stesso tempo, di quando in quando, per via dei loro cannocchiali, si accorgevano di qualche stella o pianeta, del quale sino ad allora per migliaia e migliaia di anni non avevano mai saputo che fosse al mondo; e subito lo inserivano fra gli oggetti d'uso: perché si immaginavano che le stelle e i pianeti fossero dei lumini posti lassù per illuminare le loro signorie, dato che durante la notte gli uomini avevano delle importanti faccende da sbrigare.

Gnomo: Così, d'estate, quando di notte vedevano cadere le stelle cadenti, avranno detto che qualche spirito andava togliendo il moccolo alle stelle per servizio degli uomini.

Folletto: Ma ora che essi sono tutti scomparsi, la Terra non soffre per la loro mancanza, ed i fiumi non sono stanchi di scorrere, e il mare, benché non serva più alla navigazione e al traffico, non sembra che si sia prosciugato.

Gnomo: E le stelle e i pianeti non hanno smesso di nascere e tramontare, e non si sono vestiti a lutto.

Folletto: E il sole non si è ricoperto il volto con il colore scuro della ruggine[232]; come fece, in base al racconto di Virgilio, per la morte di Cesare[233]: della quale credo che egli si sia tanto preoccupato quanto se ne preoccupò la statua di Pompeo.

Lentamente quelle fragili ed evanescenti figure lasciarono il passo ad arcuate immagini luminose...

E come un curioso migratore le attraversai in una dimensione di rapita visione e di libertà senza limiti...

---

[232] "Anche egli [il sole], spentosi Cesare, commiserò Roma, quando coprì il volto luminoso di una fosca oscurità" (Virgilio, *Georgiche* 1,466-67).

[233] Cesare venne ucciso ai piedi della statua di Pompeo.

Finestre aperte in un infinito di solitudini stellate, ma privo dell'"u-mano distruttore"... Tra quelle immensità il sogno mi consegnò ancora una volta ad un nuovo incanto: due giganti, Ercole ed Atlante...

Ercole: Padre Atlante[234], è Giove che mi manda, e vuole che io ti porti i suoi saluti e, nel caso in cui ti fossi stancato di questo peso, vuole che io me l'addossi per qualche ora, come feci non mi ricordo quanti secoli fa, in modo da farti riprendere fiato e riposare un po'[235].

Atlante: Ti ringrazio, caro Ercolino, e mi dichiaro molto riconoscente verso la maestà di Giove. Ma il mondo è diventato talmente leggero, che questo mantello che porto per proteggermi dalla neve mi pesa di più. E se non fosse che la maestà di Giove mi obbliga a stare qui fermo, e tenere questa piccola palla sulla schiena, io me la porterei sotto l'ascella o in tasca, o me l'attaccherei ciondoloni ad un pelo della barba, e me ne andrei a sbrigare le mie faccende.

Ercole: Come può essere che si sia tanto alleggerita? Mi sono accorto subito che ha cambiato forma, ed è divenuta simile ad una pagnotta[236], e che non è più sferica, come era al tempo in cui studiai cosmografia per affrontare quella grandissima spedizione navale con gli Argonauti: ma con tutto ciò non riesco a capire come possa pesare meno del solito.

Atlante: Non so il motivo. Ma tu puoi verificare subito la leggerezza di cui ti parlo, sempre che tu la voglia prendere sulla mano per un momento, e provarne il peso.

Ercole: Sulla parola di Ercole, se non avessi provato, non avrei mai potuto crederci. Ma cos'è quest'altra novità che vi scopro?

---

[234] Atlante, vecchio titano, condannato da Giove per la sua ribellione agli Dei a sostenere sulle spalle la Terra, è rappresentato talvolta come una grossa montagna.

[235] Ercole prese la Terra sulle spalle per consentire ad Atlante di andargli a raccogliere le mele d'oro nel giardino delle Esperidi.

[236] È un divertito riferimento a Newton che ha rilevato lo schiacciamento dei poli. Fino all'epoca di Newton (1642-1727) non era chiaro quale fosse la forma della Terra. Secondo i cartesiani aveva forma di "melone", in quanto la distanza tra i poli doveva essere maggiore del diametro equatoriale. Newton, invece, formula una teoria che prevede lo schiacciamento ai poli: previsione confermata nel Settecento dalle spedizioni volte a misurare l'arco di meridiano in Lapponia e in Perù.

L'ultima volta che l'ho caricata sulle spalle, mi batteva forte sulla schiena, come fa il cuore degli animali; ed emetteva un rombo continuo, che pareva un vespaio. Ma ora in quanto al battere, somiglia ad un orologio che abbia la molla rotta; e quanto al ronzare, io non vi sento che un silenzio assoluto.

Atlante: Anche di questo non so dirti altro, se non che è già molto tempo che il mondo ha finito di dare segni di ogni moto e di qualsiasi rumore percepibile: ed io ebbi da parte mia il grandissimo sospetto che fosse morto, e giorno dopo giorno aspettavo che mi infettasse con il suo puzzo; e così pensavo come e in quale luogo potessi seppellirlo, e l'epitaffio che avrei dovuto scrivere sulla tomba. Ma visto che non marciva, mi convinsi che dall'animale che era in precedenza si fosse trasformato in una pianta, come Dafne e tanti altri, e che derivasse da questo il fatto che non si muoveva e non respirava: ed ancora temo che fra un po' mi getti le radici sulle spalle e vi si abbarbichi.

Ercole: Io piuttosto penso che dorma, e che questo sonno sia come quello di Epimenide, che durò più di mezzo secolo; o come quello di Ermotimo, la cui anima, si dice, usciva dal corpo ogni qualvolta che voleva, e stava fuori molti anni, andando a spasso per diversi paesi e poi tornava, finché gli amici, per porre fine a questa storiella, bruciarono il corpo[237]; e così lo spirito, ritornato per entrarvi, trovò che la casa gli era stata distrutta, e, se avesse voluto alloggiare al coperto, gli sarebbe convenuto prenderne un'altra in affitto o andare all'osteria. Ma per far sì che il mondo non dorma in eterno, e prima che qualche amico o benefattore, pensando che esso sia morto, non gli dia fuoco, io voglio fare qualche tentativo per risvegliarlo.

Atlante: Bene, ma in che modo?

Ercole: Io gli farei provare un bel colpo di questa clava; ma temo che lo finirei di schiacciare, e di trasformarlo in una ostia; o che la

---

[237] Epimenide, mandato dal padre a cercare una pecora, si mise a dormire in una grotta e vi rimase per 57 anni (è una nota dello stesso Leopardi); Ermotimo, filosofo stoico di Clazomene (Asia Minore), la cui curiosa vicenda viene ricordata da molti antichi scrittori e in particolare da Luciano nell'*Elogio della mosca*.

crosta, dal momento che ho la sensazione che il mondo sia diventato così leggero, non gli si riduca così sottile, che esso mi scricchioli sotto il colpo come un uovo. E non vorrei che gli uomini, che ai miei tempi combattevano corpo a corpo con i leoni ed adesso con le pulci, cadano tutti improvvisamente tramortiti dalla percossa. Sarà meglio che io posi la clava e tu il cappotto, e che giochiamo insieme a palla con questa sferuzza. Mi spiace di non aver portato i bracciali di legno[238] o le racchette che usiamo io e Mercurio per giocare in casa di Giove o nell'orto, ma saranno sufficienti i nostri pugni.

Atlante: Appunto; a meno che tuo padre, visto il nostro giuoco e venutagli voglia di partecipare come terzo giocatore, non ci precipiti con la sua palla fulminante non so dove, come è accaduto a Fetonte nel Po.

Ercole: Questo potrebbe succedere se io fossi come lo era Fetonte, figliuolo di un poeta[239] e non suo figlio, e se io non fossi anche un tipo al quale, se i poeti popolarono le città con il suono della lira, basterebbe l'animo di spopolare il cielo e la Terra al suono di clava. E con un calcio ben assestato io farei schizzare la sua palla infuocata da qui fino all'ultima soffitta del cielo empireo. Comunque stai tranquillo che, anche quando mi venisse la voglia di sconficcare cinque o sei stelle per giocare alle castelline[240] o di tirare al bersaglio con una cometa, prendendola per la coda come fosse una fionda, o di servirmi proprio del sole per fare il lancio del disco, mio padre farebbe finta di non vedere. Inoltre, la nostra intenzione con questo gioco è quella di fare un bene al mondo, diversamente da Fetonte che voleva mostrare la sua agilità alle Ore, che gli tennero il predellino quando salì sul carro del Sole[241]; acquistare fama di buon coc-

---

[238] Strumenti di legno provvisti di punte, usati nel mondo antico da coloro che giocavano con una palla di cuoio duro.

[239] Fetonte, figlio di Apollo e Climene, ottenne da suo padre il permesso di guidare per un giorno il carro del Sole. I cavalli non ubbidirono alla sua guida, provocando gravi danni sulla terra. Giove lo uccise con un fulmine e lo fece precipitare nel Po.

[240] Gioco fanciullesco consistente nell'ammucchiare un gruppo di noci (detto "una cappa") che vengono fatte cadere tirando contro di esse un'altra noce.

[241] Le Ore vengono rappresentate nella mitologia come ancelle del Sole.

chiere con Andromeda e Callisto[242] e con le altre belle costellazioni, alle quali si vocifera che nel passato andasse gettando mazzolini di raggi e pallottoline di luce caramellate; e fare bella mostra di sé tra gli Dei del cielo mentre essi passeggiavano in quello che era un giorno di festa. Insomma, non darti pensiero della collera di mio padre in quanto m'impegno, in ogni caso, a rifonderti i danni. Ora non perdere altro tempo. Levati il cappotto e tirami la palla.

Atlante: O per amore o per forza, mi converrà fare a modo tuo; dato che tu sei gagliardo e hai le armi, e io senza armi e vecchio. Ma guarda almeno di non lasciarla cadere, in modo da non aggiungerle altri bernoccoli, o ammaccarla, o spaccarla in qualche altra parte, come quando la Sicilia si staccò dall'Italia e l'Africa dalla Spagna; o ne schizzi via qualche scheggia[243], come per esempio una provincia o un regno, così da farne suscitare una guerra.

Ercole: In quanto a me non dubitare.

Atlante: A te la palla. Guarda che traballa, in quanto non ha più la sua forma rotonda.

Ercole: Via battila con un po' più di forza, perché i tuoi lanci non arrivano fino a qui.

Atlante: Qui il colpo non serve, perché come al solito vi tira il libeccio e la palla, dato che è leggera, prende vento.

Ercole: Andare a caccia del vento è questo un suo vecchio difetto.

Atlante: In verità non sarebbe male se la gonfiassimo, in quanto vedo che essa non rimbalza sopra il pugno più di un melone.

Ercole: Questo è un difetto nuovo, perché anticamente essa balzava e saltava come un capriolo.

---

[242] Andromeda, figlia di Cefi e Cassiopea (re e regina di Etiopia), e la ninfa Callisto furono trasformate in costellazioni (vedi Igino, *Astronomia poetica* II, 9-10).

[243] "Quanto alle guerre, elle non sono già né meno frequenti, né meno ingiuste delle antiche. Perché la sorgente delle guerre, che una volta era *l'egoismo nazionale*, ora è *l'egoismo individuale* di chi comanda alle nazioni, anzi costituisce le nazioni. E questo egoismo, non è né meno cupido, né meno ingiusto di quello. Dunque, come quello, misura i suoi desideri dalle sue forze; (spesso anche oltre le forze) e la forza è l'arbitra del mondo oggidì, come anticamente, non già la giustizia, perché la natura degli uomini non si cambia, ma solo gli accidenti" (*Zib.* 898).

Atlante: Presto corri di là; presto ti dico; guarda per Dio che essa cade: sia maledetto il momento in cui sei venuto qui.

Ercole: L'hai lanciata così storta e bassa, che non avrei fatto in tempo, a meno che non avessi voluto rompermi l'osso del collo. Oimè, poverina, come stai? Ti sei fatta male da qualche parte? Non si sente alcun respiro e non si vede muovere un'anima, e ciò dimostra come tutti dormano come prima.

Atlante: Lasciamela stare per tutte le corna dello Stige[244], così che io me la rimetta sulle spalle; e tu riprendi la clava, e torna subito in cielo a scusarmi con Giove, per quello che è successo per causa tua.

Ercole: Così farò. Da molti secoli in casa di mio padre abita un poeta, di nome Orazio, ammesso come poeta di corte su richiesta di Augusto, che era stato divinizzato da Giove per quelle considerazioni che si dovettero fare per la potenza dei Romani. Questo poeta va canticchiando certe sue canzonette, e fra le altre una nella quale dice che l'uomo giusto non si muove anche se cade il mondo. Da oggi crederò che tutti gli uomini siano giusti, visto che il mondo è caduto e nessuno si è mosso.

Atlante: Chi dubita della giustizia degli uomini[245]? Ma tu non perdere altro tempo, e corri velocemente a giustificarmi con tuo padre, perché da un momento all'altro mi aspetto un fulmine, che da Atlante mi trasformi in Etna[246].

Ancora un orizzonte cupo... un'umanità addormentata, una Terra senza più vitalità e senza più il consueto ronzio dell'uomo, ormai "eroe di pigrizia". Nel cosmo del mio mondo interiore l'unico ticchettio che improvvisamente avvertii fu quello di un enorme orologio che segnava la prima ora del giorno.

---

[244] I rami dello Stige (fiume infernale, ricordato da Virgilio e da Dante) erano raffigurati dagli antichi in forma di corna (Virgilio, *Georgiche* IV, 371 ed *Eneide* VIII, 77).

[245] L'espressione ricorda i celebri versi di Orazio "Un uomo giusto e tenace nei suoi propositi non lo scuote nella sua fermezza il tumulto dei concittadini che lo spingono al male" (*Carme* III, 3).

[246] Una seconda trasformazione: dopo essere già stato mutato da Perseo in una montagna (Ovidio, *Met.* IV, 657), Atlante potrà rischiare di essere mutato in vulcano.

A breve distanza il Sole sembrava alzarsi pigramente, come un assonnato gigante.

E mentre la Terra appariva ormai una piccola cosa lontana, quelle due strane presenze del tempo si scambiarono inconsuete parole di sogno...

Il Copernico, Dialogo (scena prima)

Ora prima: Buon giorno, Eccellenza.

Sole: Sì, anzi, buona notte.

Ora prima: I cavalli sono in ordine.

Sole: Bene.

Ora prima: La stella del mattino è venuta fuori da un pezzo.

Sole: Bene: Venga o vada come le piace.

Ora prima: Che cosa intende dire, vostra Eccellenza?

Sole: Intendo che tu mi lasci stare.

Ora prima: Ma, Eccellenza, la notte è già durata tanto che non può durare di più; veda, Eccellenza, che se noi indugiassimo potrebbe poi nascere qualche disordine.

Sole: Qualunque cosa nasca, io non mi muovo.

Ora prima: Oh, Eccellenza, che cos'è questa novità? Non sta bene?

Sole: No, no, non ho niente; io non ho alcuna voglia di muovermi: e per questo tu te ne andrai per le tue faccende.

Ora prima: Io sono la prima Ora del giorno, e come posso andare se ella non viene? e come può nascere il giorno, se vostra Eccellenza non si degna di uscir fuori, come al solito?

Sole: Se non del giorno, tu farai almeno parte della notte; ovvero le Ore della notte faranno un doppio lavoro, e tu e le tue compagne starete in ozio. Perché, sai il motivo? Io sono stanco di questo continuo andare attorno per far luce a quattro animaluzzi, che vivono in un pugno di fango, così piccolo che io, che ho una buona vista, non riesco a vederlo e questa notte ho deciso di non sopportare altra fatica per questo, e se gli uomini desiderano vedere qualche luce, essi dovrebbero tenere i loro fuochi accesi o provvedere in altro modo.

Ora prima: Ma, Eccellenza, in che modo vuole che quei poverini li trovino? E poi sarà per loro un costo eccessivo dover mantenere le lucerne o provvedere tante candele che ardano tutto lo spazio del giorno. Se essi avessero già trovato quella certa aria[247] da essere usata per ardere e per illuminare le strade, le camere, le botteghe, le cantine e ogni cosa, e il tutto ad un costo molto modesto, allora direi che il caso non sarebbe così grave. Ma il fatto è che dovranno passare ancora più o meno trecento anni, prima che gli uomini ritrovino questo rimedio e intanto ad essi verrà meno l'olio, la cera, la pece e il sego e non avranno più alcuna cosa da ardere.

Sole. Andranno a caccia delle lucciole e di quei vermicciuoli fosforescenti.

Ora prima: E quali provvedimenti prenderanno contro il freddo? Perché senza l'aiuto di vostra Eccellenza il fuoco di tutte le foreste non sarà sufficiente per riscaldarli. Essi morranno anche di fame: perché la terra non porterà più i suoi frutti. E così, nel corso di alcuni anni, il seme di quei poveri animali si disperderà. E quando essi saranno andati qua e là per la terra, alla cieca, cercando qualcosa per vivere e riscaldarsi, finalmente, dopo che sarà consumata ogni cosa che si possa ingoiare e sarà spenta l'ultima scintilla di fuoco, essi morranno tutti al buio, ghiacciati come pezzi di quarzo.

Sole: Che m'importa? Sono io, per caso, la balia del genere umano; o forse il cuoco, che abbia da preparare e cucinare i cibi? E perché dovrei preoccuparmi se poche creaturine invisibili, lontane da me milioni di miglia, non vedono e non possono reggere al freddo senza la mia luce? E poi, se io, così per parlare, devo ancora servire da stufa o da focolare per questa famiglia umana, è logico che se la famiglia desidera scaldarsi, venga essa intorno al focolare e non che il focolare vada attorno alla casa. Per questo, se la Terra ha bisogno della mia presenza, essa si muova e si dia da fare per averla; perché io, personalmente, non ho bisogno di alcuna cosa da parte della Terra, così da doverla io cercare.

---

[247] Riferimento al gas infiammabile che venne usato per la prima volta in Inghilterra nel 1806.

Ora prima: Vostra Eccellenza vuol dire, se io comprendo bene, che la Terra dovrebbe fare ora quello che ella ha fatto per il passato.

Sole: Sì: ora, e da ora in poi per sempre.

Ora prima: Vostra Eccellenza ha certo delle buone ragioni: e poi può fare qualunque cosa le piaccia. Ma tuttavia, Eccellenza, si degni di considerare quante cose belle è necessario mandare in rovina, volendo stabilire questo nuovo ordine. Il giorno non avrà più il suo bel carro dorato, con i suoi bei cavalli, che si lavavano lungo la marina; e senza dilungarsi in altre particolarità, noi altre povere Ore non avremo più un posto nel cielo e da fanciulle celesti noi diventeremo terrene, a meno che invece, come io aspetto, non ci dissolveremo piuttosto in fumo. Ma comunque sia, il problema sarà convincere la Terra a ruotare attorno, cosa che deve essere pure assai difficile: perché lei non è abituata a ciò e deve sembrarle strano avere poi da correre per sempre e da affaticarsi così tanto, dato che non si è mai mossa sin ora da quel suo luogo. E se vostra Eccellenza ora, per quel che mi sembra, comincia a prestare un po' di orecchio alla pigrizia, io percepisco che la Terra non sia oggi più disposta alla fatica di quanto lo sia stata in altri tempi.

Sole: In questo caso, il bisogno la spronerà, e la farà balzare e correre per quanto le sia conveniente. Ma in ogni modo, qui la più solida e sicura via è quella di trovare un poeta ovvero un filosofo che persuada la Terra a muoversi, o, nel caso non possa convincerla, la faccia andare via per forza. Perché finalmente la maggior parte di questa faccenda è nelle mani dei filosofi e dei poeti; anzi essi possono fare quasi ogni cosa. I poeti sono stati quelli che nel passato (quando io ero più giovane e li ascoltavo) con quelle loro belle canzoni, mi hanno portato a fare liberamente, così per svago, o per qualche degno esercizio, quella sciocchissima fatica di correre disperatamente, così grande e grosso come sono, attorno a un granellino di sabbia. Ma ora che sono più avanti negli anni e mi sono orientato verso la filosofia, cerco in ogni cosa l'utilità[248], e non il

---

[248] "Quando ognuno è ben illuminato (dalla ragione) invece dei diletti e dei beni vani come sono la gloria, l'amor della patria, la libertà ec. ec. cerca i solidi cioè i piaceri

bello; e i sentimenti dei poeti, quando non mi fanno smuovere lo stomaco, mi fanno ridere. Prima di fare qualcosa, io desidero avere buone e fondate ragioni; e dal momento che non trovo alcuna ragione per anteporre la vita attiva ad una oziosa e agiata – perché una vita attiva non ti potrebbe dare alcun frutto che ricompensasse la fatica o solamente il pensiero (perché nel mondo non vi è un frutto che valga due soldi) – ho deciso di lasciare le fatiche e i disagi agli altri e, da parte mia, vivere a casa in pace e senza fare niente. Oltre a quello che porta con sé l'età, questo cambiamento, come ti ho detto, l'hanno determinato i filosofi, persone che di questi tempi hanno cominciato a diventare potenti[249] e ad esserlo ogni giorno di più. Sicché, ora volendo fare che la Terra si muova e vada correndo al posto mio, sarebbe adatto a questo scopo più un poeta che un filosofo; perché i poeti, ora con una favola, ora con un'altra, dando ad intendere che le cose del mondo siano di pregio e di valore, e che siano molto belle e piacevoli, e creando mille gioiose aspettative, spesso invogliano gli altri ad affaticarsi, mentre i filosofi li sconsigliano. Ma, d'altra parte, da quando i filosofi hanno cominciato ad emergere, io ho timore che oggi un poeta non sarebbe ascoltato sulla Terra da altri se non solo da me, o che, quando fosse ascoltato, non riuscirebbe a ottenere alcun risultato[250]. E per questo la scelta

carnali osceni [...] cerca l'utile suo proprio sia consistente nel danaro o altro, diventa egoista necessariamente" (*Zib.* 21-22).

[249] "Nell'ultimo secolo, la filosofia, la cognizione delle cose, l'esperienza, lo studio, l'esame delle storie [...] hanno fatto progressi tali, che tutto il mondo rischiarato e istruito, si è rivolto a considerar se stesso, e lo stato suo, e quindi principalmente alla politica, ch'è la parte più interessante, più valevole, di maggiore e più generale influenza nelle cose umane. Ecco finalmente che la filosofia, cioè la ragione umana, viene in campo con tutte le sue forze, con tutto il suo possibile potere, i suoi possibili mezzi, lumi, armi, e si pone alla grande impresa di supplire alla natura perduta, rimediare ai mali che ne sono derivati, e ricondurre quella felicità ch'è sparita da secoli immemorabili insieme colla natura" (*Zib.* 574-575).

[250] Leopardi paragona gli Spartani ai filosofi moderni. Come gli Spartani erano restii ad accogliere la verità dei filosofi, così i filosofi moderni respingono il mondo delle illusioni, privando l'umanità anche del piccolo godimento che queste consentono, e la loro "verità filosofica" non salva dal dolore: "Agli Spartani si possono paragonare i filosofi, anzi questo secolo, anzi quasi tutti gli uomini, avidi del sapere o della filosofia, e di scoprir le cose più nascoste della natura, e per conseguenza di conoscere la propria infelicità, e per conseguenza di sentrla, quando non l'avrebbero sentita mai o di sentirla più presto" (*Zib.* 2681).

migliore sarà quella di ricorrere ad un filosofo, perché sebbene i filosofi siano normalmente poco adatti, e meno inclini a spronare gli altri ad operare; tuttavia può essere che in questi casi estremi essi riescano a fare una cosa per loro insolita. A meno che la Terra non giudichi più vantaggioso andare in rovina, che avere ad affaticarsi tanto: nel qual caso io non le darei torto. Basta, noi vedremo quello che succederà. Dunque tu farai una cosa: tu te ne andrai là sulla Terra; oppure vi manderai l'una delle tue compagne, quella che tu vorrai; e se ella troverà qualcuno di quei filosofi che stia fuori di casa al fresco, esplorando il cielo e le stelle – come ragionevolmente ne dovrà trovare, per la novità di questa notte così lunga – senza più indugiare, levatolo su di peso, se lo getterà sulla schiena; e in questo modo torni da me e me lo rechi sino a qui: io vedrò di persuaderlo a fare quello che è necessario. Hai tu compreso bene?

Ora prima: Eccellenza sì. Sarà servita.

Una scena dopo l'altra... negli itinerari dell'universo: l'uomo, la Terra, il Sole...

E così affascinato ed immerso in quei vortici onirici mi trovai ad assistere ad un altro dialogo, che, per la presenza del Sole, completava il precedente, come un anello chiarificatore.

Di fronte a quello svogliato portatore di luce, si presentò, suo malgrado, un uomo. L'Ora, la sua accompagnatrice, consegnò a me e a quel gigante della luce il suo nome: Copernico!

Il Copernico, Dialogo (scena quarta)

Copernico: Illustrissimo Signore.

Sole: Perdonami, Copernico, se non ti faccio sedere; perché in questo luogo non si usano sedie. Ma noi ci sbrigheremo presto. Tu hai già compreso dalla mia serva quale sia la questione. Da parte mia, a quanto la fanciulla mi riferisce in relazione alle tue qualità, penso proprio che tu sei molto adatto allo scopo richiesto.

Copernico: Signore, io vedo molte difficoltà nella realizzazione di questo progetto.

Sole: Le difficoltà non dovrebbero spaventare una personalità come la tua. Anzi si dice che esse aumentano la forza d'animo del coraggioso. Ma quali sono, poi, alla fine, queste difficoltà?

Copernico: Per prima cosa, per quanto enorme sia la potenza della filosofia, non sono sicuro che essa sia tanto grande da persuadere la Terra a darsi a correre, invece di stare a sedere comodamente; e affaticarsi piuttosto che stare in ozio: soprattutto di questi tempi, che non sono più quelli eroici.

Sole: E se tu non potrai convincerla, dovrai forzarne la volontà.

Copernico: Volentieri, illustrissimo, se io fossi un Ercole, o quanto meno un Orlando, e non un canonico di Varmia.

Sole: Cosa c'entra? Non si racconta forse di un vostro antico matematico[251], il quale affermava che se gli fosse dato un luogo fuori del mondo, stando in quello, egli avrebbe smosso il cielo e la Terra? Ora tu non hai da smuovere il cielo; ed ecco che ti ritrovi in un luogo fuori dalla Terra. Dunque, se tu non sei da meno di quello studioso antico, tu dovresti essere in grado di smuoverla, che essa lo voglia o no.

Copernico: Mio caro signore, questo si potrebbe fare: ma sarebbe necessaria una leva, così lunga che non solo io, ma vostra signoria illustrissima, quantunque ella sia ricca, non potrebbe coprire il costo dei materiali necessari e del lavoro. Un'altra e più grave difficoltà è quella che vi dirò adesso: anzi è come un complesso nodo di difficoltà. Fino ad oggi la Terra ha occupato il primo posto nell'universo, cioè a dire, il centro; e (come voi sapete) mentre lei sta immobile, e senza altra occupazione che quella di guardarsi attorno, tutti gli altri astri dell'universo, i più grandi come i più piccoli, gli splendenti come gli oscuri, le sono andati rotolando di sopra e di sotto e continuamente ai suoi lati; con una fretta, un impegno, una veemenza da rimanere sbalorditi al solo pensarla. E così, dimostrando che tutte le cose sono predisposte al suo servizio, sembrava

---

[251] Copernico (1473-1543) fu canonico del duomo di Frauenburg, nella Warnia (Polonia); il matematico è Archimede (287-212 a.C.), a cui si attribuisce il principio teorico della leva: "Datemi una leva e vi solleverò il mondo".

che l'universo fosse una corte dove la Terra fosse seduta come su un trono, e tutti gli altri astri attorno a lei, nelle funzioni di cortigiani, guardie, servitori, attendessero chi ad un compito e chi ad un altro. Sicché, in effetti, la Terra ha sempre creduto di essere l'imperatrice del mondo; e in verità, mentre le condizioni sono rimaste come erano quelle del passato, noi non possiamo dire che la sua sia un'idea irragionevole, anzi io non potrei negare che quella sua tale idea non abbia alcun fondamento. E poi inoltre che dirò degli uomini? che considerandoci (come ci considereremo sempre) molto più che primi e più importanti tra le creature terrestri, ciascuno di noi, anche se uno fosse vestito di cenci e non avesse che un tozzo di pan duro da rodere, pensa di essere come un imperatore; e non proprio di Costantinopoli o di Germania o di metà della superficie terrestre, come lo erano gli imperatori romani, ma un imperatore dell'universo, un imperatore del sole, dei pianeti, di tutte le stelle visibili e non visibili; e causa finale delle stelle, dei pianeti, di vostra signoria illustrissima, e di tutte le cose. Ma ora se vogliamo che la Terra abbandoni quel luogo centrale; se facciamo in modo che ella corra, che si affanni continuamente, che esegua esattamente lo stesso lavoro come è stato fatto, né più né meno, finora, dagli altri globi; infine, che ella divenga uno dei pianeti: questo porterà con sé che sua maestà terrestre e le loro maestà umane, dovranno sgomberare il trono ed abbandonare l'impero; ma rimanendosene tuttavia con i loro cenci, e le loro, non poche, miserie.

Sole: Che cosa vuole concludere con questo discorso, il mio caro don Niccolò? Ha forse scrupolo di coscienza che tale fatto sia un delitto di lesa maestà?

Copernico: No, illustrissimo; perché né i codici, né il digesto[252], né i libri riguardanti il diritto pubblico, né quelli relativi al diritto imperiale, né quelli del diritto internazionale o quelli del diritto naturale menzionano questo delitto di lesa maestà, per quanto io mi ricordi. Ma voglio dire in sostanza, che questo nostro fatto non

---

[252] Il *Digestum seu pandectae* (seconda parte del *Corpus iuris civilis*) è la raccolta degli scritti dei più antichi giuristi romani, voluta dall'imperatore Giustiniano nel 533 d.C.

sarà così semplicemente di natura materiale, come appare a prima vista; e che i suoi effetti non apparterranno solamente alla fisica: perché esso sconvolgerà i gradi della dignità delle cose e l'ordine degli esseri; scambierà i fini delle creature; e pertanto causerà una grandissima rivoluzione anche nella metafisica, anzi in tutto quello che riguarda la parte teorica della conoscenza. E ne deriverà che gli uomini, se sapranno o vorranno discutere perfettamente, troveranno che essi sono differenti da ciò che essi sono stati fino ad oggi o da ciò che essi hanno immaginato di essere[253].

Sole: Figliuol mio, queste cose non mi fanno affatto paura; perché io porto rispetto alla metafisica quanto alla fisica, ed anche all'alchimia o alla negromanzia, se ti piace. E gli uomini si accontenteranno di essere quello che sono: e se questo non piacerà a loro, andranno usando la ragione a rovescio, e con argomenti contrari all'evidenza dei fatti, come essi potranno fare molto facilmente; e così essi continueranno a credersi quello che vorranno, o baroni, o duchi, o imperatori, o qualsiasi cosa di più di quanto essi desiderano: così essi saranno più contenti e questi loro giudizi non porteranno a me alcun dispiacere.

Copernico: Orsù, smettiamo di parlare degli uomini e della Terra. Considerate, illustrissimo, ciò che è ragionevole prevedere per gli altri pianeti. Quando essi vedranno la Terra fare ogni cosa che essi fanno, e divenuta una di loro, non vorranno più rimanersene così lisci, semplici e spogli, così deserti e tristi, come sono sempre stati; e che solo la Terra abbia così tanti ornamenti: ma vorranno anch'essi i loro fiumi, i loro mari, le loro montagne, le piante, e tra le altre cose i loro animali e i loro abitanti, in quanto essi non vedono ragione alcuna di dover essere inferiori alla Terra in qualcosa. Ed ecco che vi sarà un'altra straordinaria rivoluzione nell'universo; un infinito numero di famiglie e di nuove popolazioni che si vedranno spuntare, in un momento, come funghi, da tutte le parti.

---

[253] "Una prova in mille di quanto influiscano i sistemi puramenti fisici sugl'intellettuali e metafisici, è quello di Copernico che al pensatore [...] rivela una pluralità di mondi [...] ed apre un immenso campo di riflessioni, sopra l'infinità di creature" (*Zib.* 84).

Sole: E tu lascerai che essi vengano; e lascia che siano quante sapranno essere: perché la mia luce e il mio calore sarà sufficiente per tutte, senza che per questo cresca la spesa; e il mondo avrà di che cibarle, vestirle, alloggiarle e trattarle, con generosità, senza gettarsi nei debiti.

Copernico: Ma vostra signoria illustrissima si spinga con il pensiero un po' più oltre, e vedrà nascere ancora un altro scompiglio. Le stelle, vedendo che vi siete messo a sedere, e non già su uno sgabello, ma su un trono; e che avete attorno questa bella corte e questo popolo di pianeti, non solo anch'esse si vorranno sedere e riposare, ma vorranno anche regnare; e se qualcuna vuole regnare, ci devono essere i sudditi: vorranno avere i loro pianeti, come li avete voi; ciascuno i suoi. E converrà che questi nuovi pianeti siano anche abitati e adorni, come lo è la Terra. E qui non vi starò a parlare del povero genere umano, divenuto già in precedenza, poco più che nulla, rispetto a questo attuale mondo; a che cosa esso si ridurrà quando tante migliaia di altri mondi scoppieranno fuori, così che non ci sarà una piccolissima "stelluzza" della via lattea che non abbia il suo. Ma considerando solamente il vostro interesse, dico che fino ad ora siete stato se non il primo dell'universo, certamente il secondo, cioè a dire dopo la Terra, e non avete avuto nessuno uguale; dal momento che le stelle non hanno avuto l'audacia di paragonarsi a voi, ma in questo nuovo stato dell'universo voi avrete tanti uguali, quante le stelle con i loro mondi. Sicché guardate che questa mutazione che noi desideriamo fare non pregiudichi la vostra stessa dignità.

Sole: Non hai memoria di quello che disse il vostro Cesare quando, attraversando le Alpi, si trovò a passare vicino ad una borgatella di certi poveri barbari: che gli sarebbe piaciuto di più se fosse stato il primo in quella borgatella[254], piuttosto che essere il secondo in Roma? E io similmente preferirei essere primo in questo nostro mondo piuttosto che secondo nell'universo. Ma non è l'ambizione quella che mi spinge a voler cambiare il presente stato delle cose: è

---

[254] "Meglio essere il primo in provincia che il secondo a Roma" (Plutarco, *Vita di G. Cesare*, XI).

solo l'amore della quiete, o per dire più propriamente, la pigrizia. E così io non mi curo molto di avere o di non avere uguali, e di essere nel primo o nell'ultimo posto, perché diversamente da Cicerone io sono più interessato all'ozio[255] che alla dignità.

Copernico: Illustrissimo signore, per quanto mi concerne, io farò ogni cosa possibile perché voi la acquistiate. E per prima cosa, io sono quasi sicuro che prima che siano passati molti anni, voi sarete costretto ad andare girando intorno come una carrucola da pozzo, o come una macina, senza mutare però luogo. Poi ho qualche sospetto che pur alla fine, presto o tardi, voi troverete necessario tornare di nuovo a correre: io non dico attorno alla Terra; ma che interessa a voi questo? e forse la vostra stessa rivoluzione servirà come motivo per farvi correre ancora. Basta, accada ciò che si vuole; nonostante tutte le difficoltà e ogni altra considerazione, se voi perseverate nel vostro proposito, io cercherò di servirvi; così che se la cosa non vi verrà fatta, voi pensiate che non ho potuto, e non diciate che sono un uomo senza molto coraggio.

Sole: Tutto giusto, mio Copernico: prova.

Copernico: Rimarrebbe solamente una certa difficoltà.

Sole: Via, qual è?

Copernico: Che io non vorrei, per questa ragione, essere bruciato vivo, come la fenice: perché, se questo accadesse, io sono sicuro che non risusciterei di nuovo dalle mie ceneri come fa quell'uccello; e così da quel momento in poi non vedrei mai più la faccia di vostra signoria.

Sole: Senti, Copernico: tu sai che un tempo, quando voi altri filosofi non eravate nati, dico al tempo in cui la poesia teneva il campo, io sono stato un profeta[256]. Ora voglio che tu mi lasci predire il futuro per l'ultima volta, e che in ricordo di quella mia antica virtù

---

[255] Cicerone, *Pro Sestio* XLV, 98: *Id quod est praestantissimum maximeque optabile omnibus sanis et bonis et beatis, cum dignitate otium* ("Quella che è la cosa più importante e più desiderabile da parte di tutti gli uomini onesti, buoni e beati, è la vita ritirata accompagnata dalla dignità).

[256] Al tempo in cui il Sole era chiamato Apollo.

mi presti fede. Io ti dico dunque che forse, dopo di te, ad alcuni che approveranno quello che tu avrai fatto, potrà accadere che tocchi qualche scottatura[257] o qualche altra cosa simile; ma che tu per quanto riguarda questa impresa, per quello che io posso conoscere, non soffrirai per niente. E se tu desideri essere più sicuro, prendi questa decisione: dedica il libro che tu scriverai a tale scopo al Papa[258]. Io ti prometto che non rischierai di perdere il tuo canonicato.

Dopo aver volato in compagnia di quell'astro un po' capriccioso sullo sfondo infinito di terre desertiche, mi trovai proiettato nell'atmosfera di una grande biblioteca. Uno studioso, con in mano un antico libro, cominciò a pronunciare solenni parole profetiche sull'abisso che sovrasta la vita e la materia e fa presagire l'infinitezza del tempo e l'oscurità verso cui il tutto è proiettato con una marcia implacabile. Da navigato e clandestino pennuto ne scoprii il titolo: "Frammento apocrifo di Stratone da Lampsaco [..] Della fine del mondo".

Frammento apocrifo di Stratone da Lampsaco [...] Della fine del mondo

Non si può facilmente determinare quanto tempo sia fin qui durato questo attuale mondo, di cui gli uomini sono una parte, una delle specie di cui esso è composto, come neppure si può conoscere quanto tempo esso durerà nel futuro da questo momento in poi. Le leggi che lo governano appaiono immutabili, e sono ritenute tali, in quanto esse cambiano molto lentamente e in una incomprensibile lunghezza di tempo, cosicché le loro mutazioni non ricadono quasi nell'ambito della conoscenza e tanto meno nella sfera dei sensi umani. Ancora quei periodi di tempo, per quanto lunghi essi possano essere, sono tuttavia minimi in relazione all'eterna durata della materia. In questo attuale mondo si può osservare un continuo mo-

---

[257] Un'ironica allusione alle condanne di Giordano Bruno e di Galileo Galilei.

[258] Copernico dedicò il libro *De revolutionibus orbium coelestium* (pubblicato nel 1543) a papa Paolo III.

rire degli individui e una continua trasformazione delle cose da una condizione ad un'altra; ma per questa ragione come la distruzione è continuamente compensata dalla produzione e i generi si conservano, noi pensiamo che questo mondo non abbia né stia per avere in sé alcuna causa per la quale debba o possa morire, e non dimostri alcun segno di decadenza. Nondimeno si può pure percepire il contrario; e questo da più di un indizio, ma tra gli altri da questo.

Noi sappiamo che la Terra, a causa della sua costante rivoluzione intorno al suo asse, dal momento che le parti attorno all'equatore fuggono dal centro, e quelle attorno ai poli si spingono verso il centro, è cambiata nella sua forma e sta cambiando continuamente, divenendo ogni giorno più grossa attorno all'equatore e al contrario schiacciandosi sempre di più attorno ai poli. Ora dunque ne deve conseguire che dopo un certo tempo, la cui lunghezza, per quanto sia misurabile in sé, non può essere conosciuta dagli uomini, la Terra sarà schiacciata su entrambe le parti dell'equatore, in modo che perduta completamente la forma di globo, assumerà quella di una sottile tavola rotonda. Questa ruota aggirandosi continuamente attorno al suo proprio centro, divenuta sempre più sottile e larga, a lungo andare, con tutte le sue parti che fuggono dal suo centro, risulterà traforata nel mezzo. Quando questo foro diventerà sempre più largo di giorno in giorno, la Terra ridotta alla forma di un anello alla fine andrà in pezzi; i quali pezzi usciti dalla presente orbita della Terra, e avendo perduto il loro movimento circolare, precipiteranno nel sole o forse in qualche pianeta. Si potrebbe forse a conferma di questo discorso addurre un esempio, quello dell'anello di Saturno[259], sulla cui natura gli astronomi non sono concordi tra loro. E per quanto nuova ed inaudita, forse non sarebbe perciò inverosimile congettura supporre che il detto anello fosse inizialmente uno dei pianeti minori destinati ad accompagnare Saturno; e che esso quindi schiacciato e poi traforato nel mezzo per le stesse ragioni di quelle che abbia-

---

[259] Vedi cap. IV della *Storia dell'Astronomia* di G. Leopardi.

mo riferito a proposito della Terra, ma molto più velocemente, per il fatto che la sua materia era forse più rarefatta e più molle, cadesse dalla sua orbita nel pianeta Saturno, che con la forza attrattiva della sua massa e del suo centro lo trattiene attorno a detto centro, come noi possiamo attualmente osservare. Si potrebbe pensare che questo anello, continuando ancora a girare attorno, come del resto fa, al suo centro, che è quello stesso del globo di Saturno, si assottigli sempre di più e si dilati, e che sempre si accresca quella distanza tra esso e il predetto globo, quantunque questo accada molto più lentamente perché questi mutamenti possano essere notati e conosciuti dagli uomini, considerando a quanta distanza essi avvengono. Queste cose attorno all'anello di Saturno possono essere dette, o seriamente o per scherzo. Ora quel cambiamento che noi sappiamo essere accaduto e accadere ogni giorno nella forma della Terra, è certo che per le stesse ragioni intervenga similmente a quella di ciascun pianeta, anche se negli altri pianeti non ci sia così chiaro come lo è nel caso di Giove. E questa medesima cosa interviene senza alcun dubbio non solo a quei pianeti che come la Terra ruotano attorno al sole, ma ancora a quelli che vi è ragione di credere siano attorno a ciascuna stella. Pertanto nello stesso modo in cui si è immaginato della Terra, verrà un tempo determinato in cui tutti i pianeti ridotti per se stessi in pezzi, alcuni precipiteranno nel sole e altri nelle loro stelle. Di conseguenza non soltanto alcuni o molti individui, ma in generale tutti quei generi e quelle specie che ora vivono nella Terra e nei pianeti, saranno distrutti in quelle medesime fiamme fin, per così dire, dalle loro radici. E forse questo, o qualcosa di simile, era nella mente di quei filosofi, sia greci che barbari, che affermarono che questo mondo alla fine verrà distrutto dal fuoco. Ma dato che noi vediamo che anche il sole ruota attorno al proprio asse, e quindi noi dobbiamo credere che avverrà così delle stelle, ne deriva che sia il sole che le stelle nel corso del tempo dovranno venire in dissoluzione, e le loro fiamme cominceranno a disperdersi nello spazio. In tal modo dunque il moto circolare delle sfere che costituiscono l'universo, che è la parte principale dei presenti ordinamenti naturali, e, quasi, principio e fonte della conservazione di questo universo, sarà anche la causa della distruzione di questo universo e di tali ordinamenti. Venuti meno i pianeti, la Terra, il sole e le stelle, ma non la loro materia, da questa prenderanno vita nuove creature, distinte in nuovi generi e specie, e attraverso le eterne forze della materia nasceranno nuovi ordinamenti ed un nuovo mondo. Ma noi non possiamo immaginare la qualità di tale mondo e di tali ordinamenti, così come noi non possiamo neppure solamente immaginare quelli degli innumerabili mondi che un tempo furono e degli altri infiniti che poi verranno in seguito.

■ Quella "pagnotta" deserta

Scenari inimmaginabili, inquietanti solitudini, oscuri segnali...

E così anche nella dimensione del sogno, avevo continuato a remigare in un lungo viaggio al centro della coscienza umana e nel futuro dell'universo.

Inizialmente le ali di quest'illusione mi avevano consegnato ad un paesaggio che mi ricordava quello delle selve californiane.

Come in quelle, la vita appariva restituita ai primordi: l'esistenza umana non era più scandita dal rintocco del tempo; i mesi, gli anni: le stagioni avevano perduto i loro nomi; tutto era ritornato ad una stagione senza tempo, ad un tempo senza più memoria dell'uomo, con i mari e i fiumi riconsegnati all'infanzia del mondo.

La colpa era tutta dei signori del mondo, gli uomini: tanto avidi da mortificare la dignità dei propri simili; così sciocchi da adoperare la propria intelligenza per spezzare i legami con la propria natura.

La corsa verso la morte è il destino di tutte le specie, ma l'uomo che pure ha consapevolezza della sua natura di essere finito, aveva coscientemente accelerata la sua autodistruzione.

Aveva costruito odio, instabilità; aveva solcato smodatamente gli ambigui mari del profitto e dell'utilitarismo...

Ma tutto ciò che aveva creato era scoppiato come una bolla.

Lo testimoniavano, con una certa ironia, gli unici sopravvissuti: una bizzarra creatura degli strati superiori e un esperto di geologia.

Anch'essi malati dello stesso egocentrismo umano; eppure entrambi concordi nel puntare il dito accusatore sul solo colpevole
di quella rarefatta solitudine: l'uomo.

E così la Terra avrebbe continuato ad esistere solo per quei due
"spiriti" solitari...

Quando poi avevo saettato verso l'alto portandomi ad un'altezza
inimmaginabile per le mie fragili penne "terrene", avevo assistito,
privilegiato spettatore, ad un divertente gioco tra Ercole e Atlante, due giganti noti per aver più volte sopportato l'ingombrante
fardello della Terra.

Questa volta l'avevano scelta per giocarci a palla!

Apprezzabile lo scopo: risvegliare quella "sferuzza"!

Ma dopo alcuni tiri la palla si era rivelata più leggera del previsto:
non sembrava reggere i colpi; non balzava più e si lasciava guidare
dal vento seguendo strane traiettorie.

Motivo di tanta leggerezza? Gli esseri umani avevano perduto il
loro spessore: la loro coscienza era piatta come una focaccia; l'e-
nergia vitale, un lontano ricordo.

Quel divertimento non era durato a lungo: un tiro maldestro
dell'esuberante Ercolino aveva provocato un'ammaccatura, tale
da convincere i due giocatori, ma soprattutto il ligio Atlante, a
sospendere quel nobile trastullo, nel timore di una troppo fulminante reazione del divino Giove.

Spettacolo divertente, degno di un grande pubblico, in uno scenario da giochi spaziali...

E proprio lo spazio aveva fatto da cornice ad una notizia degna di
una gazzetta scientifica: l'acceso dibattito tra il Sole e Copernico.

Il Sole, con una voce un po' troppo accalorata, comunicava a un
incredulo Copernico la sua decisione di voler congedare i suoi raggi luminosi.

Inutili le argomentazioni di Copernico, irremovibile la posizione
del Signore della luce: presto si sarebbe ricoperto il viso di ruggine, come ai tempi di Cesare...

E poi infine, al di sopra di quelle vite al tramonto, risuonava la pro-
fezia di Stratone: la materia eterna, immortale potrà evolversi così
da determinare nel futuro la fine dell'essere umano e la nascita di
un nuovo essere...

Volo straordinario, irripetibile, che mi era sembrato tanto reale quanto il mio volo nel vento!

Vi erano condensati i comportamenti umani e la natura... la materia immortale e la finitezza dell'essere umano: variegati segnali: dal fitto intreccio, dai sottili legami.

L'uomo – sembrava rivelarmi quel sogno – più si incammina verso la civilizzazione, più si allontana dalla natura; con la frattura nei confronti della natura e dei suoi misteri: spezza i legami con le proprie radici.

Questo "monello", che fa del mondo il suo mondo e chiama le sue storie le rivoluzioni del mondo, si ritiene il dominatore della natura, ma le leggi della natura hanno un respiro diverso da quello umano: i mari, i fiumi e le stelle hanno una loro storia; le loro rivoluzioni non hanno i caratteri delle "rivoluzioni" del mondo.

Se poi dalla dimensione quotidiana egli osservasse con attenzione gli immensi spazi celesti riuscirebbe finalmente a comprendere gli effetti di un'altra rivoluzione: quella di Copernico.

Con la Terra, restituita al ruolo di una delle tante "pallottole" dell'universo appese con una fune al Sole, anche l'essere umano è stato ridimensionato.

Eppure l'uomo continua a porsi come principio e fine dell'universo e a costruire nuovi titani capaci di scalare l'universo e di ricercare nuovi pianeti da far entrare nelle sue "masserizie".

Egli dovrebbe piuttosto guardare dall'alto il suo globetto: scoprirebbe che il mondo è solo una piccola cosa nell'universo e forse riuscirebbe meglio a leggere la sua natura e il suo potenziale esplosivo.

Egoismo e vuoto interiore, sete di potere e moralità spente...

Elementi dirompenti, che possono sconfiggere la vita sulla Terra. Lì nel sogno l'avevano già sconfitta!

Riconoscevo in tutti gli scenari simbolici di quell'universo un comune timbro profetico: la Terra ridotta ad una pagnotta ammaccata o appiattita...; lo scoppio della "bolla" umana...; il Sole stanco e annoiato del suo compito illuminante...

La stessa materia che ha determinato le strutture che si sono affermate nell'universo, il loro moto, la loro evoluzione, potrà dare vita a nuove dinamiche caotiche, diverse ed inattese, a nuove possibilità di vita: nuovi mondi nello spazio, specie viventi diverse, altre intelligenze...

L'autodistruzione umana e l'evoluzione della materia potranno, per strade diverse o convergenti, accelerare la scomparsa dell'essere umano.

Ma pur tra quegli itinerari senza luce sentivo risuonare un atto di accusa nei confronti della ciurmaglia umana e insieme un forte richiamo al suo cambiamento.

Una mano invisibile mi aveva certamente guidato nei difficili itinerari esistenziali dell'uomo...

Continui messaggi sembravano giungermi anche dalla dimensione del sogno...

Che l'uomo aggiusti l'orologio rotto, riaccenda le luci spente: il calore "solare" delle antiche virtù contro l'oscura barbarie dell'egoismo; la coerenza di fronte agli instabili venti delle mode; il legame con le proprie radici; il ritorno all'armonia con la natura; il senso della giustizia, un'esistenza di pace.

Che egli ritrovi, nella coscienza del suo limite di essere finito, della sua piccolezza di fronte all'immensità degli spazi infiniti, la sua segreta grandezza.

Non rinunciando mai alla forza immaginativa a cui non aveva saputo rinunciare neppure l'inquietante Stratone...

Sarà forse possibile, pensavo, ricostruire il nuovo dalla distruzione del vecchio, che l'uomo porta in sé?

Ancora una volta abbandonai quella segreta speranza al vento e feci rotta verso lo spazio immenso, infinito quanto il desiderio di felicità racchiuso nel mio volo quotidiano.

E intanto passavano le stagioni: con le mie migrazioni: i miei colpi d'ala misurati o forti...

Poi, piegando verso una costa tutta incorniciata da scogliere, cominciai a sentirmi particolarmente stanco.

Ebbi la sensazione di essere arrivato al termine del mio viaggio tra gli uomini.

Il vento di luna mi invitò a riposarmi.

Accompagnai il risveglio del mattino seguente con un intenso sguardo al mare e all'orizzonte lontano, poi volai come nel sogno, tra mobili squarci di luce e di tenebre, fino a che la curiosità non mi spinse a fermarmi in un elegante edificio. Vi dominava una scritta: Teatro Argentina...

Sulla locandina una rappresentazione di giovani attori, intitolata: "Dialogo di Plotino e di Porfirio".

All'apertura del sipario rimasi stupito.

Sul fondale campeggiava un maestoso albero di sequoia a cui facevano da cornice tante piccole piante di ginestre selvatiche.

Appoggiato su un balcone del proscenio cominciai ad ascoltare... ■

Dialogo di Plotino e di Porfirio

Leggi il testo di Leopardi

[scheda in Appendice a pag. 235]

Plotino: Porfirio, tu sai che io ti sono amico e sai quanto ti sono affezionato: non dovresti meravigliarti se mi fermo ad osservare le tue vicende, i tuoi discorsi e il tuo stato d'animo con una certa curiosità, perché ciò nasce dall'intenso affetto che provo per te. Da alcuni giorni ti vedo triste e molto pensieroso, hai uno strano modo di guardare e ti lasci sfuggire certe espressioni: in breve, senza altri preamboli e finzioni, io credo che tu abbia in mente qualche cattivo proposito.

Porfirio: Come, cosa intendi dire?

Plotino: Una cattiva intenzione contro te stesso. Il solo fatto di nominarla viene considerato di cattivo augurio. Cerca, Porfirio mio, di non negarmi la verità; non fare questo torto al grande amore che ci lega da tanto tempo. So bene che ti dispiace che io ti dica queste cose; e comprendo anche che ti sarebbe piaciuto tener nascosto il tuo proposito: ma di fronte ad un fatto di tale importanza non potevo tacere; e non dovresti aver timore di confidarlo ad una persona come me che ti vuole tanto bene quanto a se stessa. Parliamone insieme con tranquillità ed andiamo riflettendo sulle ragioni: tu sfogherai il tuo animo con me, ti lamenterai, piangerai; perché io merito questo da te: ed infine non ti impedirò di fare quello che noi troveremo ragionevole ed utile per te.

Porfirio: Io, Plotino mio, non ti ho mai negato qualunque cosa tu mi abbia domandato. E adesso ti confesso quello che avrei voluto tenere segreto, e che non rivelerei a nessuno per qualunque cosa al mondo: ti confesso che quanto immagini circa la mia intenzione è la verità. Se ti piace che noi incominciamo a ragionare su questo argomento, nonostante l'animo mio ne rifugga intensamente [...], sono disposto a farlo. Anzi incomincerò io stesso; e ti dirò che questa mia inclinazione non deriva da alcuna sciagura che mi sia capitata, o dalla paura che qualcuna mi sopraggiunga, ma da un fastidio della vita; da una noia che io provo, così intensa, che assomiglia al dolore e allo spasimo: dovuto non solamente al conoscere, ma anche al vedere, gustare, toccare la vanità di ogni cosa che mi capita nella giornata. Così che non solo il mio intelletto, ma tutte le mie sensazioni, anche quelle del corpo, sono (per usare un'espressione strana, ma adatta al caso) piene di questa vanità. E in questo caso per prima cosa potrai condividere con me che questa disposizione d'animo sia ragionevole, pur consentendo con facilità che essa provenga in buona parte da qualche malessere corporale. Essa nondimeno è estremamente ragionevole [...]. E nessuna cosa è più ragionevole della noia. I piaceri sono tutti vani [...] quanto c'è di sostanziale e di reale nella vita dell'uomo si riduce alla noia e in lei consiste.

Plotino: Ammesso che sia così. Non voglio ora contraddirti su questo punto. Ma dobbiamo adesso esaminare ciò che tu vai progettando: bisogna esaminarlo in modo estremamente rigoroso, e in se stesso. Non ti starò a ricordare, come tu sai, quella sentenza di Platone che all'uomo non è lecito, al pari di un servo in fuga dal carcere[260] dove si ritrova per volontà degli Dei, privarsi della vita spontaneamente.

Porfirio: Ti prego, Plotino mio; lasciamo da parte Platone, le sue dottrine e le sue fantasie. Una cosa è lodare, commentare, difendere certe opinioni nelle scuole e nei libri; e altra cosa è applicarle nella pratica. Nella scuola e nei libri è giusto approvare le opinioni di

---

[260] È una affermazione di Platone ripresa da Socrate nel *Fedro* (62, b): "[...] noi uomini siamo come in una specie di carcere".

Platone e seguirle[261], dato che oggi si usa così: nella vita, piuttosto che approvarle, le detesto.

Alcuni dicono, lo so, che Platone diffondesse nei suoi scritti le dottrine riguardanti l'oltretomba, così che gli uomini, timorosi e sospettosi di ciò che sarebbe successo loro dopo la morte a causa di questo dubbio e per paura delle pene e delle future calamità, si astenessero nella vita terrena dal fare ingiustizie e malefatte. Se io ritenessi davvero che Platone fosse stato l'autore di questi dubbi e delle dottrine sull'aldilà e che esse fossero sue invenzioni, direi: tu vedi, Platone, in che misura o la natura o il destino o la fatalità, o qualsiasi potenza autrice e signora dell'universo, è stata ed è perpetuamente nemica della nostra specie. Molte e numerosissime ragioni potranno contenderle quella superiorità che noi stessi pretendiamo di avere tra gli animali, ma nessuna ragione riuscirà a toglierci quella superiorità che l'antichissimo Omero attribuiva alla nostra specie, parlo del principato dell'infelicità[262] [...]. Tu con quel dubbio sulla sorte dell'uomo nell'aldilà, suscitato nella mente degli altri uomini, hai sottratto ogni dolcezza a questo pensiero e lo hai reso più amaro di tutti gli altri. [...] Tu con gli uomini sei stato più crudele del destino o della fatalità o della natura. Non potendo questo dubbio essere sciolto e non potendo le nostre menti liberarsene, hai costretto i tuoi simili a questa tremenda condizione in modo che essi avranno una morte piena d'affanni e più misera della stessa vita. Perciò per causa tua, mentre tutti gli altri animali muoiono senza provare timore, l'uomo trascorre le sue ultime ore senza nessuna tranquillità e senza nessuna sicurezza dell'animo. Era ciò che mancava, o Platone, a tanta infelicità della specie umana. Lasciami dire che lo scopo che ti eri proposto, quello di trattenere gli uomini dalla violenza e dall'inganno, non si è realizzato affatto. Perché quei dubbi e quelle credenze spaventano tutti gli uomini solo nelle loro ultime ore, quando ormai non sono atti a nuocere: durante il corso della loro vita spaventano i buoni che non hanno la volontà

---

[261] È un Platone analizzato in chiave spiritualistica, così come venne interpretato da una certa parte della cultura della Restaurazione.

[262] Omero, *Iliade* XVII (vv. 446-447); *Odissea* XVIII (vv. 162-64).

di nuocere ma quella di fare del bene; spaventano le persone timide e le più deboli, le quali non sono inclini per natura e non hanno sufficiente coraggio e forza fisica per commettere violenze e malvagità. Al contrario queste credenze non spaventano gli arditi, gli arroganti e coloro che avvertono poco la potenza della forza immaginativa; infine coloro che generalmente richiederebbero altre limitazioni che quelle della sola legge, come osserviamo quotidianamente e come dimostra l'esperienza di tutti i secoli, dai tuoi giorni fino ai nostri. Le buone leggi, e più ancora la buona educazione, e la cultura dei costumi e delle menti mantengono nella società umana la giustizia e la mitezza: perché gli animi civilizzati e raddolciti da un po' di civiltà e abituati a considerare alquanto le cose e ad usare anche un po' di intelligenza, quasi per necessità e quasi sempre evitano di colpire e ferire i propri compagni; sono per lo più alieni dal fare danno ad alcuno, in qualunque modo; e raramente e con fatica s'inducono a correre quei pericoli che porta con sé la disubbidienza alle leggi. Non portano già a questi effetti positivi le visioni minacciose e le tristi credenze di cose terribili e spaventose: anzi come suole accadere con l'enorme numero e la crudeltà dei supplizi stabiliti dagli stati, così quelle visioni accrescono ancora di più, da un lato la viltà dell'animo[263], dall'altro la ferocia, i principali nemici e le piaghe peggiori della società umana. Ma tu hai posto ancora dinnanzi a noi e promesso una ricompensa ai buoni. Quale ricompensa? Una condizione che ci appare piena di noia ed ancora meno tollerabile di questa vita. A ciascuno è chiara la durezza di quei tuoi supplizi, ma la dolcezza dei tuoi premi è nascosta e misteriosa, e tale che la mente umana non può comprenderla [...] quale speranza possono avere inoltre i virtuosi e i giusti, se quel tuo Minosse e quell'Eaco e Radamanto[264], giudici severissimi ed ineso-

---

[263] "[...] quanto più l'uomo è vile e codardo; quanto più suole appagarsi del presente, soddisfarsi di ciò che gli accade, pigliar le cose come vengono; tanto meno egli è disposto e solito di sacrificarsi o adoperarsi per altrui; tanto meno è accessibile alla compassione, tanto più è inclinato e tanto più ha d'egoismo" (*Zib.* 3314-15).

[264] Omero pone Minosse negli Inferi a giudice dei morti. Una tradizione riferita da Platone ricorda che assieme a Minosse svolgevano tale compito anche Radamanto ed Eaco, figli di Giove.

rabili, sono incapaci di perdonare anche un'ombra o una traccia di peccato? E dove è un uomo che si possa sentire o credere così netto e puro come tu richiedi? Cosicché il raggiungimento di quella felicità, qualunque essa sia, risulta quasi impossibile e la consapevolezza della più retta e travagliata vita alla fine non sarà sufficiente a garantire l'uomo, alla fine della sua vita, dall'incertezza della sua condizione futura e dalla paura delle punizioni [...] Con tutto questo tu hai superato in crudeltà non solo la natura e il fato, ma il più crudele tiranno e ogni più spietato carnefice esistente nel mondo. Ma a quale barbarie si può paragonare quella tua affermazione in base alla quale all'uomo non è lecito di porre fine alle sue sofferenze, alle sue pene, alla sue angosce, vincendo l'orrore della morte e rinunciando volontariamente alla sua anima? E vero che il desiderio di finire la propria vita non nasce negli altri animali, ma solo perché la loro infelicità è più limitata rispetto a quella dell'uomo e non esiste in loro il coraggio di spegnere la vita spontaneamente. Ma seppur tali disposizioni dovessero diventare parte della natura dei bruti, essi non troverebbero alcun impedimento alla possibilità di scegliere di morire [...] In verità, quando considero la grandezza dell'infelicità umana, io penso che più di ogni altra cosa si dovrebbero incolpare le tue dottrine e che gli uomini dovrebbero lamentarsi più di te che della natura. La quale natura sebbene non ci destinò ad altro che ad una vita infelicissima, nello stesso tempo ci diede il potere di farla finita in qualunque momento ci piacesse [...] L'intollerabile peso della nostra infelicità nasce principalmente dal dubbio di poter per caso, troncando volontariamente la nostra vita, incontrare una miseria maggiore di quella attuale [...] Ecco perché nessuna cosa nacque e nessuna mai nascerà in alcun tempo, così dannosa e funesta alla specie umana, come il tuo ingegno. Io direi queste cose, se credessi Platone il creatore o l'autore di quelle dottrine. Io so benissimo che non lo fu. Ma in ogni caso, è stato detto abbastanza su questo argomento, e io vorrei che noi lo lasciassimo da parte.

Plotino: Porfirio, come tu sai, io amo veramente Platone [...] E se ho toccato di sfuggita quella sua sentenza, l'ho fatto più che altro per usare una specie di preambolo. Ed ora riprendendo il ragionamento che avevo in mente, dico che non solamente Platone o qualche altro filosofo, ma la natura stessa sembra insegnarci che non sia lecito toglierci dal mondo per pura nostra volontà [...] Anzi, per essere ancora più chiaro, è l'azione più contraria che possa essere commessa contro la natura. Poiché se le creature viventi dovessero autodistruggersi, l'intero ordine delle cose sarebbe sovvertito [...] Inoltre se la natura c'ingiunge e comanda di fare qualcosa, essa inderogabilmente e soprattutto ci comanda, e non solo agli uomini ma ad ogni altra creatura dell'universo, di curare la nostra propria conservazione e di favorirla in tutti i modi possibili; la qual cosa è esattamente il contrario dell'atto di uccidersi. E senza aggiungere altre argomentazioni, non avvertiamo noi che la nostra inclinazione ci tiene di per se stessa lontani e ci fa odiare e temere la morte e averne orrore, anche a dispetto nostro? Or dunque, poiché questo atto del suicidio è contrario alla natura, così come noi vediamo, io non riesco a convincermi che l'atto sia lecito.

Porfirio: [...] Mi pare che alle tue ragioni si possa rispondere con molte altre e in mille modi, ma cercherò di essere breve. Tu nutri dubbi sul fatto se ci sia lecito morire senza necessità: io ti chiedo se ci è lecito essere infelici. La natura proibisce di uccidersi. Mi sembrerebbe strano che, mentre la natura non ha né la volontà o il potere di rendermi felice e di liberarmi dalla miseria, essa abbia il potere di obbligarmi a vivere. Certo se la natura ha generato in noi l'amore all'autoconservazione e l'odio della morte, essa ci ha trasmesso anche l'odio dell'infelicità e l'amore del nostro proprio bene [...] Come dunque può essere contrario alla natura liberarmi dall'infelicità nel solo modo che gli uomini hanno di fuggirla? Il solo modo è quello di togliermi dal mondo, perché mentre sono vivo, io non la posso evitare. E come potrà essere vero che la natura mi proibisca di fare ricorso alla morte, che rappresenta chiaramente la scelta migliore per me; e di ripudiare la vita che è manifestamente dannosa e cattiva; poiché non mi può portare ad altro che a patire, e a questo mi porta per necessità e mi indirizza di fatto?

Plotino: In ogni modo tutto questo mi porta alla convinzione che il suicidio sia contrario alla natura, poiché i nostri sensi manifestano una marcata avversione e contrarietà contro la morte e noi vediamo che le bestie, le quali (quando non siano forzate o fuorviate dagli uomini) agiscono in ogni cosa con naturalezza, non solo non arrivano mai a compiere questo atto ma, per quanto siano tormentate e misere, dimostrano la più grande ripugnanza per esso. E infine nessuno, ad eccezione dei soli uomini, è portato a commettere un suicidio: e non arrivano a commetterlo quelle persone che vivono in maniera naturale, perché tra queste non troverai uno che non lo disprezzi, seppure ne abbia conoscenza o ne abbia immaginato qualcosa; ma esiste solo tra le nostre popolazioni alterate e corrotte, che non vivono secondo natura.

Porfirio: Orsù, voglio concederti ancora che questa azione, come tu affermi, sia contraria alla natura. Ma a che vale questo, se non siamo, per così dire, creature naturali, bensì uomini civilizzati? Paragonaci, non dico alle creature viventi di ogni altra specie che tu voglia, ma a quelle nazioni là delle parti dell'India e dell'Etiopia, che, come si dice, conservano ancora quei costumi primitivi e selvaggi e tu troverai difficile affermare che questi uomini e quelle creature facciano parte della stessa specie. Ed io personalmente ho sempre fermamente creduto che questa trasformazione e questo cambiamento di vita e d'animo non abbiano portato ad altro che ad un'infinita crescita dell'infelicità. Certamente quelle popolazioni barbare non sentono mai il desiderio di finire la loro vita, né sono attratte dall'idea che si possa desiderare la morte mentre gli uomini, che sono abituati a questa nostra esistenza e sono, come si dice, civilizzati, la desiderano molto spesso e alcune volte se la procurano. Ora, se è lecito all'uomo civilizzato vivere contro natura e contro natura essere così misero, perché non gli sarà lecito morire contro natura[265]? Questo avviene

---

[265] "Il suicidio è contro natura. Ma viviamo noi secondo natura? Non l'abbiamo al tutto abbandonata per seguir la ragione? Non siamo animali ragionevoli, cioè diversissimi dai naturali? La ragione non ci mostra ad evidenza l'utilità di morire? Desidereremmo noi di uccidersi, se non conoscessimo altro movente, altro maestro della vita che la natura, e se fossimo ancora, come già fummo, nello stato naturale? Perché dunque dovendo vivere contro natura, non possiamo morire contro natura?" (*Zib.* 1979).

perché non ci possiamo liberare da questa nuova infelicità, che nasce in noi dall'alterazione dello stato di natura, se non con la morte. Il ritorno al nostro primo stato di natura e alla vita disegnataci dalla natura sarebbe scarsamente possibile e forse non potrebbe essere realizzato del tutto in relazione alla nostra vita materiale, mentre se guardiamo ai nostri sentimenti, che sono più importanti, ciò sarebbe senza alcun dubbio del tutto impossibile [...]

La verità è questa, Plotino. Quella natura primitiva degli uomini antichi, e delle genti selvagge e incolte, non è più da tempo la nostra natura; ma l'assuefazione e la ragione hanno creato in noi un'altra natura[266], che noi abbiamo e avremo sempre, al posto della prima. All'inizio non era naturale per l'uomo procurarsi la morte volontariamente: ma non era neanche naturale desiderarla. Oggi entrambe queste cose sono naturali [...] E ciò non è sorprendente: poiché questa seconda natura è in parte governata e guidata dalla ragione, la quale ritiene cosa certissima che la morte non è veramente un male come detterebbe la prima impressione; è anzi il solo valido rimedio ai nostri mali, il più desiderabile per l'uomo, e il migliore [...] e dato che l'infelicità è stata generata dalla nostra alterazione e non è stata voluta dalla natura, sarebbe cosa ripugnante e contraddittoria che ancora una volta la natura imponesse il divieto di uccidersi. Io penso che questo sia sufficiente per comprendere se sia lecito uccidersi. Rimane da esaminare se sia utile.

Plotino: Non occorre che tu mi parli di questo, mio caro Porfirio. Anche quando questa azione sia lecita (perché non ammetto che una cosa che non sia giusta né retta possa essere utile), non ho alcun dubbio che essa sia utilissima. Così che il problema si riduce in conclusione a questo: quale delle due cose sia migliore; il non

---

[266] "La natura vieta il suicidio. Qual natura? Questa natura presente? Noi siamo di tutt'altra da quella ch'eravamo. Paragoniamoci colle nazioni naturali, e vediamo se quegli uomini si possono stimare d'una stessa razza con noi. Paragoniamoci con noi medesimi fanciulli, e avremo lo stesso risultato. L'assuefazione è una seconda natura, massime l'assuefazione così radicata, così lunga, e cominciata in sì tenera età, com'è quell'assuefazione [...] che ci fa esser tutt'altri che uomini naturali, o conformi alla prima natura dell'uomo, e alla natura generale degli esseri terrestri" (*Zib.* 2402).

patire o il patire[267]? So molto bene che quasi tutti gli uomini vorrebbero unire il piacere al patire piuttosto che il non patire associato al non godere: tanto grande è il desiderio dell'uomo e, per così dire, la sete di piacere che ha l'animo. Ma la scelta non si pone in questi termini: perché, per chiarirti il mio pensiero, il godimento e il piacere è tanto impossibile, quanto è inevitabile il patimento. E intendo una sofferenza così continua, come è continuo il desiderio e il bisogno che noi avvertiamo per il piacere e la felicità, che non trova mai pieno appagamento [...] E in verità, anche se la persona fosse certa che, continuando a vivere, le dovesse capitare una sola e breve sofferenza, quella sola sarebbe sufficiente a far sì che, secondo ragione, la morte fosse da anteporre alla vita in quanto tale patimento non avrebbe alcuna compensazione, dal momento che nella nostra vita non vi può essere un bene o un vero piacere.

Porfirio: [...] Comunque stiano le cose, noi possiamo infine osservare che (ad eccezione del timore delle cose di un altro mondo) quello che trattiene gli uomini dal non abbandonare spontaneamente la vita; e quello che li persuade ad amarla e a preferirla alla morte non è altro che un semplice ed evidentissimo errore, per così dire, di calcolo e di misura, che è come dire un errore che si fa nel calcolare, commisurare e paragonare i vantaggi e gli svantaggi tra loro [...]

Plotino: È realmente così, Porfirio mio. Ma con tutto ciò e in relazione a questo fine, permettimi di consigliarti e di rivolgerti questa mia preghiera: dai ascolto piuttosto alla natura che alla ragione. Io intendo riferirmi a quella natura primitiva, quella che è nostra madre e la madre dell'universo. Perché sebbene essa non ha mostrato di amarci e ci ha fatti infelici, tuttavia essa è stata ostile e

---

[267] "La questione se il suicidio giovi o non giovi all'uomo (al che si riduce il sapere se sia o no ragionevole e preeleggibile), si restringe in questi puri termini. Qual delle due cose è il migliore, il patire o il non patire? [...] E si conchiude ch'essendo all'uomo più giovevole il non patire che il patire, e non potendo vivere senza patire, è matematicamente vero e certo che l'assoluto non essere giova e conviene all'uomo più dell'essere. E che l'essere nuoce precisamente all'uomo. E però chiunque vive (tolta la religione) vive per puro e formale error di calcolo: intendo il calcolo delle utilità. Errore moltiplicato tante volte quanti sono gl'istanti della nostra vita, in ciascuno de' quali noi preferiamo il vivere al non vivere" (*Zib.* 2549-51).

apportatrice di mali nei nostri confronti meno di quanto noi lo siamo stati con il nostro ingegno, con la nostra incessante e sconfinata curiosità, con i pensieri, con i discorsi, con i sogni, con le misere opinioni e dottrine: e lei si è sforzata, particolarmente, di alleviare la nostra infelicità con il nascondere o mascherare la maggior parte di ciò. E quantunque la nostra condizione sia stata grandemente alterata, e la potenza della natura sia diminuita in noi; eppure questa non è stata annullata del tutto, né siamo così mutati e cambiati che non sopravviva in ciascuno di noi una gran parte dell'uomo antico.

E questo, per quanto possa essere imputabile alla nostra follia, non potrà mai essere altrimenti. Ecco, ciò che tu chiami un errore di calcolo, un reale errore e non meno grande che tangibile, è commesso continuamente; e non solo dagli stupidi e dagli idioti, ma dagli intelligenti, dagli uomini di cultura, dai saggi; e verrà commesso eternamente se la stessa natura, che ha prodotto questa nostra razza, proprio essa, e non la ragione né la stessa mano degli uomini, non pone fine ad essa. E credimi che non vi è alcun fastidio per la vita, né disperazione, né senso della futilità delle cose, né della vanità delle preoccupazioni, né della solitudine dell'uomo, né odio del mondo e di se stesso, che possa durare a lungo benché queste disposizioni mentali siano molto ragionevoli e i loro contrari irragionevoli. Ma con tutto ciò, passato un po' di tempo [...] può ritornare il gusto per la vita[268], può nascere questa o quella nuova speranza e le cose umane riprendono le loro apparenze e si mostrano meritevoli di qualche attenzione non solo all'intelletto, ma anche, lasciami dire, al senso dell'animo[269]. E ciò basta per far sì che la persona, quantunque possa avere una buona conoscenza ed essere persuasa della verità, nondimeno contro la volontà della ragione, continui a perseverare nella vita, e a procedere in essa come fanno gli altri: perché (si può

---

[268] "[...] È vero che l'uomo è inclinato per natura alla vita, e che tutte le sensazioni forti e vive, quand'elle non recano dolore al corpo, e non sono accompagnate col danno o col presente pericolo di chi le prova, sono per la loro stessa forza e vivezza, piacevoli, ancorché per tutte le altre qualità ed effetti siano dispiacevoli o terribili ancora" (*Zib.* 2759).

[269] "La vastità e molteplicità delle sensazioni diletta moltissimo l'anima" (*Zib.* 171).

dire) che quel tal senso, e non l'intelletto, è quello che ci governa. Ammesso che sia ragionevole uccidersi e sia contrario alla ragione adattarsi a sopportare la vita: certamente uccidersi è un atto feroce ed inumano [...] E perché anche non vorremo avere alcuna considerazione degli amici, dei congiunti di sangue, dei figliuoli, dei fratelli, dei genitori, della moglie, delle persone familiari e domestiche, con le quali siamo soliti vivere da molto tempo, i quali, morendo, bisogna lasciare per sempre; e non sentiremo in cuor nostro alcun dolore di questa separazione, né terremo conto di quello che essi sentiranno, sia per la perdita di una persona cara o familiare, sia per l'atrocità del caso? So bene che l'animo del sapiente non deve essere troppo debole a piegarsi; né deve lasciarsi vincere dalla pietà e dal cordoglio in modo che ne sia turbato, che cada a terra, che ceda e venga meno, come un essere che si abbandoni a lagrime smoderate, ad atti non degni della fermezza di colui che ha piena e chiara conoscenza della condizione umana. Ma si dovrebbe usare questa forza e costanza dell'animo in quelle tristi vicende che dipendono dal caso, e che non possono essere evitate da noi; non si dovrebbe abusare di lei per privarci spontaneamente, per sempre, della vista, del colloquio e della consuetudine dei nostri cari. Essere totalmente insensibile al dolore per la separazione e la perdita dei parenti, delle persone intime e dei compagni o non essere capace di provare alcun dolore per una siffatta cosa, non è manifestazione di persona sapiente, ma barbara. Non curarsi per nulla di rattristare con la propria uccisione gli amici e i familiari è la scelta di una persona che non cura gli altri ma ha il più totale e assoluto amore di sé. In verità, colui che si uccide non ha cura né alcun pensiero degli altri; egli cerca solo il suo proprio bene, si getta alle spalle, per così dire, i suoi amici e tutto il genere umano tanto che l'azione di privarsi della vita è una chiara manifestazione del più schietto, del più sordido, o certamente del meno bello e meno generoso amore di se stesso[270], che si trovi nel mondo.

---

[270] "Il principio universale dei vizi umani è l'amor proprio in quanto si rivolge sopra lo stesso essere, delle virtù, lo stesso amore in quanto si ripiega sopra altrui, sia sopra gli altri uomini, sia sopra la virtù, sia sopra Dio" (*Zib.* 57).

In ultimo, mio caro Porfirio, i tormenti e i mali della vita, benché molti e continui anche quando, come oggi succede a te, non vi sono infortuni, né straordinarie calamità, né acerbi dolori del corpo, non sono difficili da tollerare, soprattutto per un uomo saggio e forte quale sei tu [...] Ora, Porfirio mio, in ricordo degli anni della nostra amicizia che si è mantenuta fino ad oggi, ti prego caramente: abbandona questo pensiero; non volere essere causa di questo grande dolore per i tuoi buoni amici, che ti amano con tutta l'anima; per me che non ho persona più cara, né più dolce compagnia[271].

Aiutaci piuttosto a sopportare la vita invece che lasciarci soli in questo modo, senza darti pensiero per noi.

Viviamo, Porfirio mio, e confortiamoci l'un l'altro. Non rifiutiamo di portare quella parte dei mali della nostra specie che il destino ci ha assegnato. Attendiamo a tenerci compagnia l'un l'altro; e andiamoci incoraggiando, e dando aiuto e soccorso scambievolmente; per compiere nel miglior modo questa fatica della vita. La quale vita senza alcun dubbio sarà breve. E quando verrà la morte, allora non proveremo dolore; e anche in quell'ultimo tempo gli amici e i compagni ci conforteranno; e ci rallegrerà il pensiero che, quando saremo spenti, essi ci ricorderanno molte volte e ci ameranno ancora.

◾ Le ragioni del cuore

Quando si insinua, deriva di malinconia, quel malessere esistenziale che oscura il senso dell'anima e la ragione rimane la sola misura dell'esistere, sono questi i momenti nei quali l'uomo può concepire l'atto estremo di rinunciare alla vita.

Non lo attuerebbe colui nel quale ancora fosse presente l'uomo antico con la sua naturale razionalità, ma per l'uomo moderno, figlio della sapienza e dell'esperienza — osserva Porfirio — la consapevolezza della infinita vanità del tutto può rendere giustificabile questo atto innaturale.

---

[271] "[...] [l'amore, la] più dolce, più cara, più umana, più potente, più universale delle passioni, che si fa pur luogo in chiunque ha cuore, e maggiormente in chi l'ha più magnanimo" (*Zib.* 3611).

Accorato e sincero l'appello di Plotino. Un "saggio" cuore non può e non deve accettare il dramma di una morte violenta: se la scelta egoistica spegne l'essere, una saggezza più amorevole può riaprire il guscio di quel sogno indecifrabile e imperscrutabile che è la vita, può rendere più sopportabile la sua lezione dolorosa.

Proprio nell'estremo limite della disperazione Plotino esortava il suo malinconico discepolo a scoprire in sé la parte istintiva, "naturale" dell'essere, e ad ascoltare la nobile natura dei sentimenti.

Nel volo dell'esistenza anche una vita senza speranza può aprirsi alla speranza, l'amore e l'amicizia possono lenire il dolore ed aprire il cuore ad un grido fraterno: "viviamo e confortiamoci insieme".

Era l'esortazione ad andare avanti fino all'ultima ora, a non piegarsi al dolore, ma a ricercare una vittoria sulla solitudine: la disponibilità ad aiutare, a creare legami affettivi; ad aprire gli occhi verso gli altri.

Nel sentire il profumo della ginestra, immersa nello scenario teatrale, ripensai ai rami d'amore dell'albero di sequoia.

Maestosità e fragilità, amore e pietà per l'essere umano.

E l'amore donato in vita potrà anche superare l'oscuro limite della morte: quell'attimo puro potrà rifiorire nella memoria del ricordo.

Anche la morte potrà allora scoprire un volto d'amore.

Estrema rivolta dell'uomo al suo destino.

Fuori di quel teatro, mentre gli astri seguivano ignote vie, mi fermai a ripensare alla ginestra: quei suoi "racemi", asciutti ma forti, mi avevano idealmente unito come in un unico quadro i tanti anelli del mio vagabondare, i soggetti degli incontri, ognuno con una sua storia personale...

Illuminazioni conclusive di un cammino tra gli uomini: tra le loro speranze, le loro delusioni...

Un volo magico quanto quella mia capacità di orientarmi nel campo magnetico di quel piccolo granello dell'universo che è la Terra.

Decisi di ritornare ai miei campi per continuare a vivere solo dell'odore del cielo, delle voci dei boschi: pienamente restituito alla mia natura, all'amore per la vita.

E mentre mi ritrovavo solo nell'ombra della sera, non seppi rinunciare ancora una volta a percepire, come un lontano respiro, un'anima a colloquio con la Natura.

Ogni angolo dell'universo, pensai, racchiude una ricerca morale.

Quell'aura misteriosa aveva una voce tanto familiare, quasi portasse con sé i sospiri della mia stessa anima... ▦

DIALOGO DELLA NATURA E DI UN'ANIMA

Leggi il testo di Leopardi

[scheda in Appendice a pag. 236]

Natura: Va, figliola mia prediletta: tale sarai considerata e chiamata per molti secoli. Vivi, e sii grande ed infelice.

Anima: Quale male ho mai commesso già prima di nascere per il quale tu mi condanni ad una tale pena?

Natura: Quale pena, figlia mia?

Anima: Non sei tu che mi prescrivi di essere infelice?

Natura: Ma soltanto perché desidero che tu sia grande, e tu non puoi esserlo senza essere infelice. Inoltre tu sei destinata a rendere vivo un corpo umano; e per volontà del destino tutti gli uomini nascono e vivono infelici.

Anima: Ma al contrario sarebbe ragionevole adoperarti affinché essi fossero felici per necessità; o, non potendo farlo, sarebbe conveniente non metterli al mondo.

Natura: Nessuna delle due cose è in mio potere, perché sono sottoposta al destino, che prende altre decisioni, qualunque ne sia la ragione; che né tu né io possiamo comprendere. Ora, siccome sei stata creata e preparata a dar forma a una persona, nessuna forza, né mia né d'altri, ha il potere di sottrarti alla comune infelicità degli uomini. Ma inoltre tu avrai da sostenere una infelicità maggiore e a te peculiare, per l'eccellenza di cui io ti ho dotata.

Anima: Non ho ancora appreso nulla; perché io ho appena cominciato a vivere: e questa deve essere la ragione per cui io non ti comprendo.

Ma dimmi, eccellenza e infelicità straordinaria sono sostanzialmente la stessa cosa? nel caso che siano due cose differenti, non potresti separarle?

Natura: Si può dire che nelle anime degli esseri umani, e proporzionatamente in quelle di tutte le specie di animali, l'una e l'altra siano quasi la stessa cosa: perché l'eccellenza delle anime comporta una maggiore intensità della loro vita, la quale cosa implica una maggiore coscienza della propria infelicità, che è come dire maggiore infelicità. Nello stesso tempo la più grande vitalità dell'animo implica un più grande e potente amore del vivente per se stesso, dovunque esso si inclini e sotto qualunque aspetto si manifesti. Questa maggiore quantità di amor proprio comporta maggiore desiderio di felicità, e conseguentemente una più grande scontentezza ed angustia nell'esserne privi, e una più grande sofferenza per le avversità che sopraggiungono. Tutto questo è parte integrante del disegno primitivo e perpetuo delle cose create, che io non posso alterare. Oltre a questo, l'acutezza del tuo intelletto e la vivacità dell'immaginazione ti impediranno per grande parte di avere potere su te stessa. Gli animali selvaggi usano agevolmente ognuna delle loro facoltà e tutta la loro forza per raggiungere agevolmente i fini che si propongono. Ma gli uomini pochissime volte utilizzano tutti i loro poteri, perché essi sono impediti generalmente dalla ragione e dalla immaginazione, le quali creano mille incertezze nel prendere decisioni e mille esitazioni nell'attuarli. Quelli che sono i meno risoluti o i meno abituati a pensare e riflettere su se stessi sono i più pronti a prendere una decisione e i più efficaci ad agire. Ma quelle anime grandi come te, che sono continuamente rivolte alla loro vita interiore e come sopraffatte dalla grandezza delle loro facoltà e quindi non padrone di se stesse, il più delle volte soggiacciono all'incertezza, sia nel deliberare che nell'agire: questo è uno dei maggiori tormenti che affliggono la vita umana. Aggiungi inoltre che mentre per l'eccellenza delle tue capacità supererai facilmente e in poco tempo quasi tutte le altre della tua specie nelle conoscenze più profonde e nelle più difficili discipline, nondimeno troverai sempre o impossibile o estremamente difficile da apprendere o da mettere in pratica moltissime cose che sono del tutto insignificanti ma estremamente necessarie per convivere con gli altri uomini. Nello stesso tempo vedrai che le stesse cose sono esercitate perfettamente e apprese senza difficoltà da mille ingegni, che non solo sono inferiori a te, ma sono del tutto spregevoli. Queste e un infinito numero di altre difficoltà e miserie occupano e travagliano le grandi anime. Ma esse sono abbondantemente compensate dalla fama, dalle lodi e dagli onori che procura la loro grandezza a questi egregi spiriti, e dalla durabilità della memoria che essi lasciano di sé ai loro posteri.

Anima: Ma queste lodi e questi onori di cui tu mi parli, mi verranno dal cielo, da te o da chi altro?

Natura: Dagli uomini: perché solo essi possono darteli.

Anima: Vedi, ora, dal momento che non so fare ciò che è estremamente necessario, come tu dici, alle relazioni con gli altri uomini e che invece riesce facile perfino ai più poveri d'ingegno, io pensavo che fossi destinata ad essere offesa ed evitata più che lodata dagli stessi uomini; o quanto meno che fossi destinata ad una vita sconosciuta a quasi tutti loro, in quanto inadatta alla società umana.

Natura: A me non è concesso di prevedere il futuro, né quindi di preannunciarti in modo infallibile quello che gli uomini faranno e penseranno di te, finché tu sarai sulla Terra. È ben vero che dalle esperienze del passato ritengo probabile che essi ti perseguiteranno con la loro invidia, che è un'altra calamità che normalmente tormenta gli animi eccelsi, ovvero che abbiano intenzione di schiacciarti sotto il peso del disprezzo e della loro indifferenza. Oltre al fatto che la fortuna e il caso sono soliti essere nemici delle anime simili a te[272]. Ma subito dopo la morte, come accadde a Camoens, o

[272] È significativo l'elenco di uomini famosi per la loro infelicità riportato nel *Dialogo. Galantuomo e mondo.* "Specchiati in Dante Alighieri, in Cristoforo Colombo, in Luigi Camoens, in Torquato Tasso, in Michele Cervantes, in Galileo Galilei, in France-

alcuni anni più tardi, come accadde a Milton, tu sarai celebrata ed elevata al cielo, non dirò da tutti gli uomini, ma almeno da un piccolo numero di quelli di buon giudizio. E forse le ceneri di quella persona in cui tu sarai accolta, troveranno riposo in una magnifica sepoltura; e le sue fattezze, riprodotte in vari modi, passeranno tra le mani degli uomini; e le vicende della sua vita verranno descritte da molti, e da altri verranno tramandate nella memoria dei posteri con grande cura; e infine, tutto il mondo civile sarà pieno del suo nome. [...].

sco Quevedo, in Giovanni Racine, in Francesco Fénélon, in Giacomo Thomson, in Giuseppe Parini, in Giovanni Melendez e in cento mila altri. Che se costoro hanno avuto qualche fama o dopo morti o anche vivendo, questo non leva che non siano stati infelicissimi, e la fama poco può consolare in vita e niente dopo la morte".

Appendice

Materiale di lavoro a carattere interdisciplinare

L'insegnamento della letteratura ha un carattere interdisciplinare e dialogico.
In quanto interdisciplinare la letteratura è una porta d'ingresso in altri mondi
da quello esistenziale e psicologico a quello dell'immaginario e delle ideologie; si
intreccia alla storia e alla filosofia,come alle arti, al teatro e al cinema.
R. Luperini, L'educazione letteraria: insegnamento e interpretazione, *in*
"Iter (scuola, cultura, società)", Roma, aprile-giugno 2001.

In appendice al viaggio nel tempo e nello spazio del protagonista, vengono qui
proposti tre nuclei di riflessione, suscettibili di ulteriore sviluppo: indicazione
dei temi presenti in ogni singola operetta; parole tratte dal testo originale; variazioni sul tema ed echi interdisciplinari. Ciascun ambito può prestarsi ad un
autonomo approfondimento, in più direzioni. A titolo puramente indicativo e
nel rispetto dell'autonomia di ogni ricerca individuale, si suggeriscono alcuni
possibili itinerari didattici e culturali:

– collegamenti e confronti tra Giacomo Leopardi ed autori stranieri che in
  periodi anteriori, contemporanei o successivi al poeta di Recanati hanno affrontato le stesse tematiche;

– ricostruzioni di aspetti del periodo storico-culturale nel quale operò Leopardi,
  attraverso l'utilizzo di testi coevi e provenienti da diversi ambiti disciplinari;

– elaborazione di moduli *per temi* (l'amore, la vita, la morte, il progresso, il
  sogno, la felicità, il viaggio, la Natura, il sapere, la cultura, la massificazione,
  la solidarietà ecc.) e *per generi* (il racconto mitologico, il dialogo filosofico
  e surreale, la satira, la commedia, il "pastiche" colto, il diario dell'anima, la
  prosa poetica ecc.);

– realizzazione di moduli interdisciplinari.

1 – Storia del genere umano

Preludio in cui si espongono le idee essenziali sottese all'intero libro)
Scritto dal 19 gennaio al 10 febbraio 1824

IN SINTESI: l'uomo di ogni epoca è sempre alla perenne, ma vana, ricerca della felicità.

▉ Temi presenti e spunti di riflessione

- L'uomo, nella sua finitezza, aspira però alla felicità, che è desiderio d'infinito; e quindi avverte sempre, come dato di natura, la noia, il dolore dell'incompiutezza permanente.
- Alla Natura, che pur ha potuto istillarlo nell'uomo, il concetto di felicità è estraneo, così come le speranze, le delusioni, il dolore che esso comporta
- La Natura, al contrario dell'uomo, non è mai insoddisfatta, in quanto è infinita, come l'universo attraverso cui si realizza.
- Conseguente dicotomia, articolabile su più piani, esistente tra la vita e la razionalità degli esseri umani e l'imperscrutabilità delle forze della Natura e dell'universo.
- Una possibile esemplificazione di ciò nella seguente "massima filosofica": la Natura può tutto e non desidera nulla; l'uomo è congegnato per desiderare il tutto, ma non può quasi nulla.
- Il male nel corpo e nello spirito acuisce ed arma l'egoismo.
- Le illusioni, "meravigliose larve", spingono alle grandi imprese.
- La Verità sulla condizione umana rivela la "vanità di ogni cosa, fuorché dei propri dolori".
- Stato di infelicità che è causato dal progresso.
- Gli uomini percepiscono la verità, ma la temono; amano invece l'amore, che è menzognero.

▉ Parole dal testo

"Gli infelici hanno ferma opinione che sarebbero felicissimi quando si riavessero dai propri mali".

"Gli infelici [...] come è la natura dell'uomo, non mancano mai di sperare".

"Negli animi che egli [l'Amore] si elegge ad abitare, suscita e rinverdisce per tutto il tempo che egli vi siede, l'infinita speranza e le belle e care immaginazioni degli anni teneri".

▉ Variazioni sul tema ed echi interdisciplinari

Filosofia
Platone, *Simposio*.
Benjamin, Walter, *Tesi sulla filosofia della storia (Angelus novus)*, 1940.

Letteratura greca

Esiodo, *Teogonia* e *Le opere e i giorni* (vv. 1-201).

Solone, *Elegia* 7 (15).

Teognide, *Elegie* (1/167-168; 425-428).

Epicuro, *Lettera ad Erodoto* (prg. 83); *Lettera a Meneceo* (prg. 123).

Arato di Soli, *I fenomeni* (vv. 96-136).

Letteratura latina

Virgilio, *Bucoliche* (IV egloga) e *Georgiche* (I, 117-146).

Seneca, *Lettere a Lucilio* (II, 16-21; III, 27; IV, 31, 32; VI, 55, 59; VIII, 71; IX, 80; XI-XIII, 85; XIV, 90, 92; XVII-XVIII, 107).

Ovidio, *Metamorfosi* (prima parte).

Letteratura cinese

Il rapporto uomo-Natura è uno dei temi fondanti della cultura tradizionale cinese, inizialmente più accentuato nella filosofia taoista, ma centrale anche nel confucianesimo e nel buddismo. A questi tre insegnamenti fondamentali (*san jiao*) fanno continuo riferimento molte discipline (scienza, arte, politica, poesia, architettura, musica e teatro), in modo più insistente di quanto accada all'interno del rapporto tra classicismo e modernismo in Occidente. La produzione leopardiana ha una forte affinità con la cultura tradizionale dell'Estremo Oriente.

Per un approfondimento di questo tema si indicano le fonti a cui attingere.

Tao tê Ching, a cura di Duyvendak J.J.L., Milano, Adelphi 1973.

Zhuang-zi, a cura di Kia-hway L., trad. Laurenti C. e Leverd C., Milano, Adelphi 1982.

Lieh-tzu, a cura di Tomassini F., Torino, Utet/Tea 1981.

I Ching; il libro dei mutamenti, a cura di Wilheim R., Milano, Adelphi 1991.

I classici confuciani, a cura di Huaqing Y. e La Rosa G., Milano, Vallardi/Garzanti 1995.

Confucio, *I dialoghi*, Milano, Rizzoli 1975.

Fung Yu-Lan, *Storia della filosofia cinese*, a cura di Bodde D., Vicenza, Mondadori 1975.

Granet, Marcel, *Il pensiero cinese*, Milano, Adelphi 1971.

Needham, John Turbeville, *Scienza e Civiltà in Cina* (vol. 1° Lineamenti introduttivi), Milano, Einaudi, 1981.

Pasqualotto, Giangiorgio, *Il Tao della Filosofia*, Roma, Donzelli 1992; *Estetica del vuoto*, Venezia, Marsilio 1992.

Pasqualotto, Giangiorgio, *Illuminismo e illuminazione. La ragione occidentale e gli insegnamenti del Buddha*, Roma, Donzelli 1997.

Watts, Alan W., *Zen*, Milano, Bompiani 1984; *Tao: la via dell'acqua che scorre*, Roma, Ubaldino 1977.

Munyol Yi, *L'uccello dalle ali d'oro*, Firenze, Giunti 1993.

La poesia tang, con un saggio di Cheng F., Napoli, Guida 1987.

Liriche cinesi, a cura di Valensin G., prefazione di Montale E., Torino, Einaudi 1943.

Le trecento poesie Tang, versione dal cinese e introduzione di Benedikter M., Verona, Mondadori 1972.

Capra, F., *Il tao della fisica*, Milano, Adelphi 1989.

Leibniz, Gottfried W., *Discours sur la théologie naturelle des Chinois*, Parigi, ed. L'Erne 1987.

Letteratura francese

Montaigne, Michel Eyquem de, *Essais* III, 13 *(De l'expérience)*, 1595.

Pascal, Blaise, *Penseés*, 72 e 437 (Ed. Brunschvicg), 1670.

Voltaire, François-Marie Arouet de, *Candide*, 1759.

Chateaubriand, François René de, *René*, 1801.

Lamartine, Alphonse de, *L'immortalité* (in *Méditations poétiques*), 1820.

Baudelaire, Charles, *Spleen* LXXVIII (in *Les fleurs du mal*), 1857.

Letteratura inglese

Shakespeare, William, *Hamlet*, 1600-01; *Sonnet* XVIII, 1609.

Swift, Jonathan, *A Modest Proposal*, 1729.

Wordsworth, William, *Lyrical Ballads*, 1795; *The Lucy Poems*, 1800; *The Prelude*, 1805.

Byron, George Gordon, *Don Juan*, 1819-24.

Shelley, Percy Bysshe, *Prometheus Unbound*, 1819; *Ode to the West Wind*, 1820; *The Sensitive Plant*, 1820; *To Jane*, 1820.

Auden, Wystan Hugh, *As I walked out one evening*, 1950.

Letteratura tedesca

Novalis, pseudonimo di Friedrich Leopold barone von Hardenberg, *Hymnen an die Nacht* (1, 2, 3,), 1800.

Storia dell'arte

Friedrich, Caspar David, *Paesaggio al tramonto con due figure*, 1830-35, S. Pietroburgo, Museo di Stato dell'Ermitage.

Munch, Edvard, *Madonna*, 1895-1902, Oslo, Munch-Museet.

Musica

Schubert, Franz, *Erlkonig*, op. 1 (*Il re degli Elfi*, Lied, su testo di J. W. Goethe), 1815.

Berlioz, Hector, *La dannazione di Faust*, 1846.

Gounod, Charles, *Faust*, 1859

Boito, Arrigo, *Mefistofele*, 1868.

Massenet, Jules, *Werther*, 1892.

Verdi, Giuseppe, *Falstaff*, 1893 (in particolare: "Quand'ero paggio").

Cinema

Kusturica, Emir, *Arizona Dream*, 1992.

2 – La scommessa di Prometeo

Scritto dal 30 aprile all'8 maggio 1824

IN SINTESI: il viaggio di Prometeo e Momo tra i continenti, tra gli orrori e le nefandezze del genere umano.

■ Temi presenti e spunti di riflessione

- Gli uomini più sono filosofi e sapienti più sono propensi a disprezzare la gloria.
- Il genere umano non è superiore alle altre specie animali; per molti aspetti è più incivile e barbaro.
- "L'essere umano è veramente sommo tra i generi [...] ma sommo nell'imperfezione, piuttosto che nella perfezione".

■ Parole dal testo

"[...] perché il mondo sia perfetto, conviene che egli abbia in sé, tra le altre cose, anco tutti i mali possibili. E [...] forse io concederei similmente al Leibnizio che il mondo presente fosse il migliore di tutti i mondi possibili".

"[...] nessun altro animale fuori dell'uomo [...] si uccide volontariamente esso medesimo, né spegne per disperazione della vita i figliuoli".

■ Variazioni sul tema ed echi interdisciplinari

Filosofia
Erasmo, *Elogio della follia*, 1511.
Voltaire, *Micromégas*, 1752.

Letteratura greca
Eschilo, *Prometeo incatenato*.
Platone, *Protagora*.
Luciano, *Ermotimo* e *Prometeo*.
Apollonio Rodio, *Argonautiche* (1° e 2° libro).

Letteratura latina
Cicerone, *De repubblica* (6, 16-28).
Seneca, *Lettere a Lucilio* (21, 70 e 79).

Letteratura cinese
Lieh-tzu, a cura di Tomassini F., Torino, Utet/Tea 1981 (in particolare p. 36).
Zizola, Giancarlo, *Dialogo della grande muraglia*, Casale Monferrato, Marietti 1986 (cfr. cap. XI, *Il tao di Francesco*).

Letteratura francese
Voltaire, François Marie Arouet de, *Candide*, 1759.
Baudelaire, Charles, *Le couvercle*, 98 (in *Les fleurs du mal*), 1857.

Céline, Louis Ferdinand, pseudonimo di Louis Ferdinand Destouches, *Voyage au bout de la nuit*, 1932.
Camus, Albert, *Le mythe de Sisyphe*, 1942.

Letteratura inglese
Marlowe, Christopher, *Doctor Faustus*, 1588.
Shakespeare, William, *King Lear* e *Macbeth* 1605-06.
Shelley, Percy Bysshe, *Prometheus Unbound*, 1819.
Huxley, Aldous, *Brave New World*, 1932.

Letteratura tedesca
Heine, Heinrich, *Buch der Lieder*, 1827.
Buchner, Georg, *Lenz*, 1835.
Benn, Gottried, *Reisen* (in *Gedichte*), 1949-55.

Storia dell'arte
Goya, Francisco, *Il colosso*, 1808-10; *Saturno divora un figlio*, 1821-23, Madrid, Museo del Prado.
Bocklin, Arnold, *Odisseo sulla spiaggia*, 1869, Pratteln (Basilea), coll. Hans Holenweg Christ.
Wollheim, Gert, *Il ferito*, 1919, collezione privata.

Musica
Cherubini, Luigi, *Medée*, 1797.
Schubert, Franz, *Prometeo* (Lied su testo di Goethe), 1819.
Verdi, Giuseppe, *Otello*, 1887 (monologo di Jago, II, 2).

Cinema
Coppola, Francis Ford, *Apocalypse Now*, 1979.

3 – Cantico del gallo silvestre

Scritto dal 10 al 16 novembre 1824

IN SINTESI: la vita è un continuo "appassire".

▓ Temi presenti e spunti di riflessione
- La vita, con la sua quotidiana fatica.
- Il mattino, come la giovinezza, rappresenta un momento di speranza.
- La vita tende, in modo inesorabile, verso la fine della nostra esistenza.
- Le cose esistono senza un perché e con l'unica certezza della morte.
- La felicità non ha nessun rapporto né di causa (una forza creatrice mossa dall'amore e orientata al bene) né di effetto (uno scopo da raggiungere) con il concetto dell'essere "perché nessuna cosa è felice".

■ Parole dal testo

"Se il sonno dei mortali fosse perpetuo, ed una cosa medesima colla vita [...] certo l'universo sarebbe inutile; ma forse che vi si troverebbe o copia minore di felicità, o più di miseria, che oggi non vi si trova?".

"La sera è comparabile alla vecchiaia; per lo contrario, il principio del mattino somiglia alla giovinezza: questo per lo più racconsolato e confidente; la sera trista, scoraggiata e inchinevole a sperar male".

"[...] la natura è intenta e indirizzata alla morte".

"Tempo verrà, che esso universo, e la natura medesima sarà spenta".

■ Variazioni sul tema ed echi interdisciplinari

Filosofia
Heidegger, Martin, *Essere e tempo*, 1927 (sez. II, cap. I).
Sartre, Jean Paul, *L'essere e il nulla*, 1943.
Lévi Strauss, Claude, *Tristi tropici*, 1955.

Letteratura greca
Omero, *Iliade* (le figure di Nestore e di Priamo).
Mimnerno, 1 e 2.

Letteratura latina
Cicerone, *Cato Maior de senectute*.
Seneca, *Lettere a Lucilio* (12 e 76).
Valerio Massimo (8,13).

Letteratura cinese
Costantini, Vincenzo, *Il socialismo in Cina prima di Mao*, Milano, La Pietra, 1980 (cfr. p. 233, *Li Dazhao, la missione della "Campana del mattino"*: un originale intreccio di temi propri della filosofia e della poesia tradizionali con quelli del dibattito politico del primo '900; sullo sfondo, l'incontro tra Oriente e Occidente).
Lu, Xun, *Fiori del mattino raccolti la sera* e *Soliloqui*, traduzione a cura di Bujatti A., Roma, E/O, 1986.

Letteratura francese
Pascal, Blaise, *Pensées*, 172 (ed. Brunschvicg), 1670.
Baudelaire, Charles, *Chant d'automne – Le goût du néant* (in *Les fleurs du mal*), 1857.
Sartre, Jean Paul, *Le sursis*, 1945.

Letteratura inglese
Shakespeare, William, *Julius Caesar*, 1599-1600.
Gray, Thomas, *Elegy Written in a Country Churchyard*, 1751.
Keats, John, *Ode on Melancholy*, 1820.

Joyce, James, *Dubliners*, 1914.
Plath, Sylvia, *The Bell Jar*, 1963; *Ariel*, 1965.
Stoppard, Tom, *Rosencratz and Guidenstern are dead*, 1967.

Letteratura tedesca
Heine, Heinrich, *Es fiel ein Reif in der Fruhlingsnacht* (in *Neue Gedichte*), 1828-42.

Storia dell'arte
Caravaggio, Michelangelo Merisi (o Amerighi) da, *La canestra*, 1596, Milano, Galleria Ambrosiana.
Solomina, Francesco,*Vanitas con fiori, libri e teschio*, fine XVII secolo, Roma, Collezione Romano.
Courbet, Gustave, *Gli spaccapietre*, 1849 (già Dresda, Gemaldegal. Distrutto durante la seconda guerra mondiale).
Bocklin, Arnold, *Autoritratto con la Morte che suona il violino*, 1872, Berlino, Nationalgalerie.
Picasso, Pablo, *La stiratrice*, 1904, New York, Solomon R. Guggenhein Museum.

Musica
Verdi, Giuseppe, *La forza del destino*, 1861.

Cinema
Huston, John, *The Dead – Dubliners*, 1987.

4 – Dialogo della Natura e di un Islandese

Scritto nei giorni 21, 27 e 30 maggio 1824

IN SINTESI: la Natura è un perpetuo circuito di produzione e distruzione della materia, ostile e indifferente alle esigenze dei suoi figli.

■ Temi presenti e spunti di riflessione
- Contrasto tra l'uomo e la Natura, persecutrice implacabile.
- L'Islandese cerca un'impossibile fuga dalla Natura. Fuga che si rivela non solo inutile, ma controproducente.
- Il mondo non è fatto secondo i fini dell'uomo.
- L'infelicità nasce da fattori biologici che colpiscono gli uomini: le malattie, la vecchiaia, la morte.
- L'uomo è sottoposto a una sofferenza che subisce senza accettarla.

■ Parole dal testo
"[...] [Gli uomini] sopportando e cagionandosi scambievolmente infinite sollecitudini e infiniti mali [...] tanto più si allontanano dalla felicità quanto più la cercano".

"[...] a chi piace o a chi giova cotesta vita infelicissima dell'universo, conservata con danno e con morte di tutte le cose che lo compongono?".

■ Variazioni sul tema ed echi interdisciplinari

Filosofia
Diderot, Denis, *L'interpretazione della natura*, 1753.
Bergson, Henri, *L'evoluzione creatrice*, 1907.

■ Letteratura greca
Platone, *Protagora*.

Letteratura latina
Cicerone, *De natura deorum*.
Lucrezio, *De rerum natura* (XI, 174-181).
Seneca, *Naturales quaestiones* (6, 2).
Plinio il Vecchio, *Naturalis historia* (7, 1).

Letteratura cinese
Lin Yutang, *Importanza di capire*, Milano, Longanesi 1984 (una classica antologia della letteratura e della filosofia cinese); *Importanza di vivere*, Milano, Longanesi, 1986.
Bertuccioli, Giuseppe, *La letteratura cinese*, Milano, Sansoni/Accademia, 1968.

Letteratura francese
Chauteubriand, René de, *Le Génie du Christianisme*, 1802 (I, V-5; I, V-12).
Lamartine, Alphonse de, *Le Vallon* (in *Méditations poétiques*), 1820; *L'Occident* (in *Harmonies poétiques et religieuses*), 1829; *Jocelyn* (IX époque), 1836.
Hugo, Victor, *A Villequier* (in *Les Contemplations*), 1856.
Vigny, Alfred comte de, *La maison du berger* (in *Les destinées*), 1864.
Sartre, Jean Paul, *La Nausée*, 1938.

Letteratura inglese
Defoe, Daniel, *Life and Strange, Surprising Adventures of Robinson Crusoe*, 1719.
Keats, John, *To Autumn*, 1819; *Ode on a Grecian Urn*, 1820; *Ode on Melancholy*, 1820; *Ode to Psyche*, 1820.
Thomson, James, *The City of Dreadlul Night*, 1880.
Hardy, Thomas, *The Return of the Native*, 1878; *Tess of the d'Ubervilles*, 1891; *Jude the Obscure*, 1896.

Letteratura tedesca
Goethe, Johann Wolfgang von, *Das Gottliche; Grenzen der Menschheit* (Klassische Periode), 1775/1805.
Benn, Gottfried, *Kleine Aster, Schöne Jugend* e *Kreislauf* (in *Morgue*), 1912.

Storia dell'arte

Gericault, Jean Louis A.T., *La zattera della medusa*, 1818-19, Parigi, Louvre.
Turner, Joseph M.W., *La nave negriera*, 1840; *Vapore durante una tempesta in mare*, 1840, Boston, Fine Art Museum.
Church, Frederick E., *Iceberg*, 1860 circa, Collezione Thyssen, Bornemsza.
Munch, Edvard, *Il grido*, 1893, OsIo, Nasjonalgalleriet.

Musica

Verdi, Giuseppe, *Rigoletto*, 1851 (tratto da *Le roi s'amuse* di Victor Hugo).

Cinema

Brenta, Mario, *Barnabo delle montagne*, 1994.
Turteltaub, John, *Instinct – Istinto primordiale*, 1999.

5 – Dialogo di Cristoforo Colombo e di Pietro Gutierrez

Scritto dal 19 al 25 ottobre 1824

IN SINTESI: il viaggio verso le Nuove Terre come simbolo dell'amore per il rischio.

- Meglio una vita intensa e piena d'imprevisti che una vita scialba e noiosa.
- I pericoli a cui riusciamo a sottrarci rendono per un po' la vita "più cara e più pregiata che innanzi".
- Ciascuna navigazione è uno scampato pericolo e presenta superiori utilità.

■ Parole dal testo

"Quando altro frutto non ci venga da questa navigazione, a me pare che ella ci sia profittevolissima in quanto che per un tempo essa ci tiene liberi dalla noia, ci fa cara la vita, ci fa pregevoli molte cose che altrimenti non avremmo in considerazione".

■ Variazioni sul tema ed echi interdisciplinari

Filosofia

Bruno, Giordano, *Eroici furori*, 1585.
Nietzsche, Friedrich, *L'Anticristo*, 1916 (postumo).

Letteratura greca

Omero, *Odissea*.
Apollonio Rodio, *Argonautiche*.
Luciano, *Storia vera*.

Letteratura cinese

Wu Ch'eng en, *Lo scimmiotto*, Milano, Adelphi, 1971 (il classico della letteratura cinese che narra la storia dell'introduzione del buddismo in Cina, ma che è anche un inno ironico e brillante al libero pensiero).
Lu, Xun, *Diario di un pazzo*, Verona, Demetra, 1994.

Letteratura francese

Baudelaire, Charles, *Le Voyage* (in *Les fleurs du mal*), 1857.
Verne, Jules, *Vingt mille lieues sous les mers*, 1869-70.
Céline, Louis Ferdinand, pseudonimo di Louis Ferdinand Destouches, *Voyage au bout de la nuit*, 1932.
Tournier, Michel, *Vendredi ou les limbes du Pacifique*, 1967.

Letteratura inglese

Coleridge, Samuel Taylor, *The Rime of the Ancient Mariner*, 1797-99.
Byron, George Gordon, *Don Juan*, 1817-24.
Tennyson, Alfred, *Ulysses*, 1842.
Conrad, Joseph, *Heart of Darkness*, 1902.
Kerouac, John, *On the Road*, 1948-50.

Letteratura tedesca

Goethe, Johann Wolfgang von, *Prometheus*; *Wanderers Sturmlied*; *Ganymed*; *Mahomets Gesang*, 1772-74.
Joseph Freiherr von Eichendorff, *Aus dem Leben eines Taugenichts* (1° Kapitel), 1826.

Storia dell'arte

Friedrich, Caspar David, *Viaggiatore in un mare di nebbia*, 1818, Amburgo, Kunsthalle.
Gauguin, Paul, *Da dove veniamo? Chi siamo? Dove andiamo?*, 1897, Boston, Museum of Fine Arts.
Magritte, René, *Les Merveilles de la nature*, 1953, Chicago, Museum of Contemporary Art.

Musica

Schubert, Franz Peter, *Die Winterreise*, 1827.
Meyerbeer, Giacomo, *L'africana*, 1865.

Cinema

Herzog, Werner, *Aguirre*, 1972; *Fitzcarraldo*, 1981.

6 – Dialogo di Torquato Tasso e del suo Genio familiare

Scritto dal 1° al 10 giugno 1824

In sintesi: il piacere si risolve nei sogni e nei ricordi, in una finzione della realtà.

- L'intento della nostra vita è il piacere stesso, cioè la felicità.
- Il piacere è sempre o passato o futuro; non mai presente.
- La noia è un "desiderio della felicità, non soddisfatto dal piacere e non offeso apertamente dal dispiacere".
- La solitudine può far scoprire l'importanza dell'attività cogitativa e può ridare vitalità a chi ha perduto la speranza.

▪ Parole dal testo

"[...] il piacere è un subbietto speculativo, e non reale; un desiderio, non un fatto; un sentimento che l'uomo concepisce col pensiero, e non prova; o per dir meglio, un concetto e non un sentimento".

"[...] la solitudine ha quasi l'ufficio della gioventù, o certo ringiovanisce l'animo, avvalora e rimette in opera l'immaginazione, e rinnova nell'uomo esperimentato i beneficii di quella prima inesperienza che tu sospiri".

▪ Variazioni sul tema ed echi interdisciplinari

Filosofia
Freud, Sigmund, *Tre saggi sulla teoria sessuale*, 1905.
Sartre, Jean Paul, *L'immaginazione*, 1936.

Letteratura greca
Epicuro, *Lettera a Meneceo* (prg. 128-129, 131).

Letteratura latina
Lucrezio, *De rerum natura* (3, 1053-1075).
Orazio, *Satire* (2) e *Odi* (1, 4 e 11; 2, 16; 4, 7; 3, 8); *Epistole* (1, 11; 1, 8; 1, 14).
Seneca, *De otio*.

Letteratura francese
La Rochefoucauld, Francois de, *Maximes*, 1665 (141, 172, 304, 312, 352, 502, 522, 532, 555, 633).
Pascal, Blaise, *Pensées*, 1670 (127, 131, 139, 168).
Sartre, Jean Paul, *Le Sursis*, 1945.

Letteratura inglese
Wordsworth, William, *Lines Composed a Few Miles above Tintern Abbey*, 1798.
Wilde, Oscar, *The Picture of Dorian Gray*, 1891.

Letteratura spagnola
Schiller, Friedrich, *Das Ideal und das Leben*, 1795.
Hesse, Hermann, *Im Nebel*, 1905.

Letteratura inglese
Calderon de la Barca, Pedro, *La vita è sogno*, 1631-35.

Storia dell'arte
Minardi, Tomasi, *Autoritratto nella soffitta*, 1813, Firenze, Collezione della Galleria degli Uffizi.
Bocklin, Arnold, *Villa sul mare*, 1864-65, Monaco, Staatsgemaldesammlungen.
Boccioni, Umberto, *Beata solitudo*, 1908, Milano, collezione privata.
Magritte, René, *L'uomo e la notte*, 1955, collezione privata.

Musica

Haydn, Franz Joseph, *Das Leben ist ein Traum* (*La vita è sogno*, su testo di J.W.L. Gleim), 1784.

Verdi, Giuseppe, *La traviata*, 1853 (in particolare: "Il brindisi").

Cinema

Bergman, Ingmar, *Il posto delle fragole*, 1957.

Fellini, Federico, *8 e mezzo*, 1962.

7 – Dialogo di Malambruno e di Farfarello

Scritto dal 1° al 3 aprile 1824

In sintesi: la privazione del piacere è fonte d'infelicità.

– L'uomo ama se stesso di un amore infinito, ma non avverte alcun piacere infinito.
– L'uomo desidera essere felice ma non riesce ad esserlo pienamente, neppure per un momento.
– La suprema contraddizione dell'esistenza umana: solo non amando se stesso, né la vita, l'uomo si sentirebbe libero dall'infelicità.
– Lo spirito di sopravvivenza, che negli animali è solo istintivo, nell'uomo è anche "luciferina" coscienza di sé, in cui si estrinseca e si sublima il naturale egocentrismo.

■ Parole dal testo

"[...] amandoti necessariamente del maggiore amore che tu sei capace, necessariamente desideri più che puoi la felicità propria; e non potendo mai di gran lunga essere soddisfatto di questo tuo desiderio, che è sommo, resta che tu non possi fuggire per nessun verso di non essere infelice".

■ Variazioni sul tema ed echi interdisciplinari

Filosofia

Condillac, Étienne Bonnot de, *Trattato delle sensazioni*, 1754.

Verri, Pietro, *Del piacere e del dolore*, 1773.

Rousseau, Jean Jacques, *Le confessioni*, 1782-89.

Letteratura greca

Epicuro, *Lettera a Erodoto* e *Lettera a Meneceo*.

Letteratura latina

Cicerone, *De finibus bonorum et malorum*.

Seneca, *Lettere a Lucilio* e *De vita beata*.

Letteratura cinese

Fiabe e storie cinesi, a cura di Roberts M., Milano, Arcana 1986.

Letteratura francese
Baudelaire, Charles, *Petits poèmes en prose*, 1868 (postumo).
Sartre, Jean Paul, *La Nausée*, 1938.
Camus, Albert, *L'Étranger*, 1942.

Letteratura inglese
Brontë, Emily, *Wuthering Heights*, 1847.

Letteratura tedesca
Goethe, Johann Wolfang von, *Faust*, 1818 (prologo).
Nietzsche, Friedrich, *Das trunkne Lied* (in *Gedichte*), 1898.

Storia dell'arte
Degas, Edgar, *L'assenzio*, 1875-76, Parigi, Musée D'Orsay.

Musica
Donizetti, Gaetano, *Lucia di Lammermoor*, 1835.
Bellini, Vincenzo, *I Puritani*, 1835.

Cinema
Autant-Lara, Claude, *Margherita della notte*, 1955.

8 – Dialogo di Federico Ruysch e delle sue mummie
Scritto dal 16 al 23 agosto 1824

IN SINTESI: per il morto la vita è un mistero impenetrabile, così come lo è la morte per il vivo.

– Il morire è come l'addormentarsi; è un piacevole languore.
– Nessuno sentirà la propria morte, perché morire è il cessare di ogni sentimento, e le sensazioni dolorose eventualmente precedono e di parecchio la morte, ma non possono sovrapporvisi.

▪ Parole dal testo
"[...] i sensi dell'uomo sono capaci di piacere anche presso all'estinguersi; atteso che spessissime volte la stessa languidezza è piacere; massime quando vi libera da patimento; poiché ben sai che la cessazione di qualunque dolore o disagio, è piacere per se medesima".

▪ Variazioni sul tema ed echi interdisciplinari

Filosofia
Pascal, Blaise, *Pensieri*, 1670.
Kierkegaard, Søren, *La malattia mortale*, 1849.

Letteratura greca
Platone, *Apologia di Socrate*, 32.

Epicuro, *Lettera a Meneceo* (prg. 124-126).

Mimnermo, *Al modo delle foglie* (fr. 20); *Timore dell'Ade* (fr. 44).

Letteratura latina

Cicerone, *De finibus bonorum et malorum* (I, 15,49); *Tusculanae disputationes* (I, 38,91).

Lucrezio, *De rerum natura* (III, vv. 830-832; 837-38).

Seneca, *Lettere a Lucilio* (III, 26; IV, 36; VI, 54; VII, 65).

Letteratura cinese

Zhuang-zi, Milano, Adelphi, 1982.

Letteratura francese

Villon, François, *Epitaphe Villon* (in *La ballade des pendus*), 1489.

Lamartine, Alphonse de, *Novissima verba* (in *Harmonies poétiques et réligieuses*), 1830.

Baudelaire, Charles, *Un fantome*; *Semper eadem*; *La mort des pauvres*; *La mort des artistes* (in *Les fleurs du mal*), 1857.

Letteratura inglese

Donne, John, *Death be not Proud*, 1615-31.

Herrick, Robert, *Upon His Departure Hence* (in *The Hesperides*), 1648.

Thomas, Dylan, *And Death Shall Have No Dominion*, 1934.

Dickinson, Emily, *Because I could not stop for death*, 1955.

Letteratura tedesca

Rilke, Rainer Maria, *Herbst* (in *Das Buch der Bilder*), 1902.

Storia dell'arte

Millais, John Everett, *Ofelia*, 1852, Londra, Tate Gallery.

Bocklin, Arnold, *L'isola dei morti*, 1874-84, Basilea, Kunstmuseum.

De Chirico, Giorgio, *Le muse inquietanti*, 1917, Collezione Mattioli.

Musica

Monteverdi, Claudio, *Incoronazione di Poppea*, 1643 (in particolare: "Morte di Seneca").

Mozart, Wolfgang Amadeus, *Abendempfindung* (*Sensazioni alla sera*), K 523, 1787 (su testo di J.H. Campe).

Schubert, Franz, *Der Jungling und der Tod* (*Il giovinetto e la morte*), 1817 (su testo di J. von Spaum).

Verdi, Giuseppe, *Aida*, 1871 (scena finale, duetto Aida-Radames).

Cinema

Freund, Karl, *La mummia*, 1932.

9 – Dialogo di un Fisico e di un Metafisico

Scritto dal 14 al 19 maggio 1824

IN SINTESI: non la lunghezza della vita, ma l'intensità delle sue attività la rende desiderabile.

- La buona o cattiva sorte non si misura dal numero dei giorni, ma dalla pienezza delle sensazioni.
- Un'esperienza ricca di grandi azioni è rimedio contro la noia.
- L'uomo ama la vita in quanto la considera strumento di felicità.
- La vita dei moderni è monotona; intensa e felice quella degli antichi.
- Gli uomini sono sì fatti che il loro amore verso la vita non è naturale né necessario, dato che molti scelsero di morire potendo vivere e molti moderni desiderano la morte, anche se solo alcuni si uccidono di propria mano.

■ Parole dal testo

"Or pensa, se l'immortalità rincresce agli Dei, che farebbe agli uomini".

"[...] la vita debb'esser viva, cioè vera vita; o la morte la supera incomparabilmente di pregio".

■ Variazioni sul tema ed echi interdisciplinari

Filosofia
Spinoza, Baruch, *Ethica* (V), 16/0-75.
Nietzsche, Friedrich Wilhelm, *La volontà di potenza*, 1906 (postumo).

Letteratura greca
Omero, *Odissea* (V).

Letteratura latina
Seneca, *Lettere a Lucilio* (I, 1/XVII-XVIII; 101/XVII-XVIII, 108); *De brevitate vitae* (XII, passim).

Letteratura cinese
Tao tê Ching, a cura di Duyvendak J.J.L., Milano, Adelphi 1973.
Maspero, Henri, *Il soffio vivo*, Milano, Adelphi 1985.
Fung Yu-Lan, *Storia della filosofia cinese*, a cura di Bodde D., Vicenza, Mondadori, 1975 (vedi la posizione di Mencio, il più famoso divulgatore dell'opera di Confucio).
Sabattini, Mario, Santangelo, Paolo, *Storia della Cina: dalle origini alla fondazione della Repubblica*, Bari, Laterza, 1986 (cfr. il capitolo dedicato alla filosofia neoconfuciana).

Letteratura francese
Baudelaire, Charles, *Poème VI*; *J'aime le souvenir de ces époques nues*; *Le Voyage* (in *Les fleurs du mal*), 1857.

Giraudoux, Jean, *Amphitryon 38*, 1929.

Saint-Exupéry, Antoine de, *Terre des hommes*, 1939.

Camus, Albert, *Prométhée aux enfers* e *L'énigme* (in *L'été*), 1954.

Letteratura inglese

Shakespeare, William, *Sonnet* LXXIII, 1609.

Swift, Jonathan, *Gulliver's Travels*, 1726 (in particolare, la parte terza, al cap. X, che include "I minuti ragguagli intorno agli Struldbrug o Immortali").

Letteratura tedesca

Jünger, Ernst, *Der Kampf als inneres Erlebnis*, 1922.

Benn, Gottfried, *Das Unaufhörliche*, 1931.

Storia dell'arte

Battaglia di Isso, III-II sec. a.c., Napoli, Museo Archeologico Nazionale.

Scene di banchetti con musicanti e danzatori, 450 a.C. ca., Tarquinia, dipinti all'interno della Tomba dei Leopardi.

David, Jacques-Louis, *Napoleone al passo del Gran San Bernardo*, 1800, Parigi, Malmaison.

De Chirico, Giorgio, *Le muse inquietanti*, 1916, Milano, collezione privata.

10 – Dialogo di Timandro e di Eleandro

Scritto dal 14 al 24 giugno 1824

IN SINTESI: critica contro il facile ottimismo della filosofia moderna sulla condizione umana.

- L'infelicità, dura realtà dell'uomo.
- La compassione per la sofferenza degli uomini.
- La critica verso gli eccessi della civiltà moderna, permeata da un illuminismo ormai solo meccanicistico e superficiale.
- Elogio delle opinioni che generano atti e pensieri nobili ed utili al bene comune.

■ Parole dal testo

"Se alcun libro morale potesse giovare, io penso che gioverebbero massimamente i poetici: dico poetici, prendendo questo vocabolo largamente: cioè libri destinati a muovere la immaginazione; e intendo non meno di prose che di versi".

"Io non lascio [...] di deplorare, sconsigliare [...] lo studio di quel misero e freddo vero, la cognizione del quale è fonte o di noncuranza e infingardaggine, o di bassezza d'animo, iniquità e disonestà d'azione, e perversità di costumi".

"[Eleandro] lodo ed esalto quelle opinioni [...] che generano atti e pensieri nobili, forti, magnanimi, virtuosi ed utili al bene comune o privato; quelle immaginazioni belle e felici, ancorché vane, che danno pregio alla vita".

▓ Variazioni sul tema ed echi interdisciplinari

Filosofia
Voltaire, François Marie Arouet de, *Candide*, 1759.
Marx, Karl, *Manoscritti economico-filosofici*, 1844.
Freud, Sigmund, *Il disagio della civiltà*, 1929.
Russell, Bertrand, *La conquista della felicità* (trad. di G. Pozzo Galeazzi), Milano, Longanesi, 1972.

Letteratura greca
Menandro, il teatro.
Omero, *Iliade* (XVII, 446-7 e XXIV, 525-551).
Erodoto, *Storie* (7, 44-46).

Letteratura latina
Terenzio, il teatro.
Cicerone, *Tusculanae disputationes* (II).

Letteratura cinese
Acheng, pseudonimo di Zhong Acheng, *Il re dei bambini*, 1985; *Il re degli scacchi*, 1984; *Il re degli alberi*, 1984.

Letteratura francese
Proust, Marcel, *Le temps retrouvé*, 1927 (la parte finale).
Cocteau, Jean, *La Machine infernale*, 1934.
Camus, Albert, *La peste*, 1947.
Sartre, Jean Paul, *Qu'est-ce que la littérature?*, 1947.

Letteratura inglese
Keats, John, *Ode to Imagination on Melancholy*, 1819.
Hardy, Thomas, *Jude the Obscure*, 1896.
Auden, Wystan Hugh, *The Unknown Citizen* (in *Collected Shorter Poems*), 1950.

Letteratura tedesca
Büchner, George, *Woyzeck*, 1837.
Mann, Thomas, *Tod in Venedig*, 1913.
Benn, Gottfried, *Doppelleben*, 1950.

Storia dell'arte
Munch, Edvard, *La danza della vita*, 1899-1900, Oslo, Nasjonalgalleriet.
Chagall, Marc, *Parigi dalla finestra*, 1913, New York, Solomon R. Guggenheim Museum.

Cinema
Kieslowski, Krzysztof, *I tre colori / Film rosso*, 1994.
Fellini, Federico, *Casanova*, 1976.

11 – Dialogo della Moda e della Morte

Scritto dal 15 al 18 febbraio 1824

IN SINTESI: l'inesorabile opera di distruzione della Moda e della Morte.

- Le mode impongono continui mutamenti; condizionano i comportamenti e le abitudini degli uomini.
- Destino e ufficio comune della moda e della morte è quello di rinnovare continuamente il mondo.
- L'eroe nel mondo antico era amato e tramandato nel ricordo delle generazioni successive; nella realtà moderna anche l'uomo illustre viene presto dimenticato.
- La moda nasce con la vita stessa (e per questo si accomuna così bene alla morte), tanto che i primitivi ne sono i più genuini interpreti e gli uomini antichi sono noti per il vigore corporale frutto delle salutari pratiche allora di moda.
- Nei tempi moderni la moda ha suggellato la deplorevole separazione, quasi l'incomunicabilità, operata in ciascun essere, tra l'acculturazione della mente e la cura del corpo, con il risultato di indebolire ambedue.

■ **Parole dal testo**

"Dico che la nostra natura e usanza comune (quella della moda e della morte) è di rinnovare continuamente il mondo".

"Io [la moda] persuado e costringo tutti gli uomini gentili a sopportare ogni giorno mille fatiche e mille disagi, e spesso dolori e strazi, e qualcuno a morire gloriosamente, per l'amore che mi portano".

■ **Variazioni sul tema ed echi interdisciplinari**

Filosofia

Heidegger, Martin, *Essere e tempo*, 1927 (sez. II, cap. IV).

Simmel, Georg, *La moda e altri saggi di cultura filosofica*, trad. di Marcello Monaldi, Milano, Longanesi 1985.

Letteratura latina

Seneca, *Lettere a Lucilio* (1, 5).

Persio, Flacco Aulo, *Satire*.

Giovenale, *Satire*.

Letteratura cinese

Lu, Xun, *Diario di un pazzo*, op. cit.

Lao, She, *Città di gatti*, trad. di Masi E., Milano, Garzanti 1986.

Letteratura francese

Pascal, Blaise, *Pensées* (82, 148, 158, 301, 309, 414), 1670.

Baudelaire, Charles, *Le Beau, la Mode et le Bonheur*; *Le Dandy*; *Éloge du maquillage* (in *Le peintre de la vie moderne*), 1863.

Barthes, Roland, *Mythologies – Le système de la mode*, 1957.

Letteratura inglese
Swift, Jonathan, *The Lady's Dressing Room*, 1732.
Wilde, Oscar, *The picture of Dorian Gray*, 1891.
Fitzgerald, Francis Scott, *The Great Gatsby*, 1925.
Lawrence, David Herbert, *Lady Chatterley's Lover*, 1928.

Storia dell'arte
David, Jacques-Louis, *Il giuramento degli Orazi*, 1784, Parigi, Louvre.
Bonomini, Paolo Vincenzo, *Figure di scheletri*, inizi del sec. XIX, Bergamo, Borgo Canale, Chiesa di Santa Grata.
Rude, François, *La marsigliese*, 1835-36, Parigi, Rilievo dell'Arc dell'Étoile.
Wesselmann, Tom, *Great American Nude n. 53*, 1961.

Cinema
Altman, Robert, *Prêt-à-Porter*, 1994.

12 – Dialogo di un venditore d'almanacchi e di un passeggere
Scritto nel 1832 (probabilmente a Firenze)

IN SINTESI: la vita bella è quella che non si conosce: la vita futura.

- Nessuno vorrebbe rifare la propria vita esattamente uguale, con tutti i piaceri e i dispiaceri.
- La felicità sta nell'aspettativa di un piacere futuro.

■ Parole dal testo
"Una vita a caso, e non saperne altro avanti".

"Quella vita, ch'è una cosa bella, non è la vita che si conosce, ma quella che non si conosce; non la vita passata, ma la futura".

■ Variazioni sul tema ed echi interdisciplinari

Filosofia
Lukàcs, Gyorgy, *Teoria del romanzo*, 1916.
Bloch, Ernest, *Lo spirito dell'utopia*, 1918-1923.

Letteratura greca
Epicuro, *Lettera a Meneceo* (prg. 127).

Letteratura latina
Seneca, *De brevitate vitae* (VII-IX, passim).

Letteratura francese
Pascal, Blaise, *Pensées* (172-183), 1670.
Rousseau, Jean Jacques, *Cinquième promenade* (in *Les rêveries du promeneur solitaire*), 1771.

Letteratura inglese

Browning, Elizabeth Barrett, *Sonnet* 43 (in *Sonnets from the Portuguese*), 1850.
Hardy, Thomas, *A Dream or No* (in *Poems*), 1912-13.

Letteratura tedesca

Uhland, Ludwig, *Fruhlingsglaube*, 1815.

Storia dell'arte

Bocklin, Arnold, *Vita Somnium Breve*, 1888, Basilea, Kunstmuseum.
Dalí, Salvador, *La persistenza della memoria*, 1931, New York, Museum of Modern Art.

Musica

Schubert, Franz, *Der Wanderer*, 1816 (op. 4, n. 1, su testi di G.Ph. Schmidt von Lubeck).
Verdi, Giuseppe, *La traviata*, 1853 (in particolare "Parigi, o cara, noi lasceremo"); *Il trovatore* (in particolare "Ai nostri monti") 1853; *Aida*, 1871 (in particolare "O patria mia").

Cinema

Capra, Frank, *La vita è meravigliosa*, 1946.

13 – Proposta di premi fatta dall'Accademia dei Sillografi

Scritto dal 22 al 25 febbraio 1824

IN SINTESI: polemica dell'autore contro la cieca e ottimistica fiducia nelle macchine e nella scienza.

– La vita è diventata "più meccanica", inaridita di fronte alle opere prodotte dalla ragione.

– Le macchine potrebbero sostituire l'uomo (vengono ironicamente proposte tre macchine: la personificazione dell'amico leale; l'uomo artificiale a vapore "atto e ordinato a fare opere virtuose e magnanime"; il modello della donna perfetta e ideale) anche nelle realtà spirituali, non solo in quelle materiali.

■ Parole dal testo

"[...] disperando la miglior parte dei filosofi di potersi mai curare i difetti del genere umano [...] assai maggiori e in più numero che le virtù [...] l'Accademia dei Sillografi reputa essere espedientissimo [...] che gli uomini si rimuovano dai negozi della vita il più che si possa [...] sottentrando le macchine in loro scambio".

■ Variazioni sul tema ed echi interdisciplinari

Filosofia

Adorno, Theodor W., Horkheimer, Max, *Dialettica dell'Illuminismo*, 1947.
Gramsci, Antonio, *Americanismo e fordismo*, 1948 (postumo).

Letteratura latina
Seneca, *Lettere a Lucilio* (90).

Letteratura cinese
Needham, Joseph, *Scienza e civiltà in Cina*, 1954.
L'oceano in un guscio d'ostrica, viaggiatori cinesi alla scoperta dell'Europa, a cura di M.R. Masci, Roma-Napoli, Theoria 1989.

Letteratura francese
Pascal, Blaise, *Pensées* (143), 1670.
Alembert, Jean-Baptiste Le Rond d', *Discours préliminaire de l'Encyclopédie*, 1750.
Rousseau, J. Jacques, *Émile* (livre III), 1762.
Verne, Jules, *L'éternel Adam*, 1910 (postumo); *Paris ou XX siècle*, 1910 (postumo).

Letteratura inglese
Swift, Jonathan, *Gulliver's Travels*, 1726 (in particolare: parte terza, al cap. V, nella Grande Accademia di Lagado).
Blake, William, *Songs of Innocence*, 1789; *Songs of Experience*, 1794.
Dickens, Charles, *Hard Times*, 1854.
Shaw, George Bernard, *Pygmalion*, 1912.
Ellison, Ralph Waldo, *The Invisible Man*, 1952.

Letteratura tedesca
Heine, Heinrich, *Die schlesischen Weber*, 1844.
Wallraff, Günter, *Am Fliessband* (in 13 *unerwunschte Reportagen*), 1969.

Storia dell'arte
Picabia, Francis, *La fille née sans mère*, 1916-17, Londra, collezione privata.
Leger, Fernand, *Elementi meccanici*, 1918-23, Basilea, Kunstmuseum.
Depero, Fortunato, *Scenario plastico e mobile per il balletto "The new Babel"*, 1930, Rovereto, Museo Depero.

Cinema
Lang, Fritz, *Metropolis*, 1926.
Chaplin, Charlie, *Tempi moderni*, 1936.
Columbus, Chris, *The Bicentennial Man*, 1999.

14 – Dialogo di Tristano e di un amico
Scritto nel 1832 (forse a Firenze)

IN SINTESI: la critica contro l'ottimismo e le verità conclamate dal XIX secolo: la felicità, la perfezione, la superiorità degli uomini moderni.

– Scetticismo nei confronti del potere dei giornali, divenuti "maestri e luce dell'età presente".
– Difesa delle opinioni degli individui schiacciati dal potere della massa.

- L'esigenza di una forte coscienza morale: "lodo, ammiro ed onoro altamente e sincerissimamente il buon volere".
- Il riso e l'ironia come forma di distacco inconciliabile dalla vita, ma anche di liberazione di uno spirito critico e vigilante contro la falsità, gli abusi, la retorica del progressismo e del riformismo dalle "ottime" parole: "statistica, economia, enciclopedie portatili". – La morte accettata in modo stoico, eroico, quale unica consolazione rimasta al male di vivere.

■ Parole dal testo

Tristano: "[...] Credo ed abbraccio [ironicamente] la profonda filosofia dei giornali, i quali uccidendo ogni altra letteratura e ogni altro studio, massimamente grave e spiacevole, sono maestri e luce dell'età presente".

"*Gli individui sono spariti dinanzi alle masse*, dicono elegantemente i pensatori moderni. Il che vuol dire ch'è inutile che l'individuo si prenda nessun incomodo [...] Lasci fare alle masse".

"Tutti i secoli, più o meno, sono stati e saranno di transizione, perché la società umana non istà mai ferma [...] tutte le transazioni conviene che sieno fatte adagio; perché se si fanno a un tratto, di là a brevissimo tempo si torna indietro, per poi rifarle a grado a grado".

■ Variazioni sul tema ed echi interdisciplinari

Filosofia
Marx, Karl, *L'ideologia tedesca*, 1845-46.
Nietzsche, Friedrich Wilhelm, *Genealogia della morale*, 1887.

Letteratura greca
Teofrasto, *I caratteri* (17).

Letteratura latina
Orazio, *Satire* (I, 1).
Seneca, *Lettere a Lucilio* (10 e 90).
Giovenale, *Satire* (12 e 14).

Letteratura cinese
Lu, Xun, *Diario di un pazzo*, op. cit.

Letteratura francese
Montaigne, Michel Eyquem de, *Essais* (livre II, chapitre 12), 1580.
Descartes, René, *Discours de la méthode* (4a parte), 1637.
Pascal, Blaise, *Pensées* (294, 298, 301, 320, 330, 354, 378), 1670.
Camus, Albert, *L'étranger*, 1942.
Giraudoux, Jean, *Sodome et Gomorrhe* (Prélude), 1943.
Anouilh, Jean, *Antigone*, 1944; *Becket ou l'honneur de Dieu*, 1959.

Letteratura inglese

Arnold, Matthew, *Dover Beach*, 1853.

Auden, Wystan Hugh, *Funeral Blues* (in *Collected Poems*), 1930.

Letteratura tedesca

Brecht, Bertolt, *An die Nachgeborenen*, 1933.

Storia dell'arte

Galata che si suicida dopo aver ucciso la moglie (220-210 a.C.), Roma, Museo Nazionale Romano.

Boccioni, Umberto, *La risata*, 1911, New York, The Museum of Modern Art.

Cinema

Welles, Orson, *Quarto potere*, 1941.

Lumet, Sidney, *Quinto potere*, 1976.

Scott, Ridley, *Blade Runner*, 1982.

15 – Dialogo della Terra e della Luna

Scritto dal 24 al 28 aprile 1824

IN SINTESI: il dolore, la sofferenza e l'infelicità sono presenti non solo sulla Terra, ma anche nell'Universo.

– Critiche di stampo relativistico all'antropomorfismo e all'antropocentrismo delle culture terrestri e, quindi, sottolineatura dei limiti insiti al pensiero umano.

■ Parole dal testo

"[...] negli ultimi tempi, gli uomini hanno perduto moltissime cose (verbigrazia l'amor patrio, la virtù, la magnanimità, la rettitudine), non già solo in parte, e l'uno o l'altro di loro, come per l'addietro, ma tutti e interamente".

"[...] il male è cosa comune a tutti i pianeti dell'universo, o almeno di questo mondo solare".

■ Variazioni sul tema ed echi interdisciplinari

Filosofia

Schopenhauer, Arthur, *Il mondo come volontà e rappresentazione*, 1919.

Arendt, Hannah, *La banalità del male: Eichmann a Gerusalemme*, Milano, Feltrinelli, 1992.

Letteratura cinese

Tao tê Ching, op. cit.

Zhuang-zi, op. cit.

Lieh-tzu, op. cit.

Acheng, *Il re dei bambini*; *Il re degli scacchi*; *Il re degli alberi*, op. cit.

Letteratura francese

Cyrano de Bergerac, Savinien de, *L'autre monde ou Les états et empires de la lune*, 1657 (postumo); *Les états et empires du soleil*, 1662 (postumo).

Pascal, Blaise, *Pensées* (194, 213, 266), 1670.

Lamartine, Alphonse de, *L'isolement* (in *Méditations poétiques*), 1820.

Vigny, Alfred, comte de, *Le malheur* (in *Poèmes antiques et modernes*), 1826.

Baudelaire, Charles, *Alchimie de la douleur; Le couvercle; La Lune offensée* (in *Les fleurs du mal*), 1857.

Letteratura inglese

Cowper, William, *The Castaway*, 1800.

Eliot, Thomas Stearns, *The Waste Land*, 1922.

Golding, William, *The Lord of Flies*, 1954.

Letteratura tedesca

Lenau, Nikolaus, *Schilflieder*,1829.

Storia dell'arte

Friedrich, Caspar David, *Il viandante e il mare di nebbia*, 1818 ca., Amburgo, Kunsthalle.

Munch, Edvard, *Appuntamento nell'Universo*, 1899, xilografia, Oslo, Munch Museet.

16 – Dialogo di un folletto e di uno gnomo

Scritto dal 2 al 6 marzo 1824

IN SINTESI: la scomparsa dell'uomo dalla Terra e l'indifferenza del cosmo.

– Nel mondo l'umanità è estinta; le cause: autodistruzione, guerre, suicidi ecc.

– Allontanamento dell'uomo dallo stato di natura e perdizione che ne deriva. L'aver perso i contatti con la semplicità naturale ha portato all'eccesso di presunzione e questo si è tradotto nell'inevitabile autodistruzione.

– Sulla Terra, libera dalla presenza dell'uomo ("la razza è perduta"), continua ugualmente ogni altra forma di vita.

– Senza l'uomo non hanno più senso gli strumenti di misurazione, eppure il tempo prosegue il suo corso.

– Assenza sulla Terra di fatti storici nuovi e scomparsa della memoria di quelli precedenti; ma ciò, che pur è destinato ad accadere, non altererà minimamente l'ordine cosmico.

■ Parole dal testo

"[...] [gli uomini] sono andati a mancare [...] Parte guerreggiando tra loro, parte navigando, parte mangiandosi l'un l'altro".

"[...] essi [gli uomini] credevano che tutto il mondo fosse fatto e mantenuto per loro soli".

"[...] le loro proprie vicende [quelle umane] le chiamavano rivoluzioni del mondo, e le storie delle loro genti, storie del mondo: benché si potevano numerare, anche dentro ai termini della Terra, forse tante altre specie, non dico di creature, ma solamente di animali, quanti capi d'uomini vivi".

■ Variazioni sul tema ed echi interdisciplinari

Filosofia
Lucrezio, *De rerum natura*.
Diderot, Denis, *Dialogo di D'Alembert e Diderot*, 1830 (postumo).

Letteratura cinese
Tao tê Ching, op. cit.
Zhuang-zi, op. cit.
Lieh-tzu, op. cit.
Acheng, *Il re dei bambini*; *Il re degli scacchi*; *Il re degli alberi*, op. cit.

Letteratura francese
Rousseau, Jean-Jacques, *Cinquième et septième promenade* (in *Les rêveries du promeneur solitaire*), 1771.
Vigny, Alfred de, *Le Déluge* (in *Poèmes antiques et modernes*), 1826.
Sartre, Jean Paul, *Huis clos*, 1944.
Camus, Albert, *Caligula*, 1944.
Ionesco, Eugène, *Rhinocéros*, 1960; *Le roi se meurt*, 1962.

Letteratura inglese
Golding, William, *The Lord of Flies*, 1954.

Letteratura tedesca
Oehring, Richard, *Landschaft*, 1915.

Storia dell'arte
Friedrich, Caspar David, *Abbazia nel querceto*, 1809, Berlino, Nationalgallerie.
Picasso, Pablo, *Guernica*, 1937, Madrid, Centro d'arte contemporanea "Reina Sofia".
Magritte, René, *La memoire*, 1948, Collezione dello Stato belga.

Cinema
Schaffner, Franklin J., *Il pianeta delle scimmie*, 1968.
Kubrick, Stanley, *2001: Odissea nello spazio*, 1968.
Ferreri, Marco, *Il seme dell'uomo*, 1969.

17 – Dialogo d'Ercole e di Atlante

Scritto dal 10 al 13 febbraio 1824

IN SINTESI: condizione permanente di abulia e di vuoto dell'uomo moderno.
- Decadenza dell'uomo moderno rispetto a quello antico.
- Una modernità inerte e povera di ideali rispetto all'età antica, eroica e ricca di vitalità.
- Il mondo, un tempo attivo, è diventato insensibile e leggero per il sempre più scarso valore degli individui e la vita insipida, vuota che essi vi conducono.

■ Parole dal testo

"Atlante [a proposito della Terra]: '[...] il mondo è fatto così leggero, che questo mantello che porto per custodirmi dalla neve, mi pesa più'.
Gli fa eco Ercole: '[...] Mi accorgo bene che ha mutato figura, e che è diventata a uso delle pagnotte, e non è più tonda [...] credo che dorma".

■ Variazioni sul tema ed echi interdisciplinari

Filosofia
Diderot, Denis, *l nipote di Rameau*, 1821(postumo).
Deleuze, Gilles, *Critica e Clinica* (cap. X), Milano, Cortina, 1996.

Letteratura cinese
Chin p'ing mei, a cura di Jahier P. e Stoneman M. R., Milano, Feltrinelli 1983.

Letteratura ceca
Kundera, Milan, *L'insostenibile leggerezza dell'essere*,1984.

Letteratura francese
Pascal, Blaise, *Pensées* (72-205), 1670.
Baudelaire, Charles, *Abel et Caïn* (in *Les fleurs du mal)*, 1857; *Le vieux saltimbanque* (in *Petits poèmes en prose)*,1868 (postumo).
Zola, Emile, *L'assommoir*, 1877.

Letteratura inglese
Owen, Wilfred, *Anthem for Doomed Youth* e *Insensibility* (in *Poems)*, 1920.
Eliot, Thomas Stearns, *The Hollow Men*, 1924.
Yeats, William Buder, *Sailing to Byzantium* (in *The Tower)*, 1928.
Beckett, Samuel, *Waiting for Godot*, 1948.
Gunn, Thom, *Human Condition* e *On the Move* (in *The Sense of Movement)*, 1957.

Letteratura tedesca
Holderlin, Johann Christian Friedrich, *Hyperions Schzksaalslied* e *Haifte des Lebens* (in *Abendphantasie)*, 1798/1800.
Musil, Robert, *Der Mann ohne Eigenschaften*, 1938-42; 1952.

Storia dell'arte

Grosz, Georges, *I pilastri della società*, 1926, Berlino, Nationalgalerie Staatliche Museen zu Berlin.

Beckmann, Max, *Società parigina*, 1931, New York, Solomon R. Guggenheim Museum.

Cinema

Willox, F. Macleod, *Il pianeta proibito*, 1956.

Kaufman, Philip, *L'insostenibile leggerezza dell'essere*, 1988.

18 – Dialogo di Plotino e di Porfirio

Scritto nel 1827

IN SINTESI: le contrapposte motivazioni tra la giustificazione del suicidio secondo la ragione e il suo rifiuto per valori e motivi sentimentali.

- L'uomo allo stato di natura deprecava uccidersi; non l'uomo "tutto" ragione, nato dalla moderna civiltà.
- L'amicizia e gli affetti possono vincere le motivazioni della ragione.
- Critica di taglio epicureo alla filosofia di Platone, al suo mondo delle idee a cui si ricollega, attraverso l'opera di Plotino, il trascendentalismo cristiano. "Tu [Platone] sei stato agli uomini più crudele che il fato o la necessità o la natura [...] che essi avranno la morte piena d'affanno, e più misera che la vita [...] Questo mancava, o Platone, a tanta infelicità della specie umana".

■ Parole dal testo

"[...] colui che si uccide da se stesso, non ha cura né pensiero alcuno degli altri; non cerca se non l'utilità propria; si gitta, per così dire, dietro alle spalle i suoi prossimi".

"Viviamo, Porfirio mio, e confortiamoci insieme: non ricusiamo di portare quella parte che il destino ci ha stabilita, dei mali della nostra specie. Sì bene attendiamo a tenerci compagnia l'un l'altro; e andiamoci incoraggiando, e dando mano e soccorso scambievolmente; per compiere nel miglior modo questa fatica della vita".

■ Variazioni sul tema ed echi interdisciplinari

Filosofia

Kierkegaard, Søren Aabye, *La ripresa*, 1843.

Freud, Sigmund, *Al di là del principio del piacere*, 1920.

Letteratura latina

Cicerone, *Laelius sive de amicitia*.

Seneca, *Lettere a Lucilio* (VI, 58); *De beneficiis* e *De clementia*.

Letteratura cinese

Zhuang-zi, op. cit.

Wang Yinglin, *Il libro dei tre caratteri*, Palermo, Sellerio, 1993.

Letteratura francese

Bernanos, Georges, *Journal d'un curé de campagne*, 1936.

Camus, Albert, *Noces à Tipasa*; *Le vent à Djemila* (in *Noces*), 1938; *Les amandiers* (in *L'eté*); 1940; *La peste*, 1947; *L'homme révolté*, 1951.

Letteratura inglese

Shakespeare, William, *Hamlet*, 1600-1.

Woolf, Virginia, *Mrs Dalloway*, 1915.

Letteratura tedesca

Goethe, J. W. von, *Die Leiden des jungen Werther*, 1774.

Storia dell'arte

Cecioni, Adriano, *Il suicida*, 1886, Firenze, Galleria d'Arte Moderna.

Musica

Massenet, Jules, *Werther*, 1892.

Cinema

Bresson, Robert, *Diario di un curato di campagna*, 1951.

Kieslowski, Krzysztof, *I tre colori. Film Blu*, 1993.

Luhrmann, Baz, *Romeo + Giulietta di William Shakespeare*, 1996.

19 – Dialogo della Natura e di un'Anima

Scritto dal 9 al 14 aprile 1824

IN SINTESI: sul sottile confine tra la vita e la morte, lo stretto legame tra la grandezza dell'uomo e la sua infelicità.

– Quanto più gli uomini sono grandi, tanto più sono infelici., La Natura non concede a sua figlia, l'anima, la felicità alla quale essa aspira., Intelligenza e immaginazione sono qualità superiori, che però possono ostacolare nell'uomo i rapporti con i propri simili., Le anime grandi rimarranno nel ricordo delle generazioni future., L'anima del dialogo (Leopardi) preferisce essere destinata a una forma di vita bruta, e alla sofferta gloria futura antepone l'assenza di dolore della non esistenza: la morte.

■ Parole dal testo

"subito dopo la morte... tu (anima) sarai celebrata e levata al cielo, non dirò da tutti, ma, se non altro, dal piccolo numero degli uomini di buon giudizio".

▉ Variazioni sul tema ed echi interdisciplinari

Filosofia
Fichte, Johann, *La missione dell'uomo*, 1799.
Feuerbach, Ludwig Andreas, *Principi della filosofia dell'avvenire*, 1843.

Letteratura greca
Platone, *Fedone*.

Letteratura latina
Seneca, *Lettere a Lucilio* (VI, 57).
Lucrezio, *De rerum natura* (III, vv. 136-140; vv. 143-144).

Letteratura cinese
Storia della filosofia cinese (in particolare l'importanza dei riti e del culto degli antenati nella tradizione confuciana).
Fung Yu-Lan, a cura di Bodde D., op. cit.
I classici confuciani, a cura di Huaqing Y. e La Rosa G., op. cit. (cfr. il libro dei riti).

Letteratura francese
Baudelaire, Charles, *Bénédiction*; *La voix*; *Les Phares* (in *Les fleurs du mal*), 1857.
Vigny, Alfred de, *La bouteille à la mer*; *L'esprit pur* (in *Les destinées*), 1864 (postumo).
Barbusse, Henri, *Le feu*, 1916.
Bernanos, Georges, *Les grands cimetières sous la lune*, 1938.
Camus, Albert, *Le mythe de Sisyphe*, 1942.
Malraux, André, *La condition humaine*, 1933; *Les noyers de l'Altenburg*, 1948.

Letteratura inglese
Coleridge, Samuel Taylor, *The Rime of the Ancient Mariner*, 1798.
Shelley, Percy Bysshe, *Ode to the West Wind*, 1820.

Letteratura tedesca
Mann, Thomas, *Tonio Kroger*, 1903.

Storia dell'arte
Verrocchio, Antonio, *Monumento equestre a Bartolomeo Colleoni*, 1480-88, Venezia, Campo dei Santi Giovanni e Paolo.
Camuccini, Vincenzo, *Morte di G. Cesare*, 1793-98, Napoli, Museo Nazionale di Capodimonte.
Gauguin, Paul, *Da dove veniamo? Chi siamo? Dove andiamo?*, 1897, Boston, Museum of Fine Arts.

Cinema
Schumacher, Joel, *Linea mortale*, 1990.
Malik, Terrence, *La sottile linea rossa*, 1998.

Le schede delle opere citate sono state curate da docenti delle singole discipline e sono il frutto di un comune lavoro di ricerca, di cui l'autore si assume la responsabilità didattica e scientifica.

In particolare desidero ringraziare:

- per la Letteratura greca e latina Mauro Conti e Rosanna Vannucchi;
- per la Filosofia Giuseppe De Flaviis;
- per la Letteratura francese Maria Donatella Battiglia;
- per la Letteratura inglese Vera Bianco, Rosalba Capogrosso, Fabio Macherelli, Maria Magro e Katia Pollichieni;
- per la Letteratura tedesca Paola Fiammelli;
- per la Letteratura cinese Maria Omodeo e Marco Marigo;
- per la Storia dell'Arte Patrizia Catani, Roberta Donazzi, Daniela Minutoli e Raimondo Vacca;
- per la Musica Raffaele Scalise;
- per il Cinema Giusy Parisi;
- per la consulenza didattica Fabrizio Maestrini;
- per la loro collaborazione Paola Cinti, Laura Magi, Antonio Marra, Rossella Nutini, Ugo Muraro, Maria Grazia Parri, Ilvo Santoni e Paola Tarli.

Indice